南开大学"十四五"规划精品教材丛书

U0342890

V0362521

货币与金融经济学
基础理论12讲

李俊青 李宝伟 张云 等 编著

南开大学出版社
NANKAI UNIVERSITY PRESS

天津

图书在版编目(CIP)数据

货币与金融经济学基础理论12讲 / 李俊青等编著. 天津：南开大学出版社，2025.3. --（南开大学"十四五"规划精品教材丛书）. -- ISBN 978-7-310-06625-4

Ⅰ. F820

中国国家版本馆 CIP 数据核字第 2024E1X403 号

货币与金融经济学基础理论 12 讲
HUOBI YU JINRONG JINGJIXUE JICHU LILUN 12 JIANG

南开大学出版社出版发行

出版人：王　康

地址：天津市南开区卫津路 94 号　　邮政编码：300071
营销部电话：(022)23508339　营销部传真：(022)23508542
https://nkup.nankai.edu.cn

天津创先河普业印刷有限公司印刷　全国各地新华书店经销
2025 年 3 月第 1 版　2025 年 3 月第 1 次印刷
240×170 毫米　16 开本　17.75 印张　3 插页　309 千字
定价：68.00 元

如遇图书印装质量问题，请与本社营销部联系调换，电话：(022)23508339

序言／

　　这是一本关于货币与金融经济学思想理论体系的讲义，是在 2020 年第一版基础上做了全面修订的版本。货币经济学领域的前辈们已经出版了很多专著，构建了不同思想体系的货币金融理论。但是在宏观经济学和货币经济学教学中，学生们缺少一本提纲挈领的讲义。为了便于高年级本科同学和研究生同学快速掌握货币与宏观金融领域的学术思想体系，我们编著了这本具有概论特点的货币与金融经济学理论讲义。我们编写此书主要基于如下三方面考虑：第一，现在流行的货币金融学或货币经济学教材，以及货币经济学手册一般只介绍西方流行的货币经济学思想，对其他宏观经济理论的货币金融思想没有给予充分介绍，这严重限制了学生对马克思主义政治经济学货币信用思想、分析技术和后凯恩斯货币经济学的了解；第二，2008 年全球金融危机以及延宕至今的国际宏观经济困境，显示出西方传统的宏观经济学和货币经济学理论思想发展明显滞后于经济现实，暴露出其理论研究存在根本缺陷；第三，在这些流行的货币经济理论基础上形成的具体分析方法不足以对现实经济发展趋势做足够可信的分析，面对欧美国家已经出现的金融危机和债务危机，也提不出有效的解决方案。基于上述思考，流行的货币金融理论的发展陷入了技术研究上的修修补补。我们尽自己所能编写这本系统介绍各种货币金融理论的讲义，重点介绍了马克思主义政治经济学中的货币金融思想和虚拟资本理论，以及后凯恩斯主义的货币经济理论和存量-流量分析方法，阐述了在马克思主义政治经济学货币金融思想基础上，借鉴存量-流量方法系统分析金融不稳定等具体问题，增进同学们对经济历史规律和现实问题的理解，推动现代货币与金融经济学的教学及研究体系建设。我们认为，现代货币金融理论研究必须坚持以马克思主义经济学为指导，广泛吸收和借鉴存量-流量等技术分析方法，为更好地解释现实问题提出更具操作性的政策建议。

本讲义目标是帮助初学者系统了解和掌握各经济思想体系中的货币与金融思想，特别是马克思主义政治经济学和后凯恩斯主义货币经济理论。但本书也不是以经济思想史为特色的教材，而是一本方便学习的、简单易用的讲义，我们衷心希望这本讲义能够帮助初学者打开货币与金融经济学学习和研究的大门。

谨以此书致敬此研究领域的前辈，学术前辈们的探索已经构建起各具思想特色的货币金融理论体系，本讲义初衷就是将他们的经典研究介绍给同学们。我们希望借助本书，向已经故去的柳欣教授致敬！他的学术研究给了我们非常重要的启发，他对学术研究的热情，以及对后辈学人的真挚关爱，一直鼓舞着我们。前辈们让我们深刻领悟到学术研究的快乐，以及为后继学人们铺路的历史责任与现实意义。参加本次讲义编写的同事还有蒋雅文副教授、陈瑞华副教授和樊苗江博士。刘凤义、赵峰、李帮喜教授等学术同仁，对本讲义提出诸多有重要意义的学术建议。张嘉明、苗春、孙尧、董陆君、尹艺霏等同学，以及参加本讲义课程的同学们，他们对本讲义的形成作出了积极贡献。同时，衷心感谢南开大学出版社赵学锋副总编辑和周敏老师，正是他们的支持使得本书顺利出版。

本讲义写作得到了国家社科基金重大项目"新发展格局下金融结构优化与高质量技术创新研究"（21&ZD112），以及教育人文社科重点研究基地重大项目"中国特色社会主义政治经济学理论体系和话语体系建设研究"（19JJD790006）的支持。本讲义是南开大学百名青年学科带头人（团队）培养支持计划"制度、金融与经济增长"（91923135）的成果。本书的出版受到了天津市教委社科重大项目（ZB19500608）的资助，在此一并致谢。

作者于南开园

2024 年 6 月

第1讲

导论：怎样学习货币与金融理论及政策

　　货币与金融信用代表什么？为什么在现实中具有关键作用，但在流行的宏观经济理论中却没有得到足够重视？虽然很多货币经济学领域的前辈也认识到要对当前问题有更深刻的解释，就需要向青年学子们全面介绍这个领域的经典研究，但这是一项费时费力的工作，并且很多前辈认为现有理论对上述两个问题依然没有给出准确答案。我们认为，对有关经典文献和前沿问题研究进行归纳和概述是非常有价值的，在我们自己学习和研究的过程中，一直希望能有一本简明的讲义对已有理论脉络及最新研究方法进行简明、直接的介绍。所以，本讲义以此为目标，对货币与金融经济学领域中经典理论和前沿研究进行概述。

第1节　货币与金融经济学

　　盛松成（2014）总结提出，货币经济学研究一般包括以下理论：①货币定义理论；②货币需求理论；③货币供给理论；④利率理论；⑤货币与经济均衡及经济波动的理论；⑥货币与就业、产出及收入的理论；⑦货币与经济增长及经济发展的理论；⑧通货膨胀与通货紧缩理论；⑨国际货币经济理论；⑩货币政策理论。

本讲义集中关注货币对经济影响的主要理论，总结并重点介绍了3个理论体系：第一，新古典、新凯恩斯主义货币经济思想体系，其特征是遵循"货币面纱观""两分法"、萨伊定律、瓦尔拉斯定律，以及近期以信息不对称为特征的金融摩擦理论；第二，凯恩斯货币理论及后凯恩斯主义货币经济思想，其均发源于威克赛尔货币经济理论，而后凯恩斯主义货币经济学的特征是货币国定说和对广义货币金融系统进行了整体研究，并构建了存量-流量理论模型和技术分析方法；第三，马克思主义政治经济学中的货币金融思想贯穿于《资本论》中（集中于《资本论》第3卷），预言并揭示了20世纪60年代以来欧美等主要经济体的金融深化、自由化过程中（中国马克思主义经济学家称这个趋势为经济虚拟化）金融不稳定，乃至金融危机的经济关系根源，其特征是从经济关系层面将货币金融体系作为一个整体进行研究。

1.1.1 货币政策效率、金融稳定与货币认识范畴的拓展

随着宏观调控的发展，在货币政策操作中，货币当局对货币范畴的认识不断拓展。

1. 弗里德曼与施瓦茨的货币定义

该定义强调货币的价值贮藏功能，提出比较广义的货币定义。

$$M_2 = C + D + T$$

T——商业银行的定期存款与储蓄存款。

2. 格利和肖等人的货币定义

该定义强调货币作为一种资产所具有的高度流动性特征，提出需要关注更广泛的货币定义。

$$M_3 = C + D + T + D_n$$

D_n——非银行金融机构的存款。

总结：根据流动性和发行主体信用特征，可以将货币分为基础货币、信用货币和广义信用货币[①]。

---

① 这里是指除了基础货币和银行信用支撑的广义货币之外的，由金融市场各主体发行的各种金融资产（同时也是其他主体的债权），如各级政府债券及一些金融衍生产品。这些资产随着金融市场制度的发展，也可以在一定范围和一定程度上发挥流动性作用，成为央行货币政策的新渠道，因而被一些货币经济学者扩展到广义货币范畴。

3. 货币的统计口径

狭义货币 $M_1 = D + C$，持这种货币定义的经济学家强调货币的交易媒介职能。

广义货币 $M_2 = M_1 + T$，持这种货币定义的经济学家强调货币的价值贮藏职能。

$$M_3 = M_2 + D_n$$

$$L = M_3 + A_n$$

持这两种货币定义的经济学家强调货币的高度流动性的特性。

（1）国际货币基金组织的货币层次划分。

$M_0 =$ 流通于银行体系之外的现金

$M_1 = M_0 +$ 活期存款

$M_2 = M_1 +$ 储蓄存款+定期存款+政府存款（包括国库券）

（2）美国的货币层次划分。

$M_1 =$ 通货+活期存款+旅行支票+其他支票存款

$M_2 = M_1 +$ 小额定期存款+储蓄存款和货币市场存款账户+货币市场互助基金份额（非机构所有）

$M_3 = M_2 +$ 大额定期存款+货币市场互助基金份额（机构所有）+回购协议+欧洲美元

（3）中国的货币层次划分。

$M_0 =$ 流通中的现金

$M_1 = M_0 +$ 企业单位活期存款+农村存款+机关团体部队存款+信用卡

$M_2 = M_0 +$ 企业单位定期存款+个人储蓄存款+其他存款

1.1.2 社会融资规模与货币政策中介目标

关于社会融资作为货币政策中介目标的研究，大体分为 3 种：一是从理论上探讨其优劣性；二是对社会融资规模与货币政策最终目标进行实证分析；三是通过社会融资规模的相关性、可控性及可测性检验其是否适合作为货币政策中介目标。余永定（2011）在《社会融资总量与货币政策的中间目标》中，运用"资金-流量"法得出，社会融资总量是购买力的转移，具有很强的内生性，尤其是包含了居民的储蓄倾向在内，使得社会融资规模的控制变得困难，同时也怀疑社会融资规模能否控制通胀率。张春生（2013）应用 VAR 模型比较了

M_2、信贷规模、社会融资规模作为货币政策中介目标的效果，发现社会融资规模的可控性最高，而M_2的相关性最高，社会融资规模并不适合作为货币政策中介目标。盛松成（2012）基于2002—2010年的季度数据，运用动态随机一般均衡模型（DSGE）分析得出，利率可以显著影响社会融资规模，社会融资规模可以有效调节经济变量。培养货币政策的社会融资规模传导渠道与利率市场化的推进工作能够相互促进。冉光和等（2015）运用VECM（向量误差修正模型）对7天银行同业拆借利率、社会融资规模和国内生产总值（GDP）的季度数据进行分析得出，三者之间存在长期正向协整关系，Wald因果关系检验得出利率是经济增长的格兰杰原因，社会融资规模与经济增长之间存在双向因果关系。龙薇（2015）运用VAR模型，将货币政策传导机制分为两个阶段，以检测社会融资规模作为货币政策的有效性。第一阶段证明货币政策对社会融资规模的调控是有效的，应用变量为基础货币、7天回购利率、社会融资规模和M_2。第二阶段着力证明社会融资规模的适度增加会促进经济增长，应用变量为城镇固定资产投资完成额、社会消费品零售总额、工业增加值和通货膨胀率。分析得出，社会融资规模能够较好地传导货币政策意图。

马理（2015）运用结构向量自回归（SVAR）模型且基于货币理论构造了一个三层级的货币政策传导实证模型，并以我国经济发展水平不同的三类地区为研究视角，分析了社会融资是否适合作为货币政策的中介目标。第一层级为货币政策操作工具（代表变量为存准率RR与央票利率CR），第二层级为货币政策中介目标（代表变量为货币供应量M_2、社会融资总规模FSIZE及市场利率SHIBOR），第三层级为货币政策最终目标（代表变量为经济产出GDP与物价水平CPI），实证检验并评估比较了社会融资规模、货币供应量与市场利率等中介目标变量对货币政策操作工具的脉冲响应，以及对物价水平与经济产出的影响。结论显示，社会融资规模、货币供应量、市场利率与经济变量的相关性都比较好；社会融资规模对操作工具的脉冲响应更加稳定，冲击效果更大；市场利率对最终目标的影响更加显著。而且在经济异质型地区，各中介目标变量体现出了差异化的传导效果。

陈小亮（2016）使用SVAR模型，从金融创新的视角对社会融资规模能否成为货币政策中介目标进行了实证研究。研究结果表明，一方面，社会融资规模包含了银行信贷以外的更多融资方式，能够更好地反映金融体系对实体经济的资金支持力度，其有效性的确优于M_2；另一方面，随着金融创新的深入，网络借贷（P2P）、私募股权基金和风险投资等新型融资方式不断涌现，导致社会融资规模统计口径出现遗漏，其有效性已经明显下降。

第 2 节　对现代货币金融思想体系的比较

尽管在实践中，各国央行界定了货币统计口径，以便制定货币政策，但是由于缺乏足够可信的理论支撑，在货币与金融系统自由化大发展的趋势下，货币政策效率及是否需要更丰富的金融政策来协调，一直是理论研究的热点。

现有著作和文献大致可以分为三大体系：第一，货币主义的货币经济理论及新凯恩斯主义货币经济理论，以信息不对称或者价格刚性为基本前提，解释货币需求，并将货币因素纳入宏观经济理论、均衡思想与 DSGE，以及 MIU 与 CIA 模型。第二，马克思主义政治经济学的货币金融思想，以劳动价值论和资本积累理论为基础，从分析资本主义经济关系入手，展开论述货币、金融信用体系发展，一直到虚拟资本理论研究，包括早期的《资本论》(第 3 卷)、大卫·哈维的《资本的限度》、柳欣教授的宏观经济学、刘骏民教授的虚拟经济理论。第三，后凯恩斯主义的货币思想体系、动态非均衡思想 SFC 模型，以及最近 20 年关于金融稳定的研究，从开始发展到对宏观、微观杠杆模型，以及金融不稳定、各金融市场流动性等问题的研究。

1.2.1　早期货币经济理论

新古典货币经济学的"货币面纱观"认为，货币是一种交易媒介，只是便利交换的工具，货币数量的变化只影响一般物价水平，而不会对经济活动产生实际影响。所以，新古典货币经济学的"两分法"将经济学分割为经济理论与货币理论，在研究经济理论时只研究影响经济的各种所谓实际因素，而不研究影响经济的货币金融因素，也不研究货币金融现象背后的深刻经济关系。新古典经济学研究的是个别商品价格的决定与变动，认为个别商品的价格取决于其本身的供求关系(即取决于经济的实物面)；而货币理论则研究一般物价水平或货币的购买力，认为一般物价水平或货币的购买力取决于货币的数量与货币的流通速度(即取决于经济的货币面)。

萨伊定律是新古典货币经济学的模型化发展，其思想可以简要概括为：供给创造需求，从商品交易获取货币，再购买需要的商品，货币在经济活动中起到交易媒介作用。在宏观上，总供给恒等于总需求，具体体现为瓦尔拉斯定律，即各种商品的价格不仅取决于其本身的供给与需求，还取决于其他商品的供给与需求，以及其他商品的价格。整体经济的所有商品的供给与需求将在一个统一的价格体系中同时趋于均衡。所以，从整体经济来看，既不存在超额供给，也不存在超额需求。在包括货币在内的 n 种商品的经济中，如果有 $n-1$ 种商品的供给与需求达到均衡，则最后一种商品的供给与需求也必然达到均衡。因此，货币只是在整个商品序列中增加一种商品而已，有货币和无货币都不影响整个经济的一般均衡。在这个理论体系中，货币经济与实物经济是完全一致的，普遍的生产过剩的经济危机不可能发生。

新古典理论中的货币经济学思想包含外生货币供给、长期货币中性、货币需求及其决定。新古典的货币理论强调货币的媒介和交易功能，是因为其认为微观经济行为的基础是生产者利润最大化和消费者效用最大化的认识基础、理性人假设，缺少对企业和消费者决策的环境条件、个人素质差异，以及个体决策的相互影响，所以存在卢卡斯悖论。这样的货币经济理论会关注长期问题，并认为他们对经济进行长期实证研究，获得了货币政策长期决定机制——收入决定货币需求，货币供给外生，以及长期关注通胀的单一目标制政策（均衡思想与 DSGE，以及 MIU 与 CIA 模型）。

新古典货币经济理论支持的实际是货币数量说，即强调货币的本质功能是价值尺度与媒介，这两项是基本功能，贮藏功能是扩展功能，所以在统计学上强调狭义货币。

米尔顿·弗里德曼的新货币数量说通过实证方法，探讨了那个时代的货币需求决定因素，得出长期决定货币需求的主要因素是收入的结论，进而指出长期决定通货膨胀的因素是货币存量，所以应该长期坚持实行单一目标制的货币政策，即关注通货膨胀（参考米尔顿·弗里德曼的《货币稳定方案》）。这个思想体系的贡献在于其所采用的研究方法，以及阐述了造成通货膨胀的基本机制。

1.2.2　货币经济学、凯恩斯货币经济理论与新凯恩斯主义货币经济学

货币经济理论是指抛弃两分法的传统研究方法，将经济理论与货币理论合二为一，并以货币与经济的关系、货币对经济的影响为基本研究内容而形成的经济的货币理论或货币的经济理论。现代货币经济理论的奠基者——维克塞尔（Wicksell），是瑞典学派的三位创始人之一，代表作有 1898 年出版的《利息与价格》和 1906 年出版的《国民经济学讲义（下卷）》。维克塞尔否定萨伊定律，

抛弃两分法的传统，通过修正货币数量说，将货币理论和经济理论有机地结合起来，形成了货币的经济理论或经济的货币理论。货币经济理论的发展者——凯恩斯（Keynes）的代表作有 1923 年出版的《货币改革论》、1930 年出版的《货币论》和 1936 年出版的《就业、利息和货币通论》。在《货币论》中，凯恩斯深受维克塞尔思想的影响，提出货币价值的两个基本方程式，并以此为理论基础，分析了经济均衡的条件，提出了管理通货的政策主张和具体方法。在《就业、利息和货币通论》中，凯恩斯提出了对现代货币经济理论具有划时代意义的一整套理论。随着现代货币金融体系越来越复杂，研究方法越来越丰富，数学手段应用得越来越多。

卡尔·瓦什在《货币理论与政策》一书开篇即提出："货币经济学的主要内容是要揭示实际产出、实际利率、就业率、实际汇率等实际宏观经济变量与通货膨胀率、名义利率、名义汇率、货币供应量等名义变量之间的关系。"[①]卡尔·布伦纳、加利（Gali）、盛松成、施兵超、陈建安（2014），以及盛松成、翟春（2015）等的货币经济学论著中，对货币的本质进行了综述，对货币功能（职能）、货币需求理论、货币供给理论进行了系统研究，并提出了政策建议。

以卡尔·瓦什和加利为代表的学者综述了新凯恩斯主义货币经济理论的最新发展，提供了方法论和技术方面的突破性研究。

1.2.3　后凯恩斯主义货币经济理论

根据雷（Wray）的《现代货币理论——主权货币体系的宏观经济学》，中央政府和中央银行发行的法币和债务都是对其他经济体的债务，这些法币可以起到货币分割标准的功能，但是"价值尺度"是否稳定不仅仅取决于法币，而是由商业银行系统创造的对外负债、资产的规模、增长速度和结构共同决定的。粗略地说，狭义的货币规模、结构和增长速度决定价值尺度的稳定，从而有效发挥货币交易媒介功能，维护通胀和资产价格体系的稳定。

"货币"指一般的、具有代表性的记账单位。以雷为代表的后凯恩斯货币理论学者认为，后凯恩斯主义的"现代货币理论"是建立在梅纳德·凯恩斯、卡尔·马克思、米切尔·英尼斯、梅奥尔格·克纳普、海曼·明斯基、韦恩·戈德利等学者的研究基础上的。

后凯恩斯学派理论的思想渊源，最早可以追溯到 19 世纪的一些英国著作家

---

① 卡尔·瓦什. 货币理论与政策[M]. 北京：中国人民大学出版社，2001：1.

的思想，其更直接的来源是维克塞尔、熊彼特，特别是凯恩斯和卡莱斯基等人的重要著述。20 世纪 50 年代，卡尔多在批判货币主义理论的过程中曾极大地推动了后凯恩斯主义货币理论的发展。随后，海曼·明斯基、保罗·戴维森及马克·拉沃、穆尔（Moore）等新一代后凯恩斯主义学者在前人研究的基础上，又进一步丰富了后凯恩斯学派货币理论的思想。①

后凯恩斯学派的货币理论可以追溯到 19 世纪 30 年代和 40 年代的古典主义学者，如约翰·富勒顿（John Fullarton）和托马斯·图克（Thomas Tooke）的论述，他们又被称为"银行学派"。银行学派认为，除了金银和钞票可以作为货币以外，其他信用手段也可以进入流通市场，也属于货币。②尽管银行学派的观点在当时非常具有创新性，但他们并没有在逻辑上解释信用货币的性质及其与商品货币、法定货币之间的关系。后来，凯恩斯对计算货币与货币进行了区分，旨在赋予信用货币分析一个逻辑上的起点。在凯恩斯的货币理论体系中，作为正式货币的国家货币（包括商品货币、不兑换纸币和管理货币）和作为债务支付证券的银行货币，本质上都是充当计算货币，它们的总和构成流通货币的总量，其中银行货币已经取得压倒性的优势，国家货币居于从属地位。

后凯恩斯主义学者以凯恩斯的货币本质论为起点，在更普遍的意义上寻求信用货币存在的社会历史基础，从而产生了两种有较大影响的观点，分别是新货币国定说和金融体系演化说。③

根据新货币国定说，货币的本质是债务和信用关系，即任何货币本质上都是信用货币，是债务支付和结算的手段。在社会发展史和货币发展史中，政府拥有以货币的形式向国民征税的权力，因此政府有权决定并控制经济体系中的基础货币，并按照社会化的方式构建货币秩序。而根据金融体系演化说，资本主义的货币经济是信用货币不断演化的产物，货币体系和信用体系经历的是一

---

① 这里是就相对于新古典而言的基本的思想倾向来概括的。实际上，海曼·明斯基与保罗·戴维森等人的观点是存在着差别的。例如，保罗·戴维森曾说过，明斯基并不属于美国的后凯恩斯主义经济学阵营，他不同意后凯恩斯学派以收入政策作为反通胀的手段，并视永久赤字为根本的稳定措施，这使他更贴近萨缪尔森这样的主流派凯恩斯主义者。参见 P Davidson and J Kregel. Full Employment and Price Stability in a Global Economy. Edward Elgar, 1999: 106-107.

② 银行学派还认为，市场中的货币数量由市场交易商品的价格总额决定，银行的作用是被动和消极的，他们只能提供货币来满足市场需求，并不能主动改变货币量。在 19 世纪中期，银行学派与通货学派之间发生了一场争论。与银行学派所持的观点相反，通货学派或货币数量论认为货币过度发行是导致通货膨胀的主因。为了限制货币发行，他们提出新增的货币发行量需要等量的黄金储备作为支撑。银行的作用是主动和积极的，他们通过发行钞票或其他信贷方式增加货币发行量并左右物价。详见：马克·拉沃. 后凯恩斯主义经济学[M]. 济南：山东大学出版社，2009：66-67.

③ 贾根良，等. 西方异端经济学主要流派研究[M]. 北京：中国人民大学出版社，2010：144.

个自发的、渐进演化的过程。随着资本主义金融体系和私有产权关系的发展，资本主义信用体系逐渐发展到高级阶段，各种金融机构的存款负债成为主要的交易媒介，于是商品货币和法定货币逐渐演化为信用货币。

综上所述，在后凯恩斯学派的货币理论中，货币是一种信用，信用货币在本质上与商品货币和法定货币完全不同。后凯恩斯学派思想中的货币是发行银行的负债，是一种债权债务关系，它是由信用需求内生决定的。与之相反，货币数量论所依据的商品货币和法定货币代表着财富或金融资产，其供给完全在信贷过程之外，其数量也不代表信用量的大小，故而反映了一种外生货币思想。

后凯恩斯学派关于货币本质的这种见解从根本上说是源于他们对资本主义市场经济基本特征的分析。按照他们的观点，与以往简单、直接、小规模生产的自然经济不同，资本主义市场经济是一种需要耗时的社会化大生产。它具有两个重要特征：其一是未来的发展具有不确定性，而这种不确定性将会影响经济主体当前的决策；其二是由于大规模迂回生产，在投入与产出之间形成较长的时间间隔，需要在事前签订有关投入购买与产出销售的合约。正是这两个经济特征决定了货币产生的客观必然性。为了应对未来不确定性带来的不时之需，经济主体需要拥有货币这个"可以在时间中传送一般购买力的工具"或"时间机器"[1]。故"货币的存在是与不确定性有密切关系的""货币的作用本身就是不确定性的产物"[2]。另一方面，各种合约的签订（其中最主要的是工资合约）又需要以货币来表示或者作为计量单位和支付手段，"经济行为人想要从事耗时活动的愿望直接导致了以货币储藏的形式持有资源的动机"[3]。

1. 从货币论到通论

凯恩斯的货币理论是建立在总需求波动理念基础上的，是附属于其总需求理论的，他提出了投机性货币需求，强调流动性陷阱，都是对不确定性理念认识的补充，在政策上强调财政政策应对总需求波动的力度更大，而货币政策的力度比较弱，主张财政政策更有效。托宾、鲍莫尔等人发展了资产选择理论，补充了凯恩斯宏观经济理论，但是所谓"新观点"是存在争议的。

---

① Davidson P. The Dual-Faceted Nature of the Keynesian Revolution: Money and Money Wages in Unemployment and Production Flow Prices. Journal of Post Keynesian Economics, 1980, 2(3): 291-307.

② 琼·罗宾逊. 凯恩斯革命的后果怎样[M]// 现代国外经济学论文选（第一辑）. 北京：商务印书馆，1979：22.

③ Rochon L P. Credit, Money and Production: An Alternative Post-Keynesian Approach. Edward Elgar, 1999: 215.

2. 雷总结后凯恩斯主义的货币本质观念

雷的"货币本质是债务"的观点认为，不仅通货是债务，活期存款是债务，其他货币也是债务，因为它们都属于各经济主体相互的负债，他构建了货币创造正金字塔结构，我们认为应该是货币金融信用创造的倒金字塔。

3. 后凯恩斯主义货币经济学家戈德利等的存量-流量宏观分析体系将货币纳入分析

后凯恩斯主义货币经济学坚持新国定货币和金融演化理论，外生性、广义货币范畴（包括所有可交易具有二级市场的金融信用产品市场，而不是 M2）的共同本质都是信用，是各经济主体之间的债务和债权。因此，其观点也反映了这种理论支持货币是内生于经济活动和经济关系的，一切资本积累及其衍生金融活动都是通过货币经济关系实现的，他们主张运用存量流量一致模型来进行宏观经济分析。这种存量-流量的根本决定机制依然是劳动价值理论基础上的资本积累理论，存量的累积，以及不同时期流量财富的创造和累积，依然由上述规律决定。

4. 研究方法：动态非均衡思想 SFC 模型

雷的存量-流量货币经济理论的根本基础依然是国民经济中实体经济部门创造价值的能力，依然由劳动价值理论基础上的资本积累规律决定（生产什么及收入如何分配），所以不能得出政府可以无限负债的结论。政府的净负债与社会私人部门的净财富相对应，即便如此，政府负债能力不能脱离私人部门资本积累能力和社会资源合理使用的界限（前者包含由劳动价值理论决定的收入分配机制和两大部类协调发展等规律）。

5. 后凯恩斯主义货币理论的评价

第一，货币本质理论支持的历史分析方法和投融资经济关系分析方法，阐明了资本主义货币金融活动的运行规律，即建立在雇佣和抵押经济关系基础上的货币金融资产的创造、交易、清算等活动，提出货币金融资产都具有债务-债权的信用关系，是具有一定借鉴意义的。但是，后凯恩斯主义货币经济理论并没有深刻揭示资本主义货币经济的劳动价值基础和剥削关系。

第二，金融不稳定理论是后凯恩斯主义货币经济理论的第二个重大贡献，以明斯基为代表的后凯恩斯主义货币经济学者的技术性分析为我们提供了分析资本主义经济波动与运行的基本工具，是可以借鉴的。

第三，货币与经济运行机制研究——结构主义与水平主义的争论，也给我们提供了参考。

1.2.4　马克思主义政治经济学中的货币金融基本思想

我们认为，马克思主义政治经济学中的货币金融思想，需要建立在马克思阐述的劳动价值理论、剩余价值理论、资本积累理论、经济周期与金融周期理论研究的基础上，在货币、利息、信用理论、虚拟资本理论体系中，大卫·哈维和伊藤·诚等学者对此进行了一定的梳理和阐述。在国内学者中，南开大学柳欣教授的研究帮助我们澄清了马克思主义政治经济学中货币金融思想的几个关键问题，阐明了马克思劳动价值论基础上的货币金融思想是如何揭示资本主义经济运行的本质和表现之间的关联，推动了马克思主义政治经济学的当代发展。刘骏民教授发展了马克思货币金融思想中的虚拟资本理论，创建了中国特色的马克思主义政治经济学。

马克思是从货币功能开始，以货币转化为货币资本为核心，发展到各类金融信用形式和组织机构形式，最后发展到虚拟资本理论的。刘骏民（1994）进一步发展了马克思虚拟资本理论，深刻揭示了美国等资本主义国家的经济学者20 世纪 80 年代主张的金融化发展，预见了其危机。罗伯特·布伦纳、雷等都在研究中预见了 2007 年美国次贷危机。

马克思从历史视角阐述了货币制度、形式和机制的演化过程，其关于货币、信用、生息资本、银行信用和虚拟资本的分析就是历史演化逻辑，其货币思想是从资本积累理论、劳动价值理论发展而来的。马克思货币、金融信用和虚拟资本理论是建立在劳动价值理论和资本积累理论基础上的，给出了货币金融演化发展的研究原则，它们对金融危机本质的研究最为彻底和根本，具有很强的说服力。

1. 理论核心

对于马克思主义政治经济学的货币、生息资本、银行信用、股票和债券、虚拟资本理论体系，其理论基石就是劳动价值和剩余价值理论基础上的资本积累理论，是在资本主义生产关系基础上阐述货币经济为什么会存在，是资本主义经济关系的实现形式，即社会大生产、资本主义雇佣关系和资本逐利行为，货币转化为货币资本，各种金融资本形式都是经济关系的实现。马克思利用历史发展方法，展开对资本主义货币经济思想的阐述，所以在《资本论》（第三卷）中，其理论阐述是从货币功能开始，以货币转化为货币资本为逻辑核心，发展到各类金融信用形式和组织机构形式，最后发展为虚拟资本理论。

将货币引入生产后，即形成马克思使用货币契约的生产模型：资本家使用货币契约，即预付货币工资，雇用工人和购买生产资料，生产和出售产品获取利润。货币作为一种信用关系的性质正是来自竞争的博弈规则，即货币信用是一种履行契约的方式，以使每一个行为人都能够对其决策负责。如果每个经济行为人都能够履行其契约，货币将变得不重要，但这是极端困难或难以实现的，即使存在完善的法律制度，也不可能保证合同的履行，因为竞争是与失败或破产联系在一起的。法律制度只能保证经济行为人破产后进行清算，而不能保证签约者有能力履行契约。正是由于这种博弈规则，资产抵押成为极其重要的保证因素，因为只有资产抵押才能够保证经济行为人对其决策负责，这种博弈规则所决定的资产抵押成为货币信用产生的基础。经济行为人的资产抵押能力，决定了其取得货币的能力。

需要强调的是货币信用和一般信用的区别。从理论上来说，如果信用关系基于资产抵押，那么任何资产都可能成为货币。然而，由于技术关系变动和垄断竞争，资产与货币是不同的。这种不同就在于，除了货币，其他资产的价值都是变动的，而且还存在变现问题，因此不能把资产本身直接作为签订契约的信用基础。现实中，这种资产抵押的货币信用关系是通过金融系统来实现的。银行通过相互的资产抵押创造出货币,这对交易者来讲是最为稳定的信用关系，以方便交易进行。因此，商业银行的产生及其提供的信用货币，成为资本主义经济发展和稳定的信用关系的重要基础。货币的这一特性是商业银行和金融市场产生的基础。货币作为一种建立在资产抵押基础上的信用的性质，对于货币理论是至关重要的，它是内生的货币供给的基础。一旦把货币置于资本主义经济关系中，并与资本联系起来，那么货币的供求不仅与资本存量相关联，而且与利润和收入流量相关联。

2. 马克思货币金融政治经济学的最新发展

刘骏民（1994）发展了马克思虚拟资本理论，深刻分析和预见了美国等资本主义国家的金融化发展，以及内生于这一过程的金融不稳定。罗伯特·布伦纳、雷、戈德利等都在研究中预判了 2007 年美国金融危机。

马克思在《资本论》中对虚拟资本的论述以生息资本的存在为前提，而生息资本一般以货币资本的形式存在，是从职能资本中分离出来的部分货币资本的独立化,同时生息资本的借贷运动又是建立在信用制度高度发展的基础之上。因此，可以说马克思是在货币和信用理论中讨论了颇为不同的"虚拟资本"

概念。①

（1）从货币到货币资本——资本主义中生息资本的重大意义。

马克思的《资本论》首先从讨论商品和货币开始，进而考察货币转化为资本的过程，以说明劳动过程中剩余价值的生产是资本获取收益（货币增值）的基础。作为资本主义经济的细胞，商品具有使用价值和价值两个因素，这两者又同生产商品的劳动所具有的两重性，即创造使用价值的具体劳动和创造价值的抽象劳动相对应。通过简单价值形式→扩大的价值形式→一般的价值形式→货币形式的历史发展过程，马克思论证了货币的产生，而这个货币与实物存在着根本的区别，它是与使用价值或技术完全无关的价值形式。马克思认为，货币一旦形成，商品的交换过程就可以商品流通公式"W-G-W"表示。其中，商品单纯地作为商品出现，而货币单纯地作为货币出现，即简单的商品经济形式。但是，当出现了雇佣劳动和资本主义商品生产，即当资本家用货币雇用劳动力和购买生产资料时，他所支付的不是劳动的价值而是劳动力的价值，目的是要获取剩余价值（货币的增值），这时商品交换公式就成为"G-W-G′"的流通公式，这种流通形态称为资本流通的一般形态。其中，增加的货币，即 G 与 G′的差额，就是马克思所说的剩余价值，其货币表现即为利润，它为资本家提供了"生产的直接目的和决定动机"。当然，也正因为货币增值的出现（G′>G），这种形态下的货币不再是单纯的货币，而成为资本形态的货币，即货币资本。②而整个资本主义经济体系得以运转的动力，显然正是在于资本家有这样一笔货币资本来预付生产资料和劳动力，从而在雇佣劳动中获取不断增值的利润。因此，货币资本的出现是资本主义经济发展的重要前提条件。同时，在资本增值的社会动机下，货币也就完成了初步的虚拟化。随着资本主义信用制度的不断发展，通过信用的媒介，一部分闲置的货币资本就可以由银行家（货币资本家）贷给企业家（职能资本家）进行经营，这就产生了近代形式上的生息资本，即借贷资本。而在现实的经济生活中，这些资本的积累大大超过了现实资本的积累，从而推动了经济资本的虚拟化。

生息资本从某种意义上讲也是一种商品，但不是普通商品，而是一种特殊的商品。这种商品的特殊性不在于它具有价值，而在于它具有一种特殊的使用价值——贷给职能资本家使用，能够产生利润。"这样，货币除了作为货币具有

① 德·布吕诺夫. 新帕尔格雷夫经济学大辞典（第 2 卷）[M]. 北京：经济科学出版社，1992：341.

② 马克思. 资本论（第 1 卷）[M]. 北京：人民出版社，1975：377.

的使用价值以外，又取得了一种追加的使用价值，即作为资本家执行职能的使用价值。从它作为可能的资本、生产利润的手段的属性来说，它变成了商品，不过是一种特别的商品。或者换一种说法，资本作为资本，变成了商品。"①这样，生息资本的循环形式"G-G′"就是一种特别的流通，因为它是贷放的，而不是永远出让，其起点是贷出的货币资本 G，回归的则是连本带利的货币资本 G′，这一运动形式显然不同于上述产业资本运动中通过商品交换的"G-W-G′"的流通公式，因为这里没有借助任何起中介作用的中间运动就实现了价值的增值。也就是说，作为资本贷放的货币，它作为货币预付时不用于交换商品，它作为商品预付时也不是为取得货币而出售，即它是作为资本支出的。

（2）信用制度与虚拟资本。

可以看到，在上述货币资本到生息资本的转化中，金融信用制度是经济关系——基于产权制度的雇佣和抵押关系——得以实现的关键形式和手段。而且，随着商品经济的发展，伴随着近代银行制度的出现所产生的各种各样的信用工具和支付手段，都是建立在资本主义信用制度高度发展的基础之上的。根据马克思的研究，信用和信用制度是与生息资本同生共存的。对此，马克思给出明确的说明。他首先指出，"信用，在它的最简单的表现上，是一种适当的或不适当的信任，它使一个人把一定的资本额，以货币形式或以估计为一定货币价值的商品形式，委托给另一个人，这个资本额到期后一定要偿还。如果资本是用货币贷放的，那么，就会在还款额上加上百分之几，作为资本的报酬。"②在这里，他强调了信用是借贷双方的信任，这样贷出的资本额到期需要偿还，而且归还时还要支付报酬。如果一方破坏了信任关系，信用就不复存在了，而这是要付出代价的。其次，他在分析生息资本在贷出者和借入者之间的运动时，强调了信用是具有独特形式的价值运动。他指出，"这个运动——以偿还为条件的付出——一般就是贷和借的运动，即货币或商品有条件的让渡这种独特形式的运动。"③这说明，由信用引起的价值运动与一般商品流通不同，在一系列借款、偿还、支付过程中，货币或商品的所有权没有发生转移，只是使用权发生了变化，但这种使用权的运动同样是市场主体的交换关系，因而也是一种社会关系。因此，在马克思主义政治经济学中，在一个竞争的市场经济的体系之下，尤其是当资本主义经济的发展主要围绕着货币资本借贷关系发生运转来获取增值利

---

① 马克思. 资本论（第 3 卷）[M]. 北京：人民出版社，1975：378.

② 马克思. 资本论（第 3 卷）[M]. 北京：人民出版社，1975：452.

③ 马克思. 资本论（第 3 卷）[M]. 北京：人民出版社，1975：390.

润时，信用制度就成为一切经济活动存在的基础。不仅如此，在信用制度的媒介之下，当货币资本转化为借贷资本以后，借贷资本实际上仅作为一种权利证书存在，不仅不再作为现实资本存在，甚至不再作为货币资本而存在。"即使假定借贷资本存在的形式只是现实货币，即金或银的形式，只是以自己的物质充当价值尺度的商品的形式，那么货币资本中相当大的一部分也必然只是虚拟的，也就是说，完全像价值符号一样，只是对价值的权利证书。"[①]

因此，经济学中使用的"虚拟资本"的概念来自马克思阐述的在信用媒介下所贷出的货币资本。不过，他提出了一个与劳动价值论原则相反的评价原则，即"虚拟资本的形成称为资本化"。也就是说，在生息资本存在的条件下，"人们把每一项有规则的、会反复取得的收入按平均利息率来计算，把它算作按这个利息率贷出的资本会提供的收入，这样就会把这个收入资本化了"[②]。在这里，马克思举了一个例子来说明这一收入资本化的含义。在年收入 $R = 100$ 磅，利息率 $i = 5\%$ 时，100 磅就是 2000 磅的年利息，将这 2000 磅看成每年有权取得 100 磅的法律证书的资本价值，即公式 $K = R / i$。其中的关键是，在资本价值 K 和年收入 R 之间存在着一个表明市场经济或资本主义经济关系的重要因素，即货币利息率 i，正是这种货币利息率决定着资本存量与收入流量的均衡。[③]所以，马克思强调利息的存在对于虚拟资本定价的重要意义。他指出，"生息资本的形成造成这样的结果：每一项确定的和有规则的货币收入都表现为资本的利息，而不论这种收入是不是由资本产生的。货币收入首先转化为利息，有了利息，然后得出产生这笔货币收入的资本。同样，有了生息资本，每项价值额只要不作为收入消耗，都会表现为资本，即都会表现为本金，而与其能够产生的、可能的和现实的利息相对立。"[④]而且，由于没有成本可参照，该资本的价格是以它的预期收入为基础的，即它的价格实际取决于未来能带来多少收益，因而是一种未来收入的资本化形式。在这里，虚拟资本实质上是收入的资本化，并且在现实生活中，这种观念的资本还会物化为可以直接转移的形式，即物化为各种有价证券。因此，依据这样一种收入资本化的定价原则，包括股票、债券等在内的各种有价证券，以及后来逐渐发展出来的金融期货、金融期权等大量的金融衍生工具，都可以被视为虚拟资本的表现形式。而当这些金融工具的持有

---

① 马克思. 资本论（第 3 卷）[M]. 北京：人民出版社，1975：576-577.

② 马克思. 资本论（第 3 卷）[M]. 北京：人民出版社，1975：529.

③ 柳欣. 货币经济中的货币理论[J]. 天津商业大学学报，2001（4）.

④ 马克思. 资本论（第 3 卷）[M]. 北京：人民出版社，1975：526.

和交易活动开始在人们的日常经济活动中不断普及和日益频繁时，真正意义上的经济虚拟化，即经济的货币化也就出现了。

其中，诸如股票和债券，对于股东和债权人而言，只要制度可以保证这份资本证书可以为其带来收益，即能够随时转换为货币形式，那么就没有人会追究这份资产的实际价值，因为人们关心的只是它们的交易价格。由于作为剩余索取权证书而存在，股票和债券即预期的未来收入的代表，其市场价格并不是由现实价值决定的，而是由它们所代表的预期的未来收入决定的。这种资本收入的预期性，使得资本的市场价格可能与其实际价值显著偏离，因而它们只能算是虚拟的资本。而衍生物的情况就更为典型了，无论是各种期货还是期权，由于它们并不对任何实际生产过程产生影响，只是通过对货币金融状况的影响来间接影响总资本的运动，所以其运作形式已经是一种完全的虚拟价值增值的运动了。而且，随着信用制度和股份制度的发展，以及资本市场的不断扩展，经济中的这些虚拟成分会越来越多。从整个社会来讲，货币资本也因此越来越集中到大资本家手中，尤其是集中到银行家手中。正如马克思所说，"银行家资本的最大部分纯粹是虚拟的，是由债券（汇票）、国家证券（它代表过去的资本）和股票（对未来收益的支取凭证）构成的。它们所代表的资本的货币价值也完全是虚拟的，是不以它们或至少部分地代表的现实资本的价值为转移的；既然它们只代表取得收益的权利，并不代表资本，那么取得同一收益的权利就会表现在不断变动的虚拟货币资本上。"①

1.2.5 货币与金融信用的关系

我们如何认识这三大货币金融思想体系？如何综合借鉴？其中又有哪些争议性的问题呢？

1. 货币与金融信用创造的经济关系基础

实证研究发现，货币需求是与收入密切相关的。那么，是收入决定货币供给，还是货币供给决定收入？答案应该是收入决定货币供给，更具体的分析是融资-投资的资本积累机制，创造了收入（雇佣和抵押），随着金融资本内生于生产关系（制造和服务业的雇佣关系和抵押关系）和自我创造（虚拟资本关系的发展），出现了多种形式，但只有政府-中央银行和商业银行创造的狭义货币的信用有政府信用支持，具有较强的流动性，能够发挥计价、媒介、支付及贮

---

① 马克思. 资本论（第3卷）[M]. 北京：人民出版社，1975：532.

藏功能。

在法币-信用货币金融体系中，可信的认知如下：长期来看，通胀终究是货币现象，这是从社会经济最基本关系来说的——以法币和狭义货币作为价值尺度、媒介手段，实现商品和劳务的分配配置。但是更全面的理解应该是将货币和金融系统作为整体进行研究，因为货币和金融资产是基于生产-资本积累，融资、投资，收入、交换和消费来创造的，主体包括政府、企业和家庭，所以政府-银行共同创造的货币成为一切生产-积累关系，即融资和投资（抵押和雇佣）关系的基础，由此发展成货币金融体系（规模和结构）。也就是说，最终用于价值尺度和媒介的货币，是在经济关系中产生的，货币是由收入决定的，也是由融资的债务-债权关系决定的。因此，金融稳定是短期问题，通胀是基本长期问题，金融信用货币时代是社会经济关系发展的结果，围绕经济关系产生的金融及虚拟经济问题，都会引起通胀或通缩现象。政策原则应该是短期关注金融稳定（前置问题），长期关注通胀（最终结果）。

2. 货币需求与供给的经济关系逻辑

货币需求与货币供给、金融信用需求与金融信用供给并不是简单的对应关系，而是复杂交织的，不同金融信用资产的边界是随时间和经济发展需要而扩展或收缩的。

（1）20 世纪 50 年代以来，发达国家面临的金融创新：理论争论与现实。

① 房地产金融的过度发展：20 世纪 80 年代美英房地产泡沫、1987 年美国股市危机和伊利诺伊银行危机；2000—2003 年网络泡沫危机和安然财务造假危机；2007—2008 年美国次贷危机和欧洲债务危机。

② 发展中国家货币政策效率与金融脱实向虚的问题：1997 年亚洲金融危机；中国金融系统性风险（特殊体制下产生的银证信合作的政府融资平台方式的社会融资，本质上是依赖土地财政的地方政府负债）。

（2）金融不稳定、金融周期与经济不稳定的现实问题。

一些实证研究发现，确实存在社会融资规模变化与经济周期存在耦合的现象。

费雪（Fisher，1933）的债务-通缩理论认为，过度负债和资产价格下降不仅是经济衰退的结果，也是经济衰退的起因。明斯基的金融不稳定性假说（Minskey，1991）则指出，随着经济的复苏繁荣，企业的风险预期下降，投机、庞兹融资不断增加，从而导致信贷扩张、杠杆率提升、资产价格攀升，当风险暴露时，可能会导致资产价值崩溃，发生金融危机、债务通缩和经济大萧条。

1997 年亚洲金融危机后，伯克南、格特勒和吉尔克里斯特（Bernanke、Gertler 和 Gilchrist，1996）构建的金融加速器模型强调，由于信息不对称，银行信贷会通过资产价格渠道将金融冲击显著放大，并传导至实体经济。2008 年美国次贷危机后，格特勒和清泷信宏（Gertler 和 Kiyotaki，2010），以及吉尔曼和奎亚德里尼（Jerman 和 Quiadrini，2012）等将金融部门作为独立的经济部门纳入 DSGE 框架中，将信贷约束内生化。

博里奥（Borio，2014）在已有研究的基础上正式提出"金融周期"的概念，即人们对于风险和价值的认知、对待风险的态度和面临的融资约束之间相互加强的交互作用所形成的金融的周期性波动。在金融周期上行期，资产价值较高、风险偏好大、信贷约束较小，拉动实体经济投资的同时推高资产价格，进而使以抵押资产价值为依据放贷的商业银行风险偏好上升，信贷进一步放宽，三者顺周期地相互加强，形成金融周期的上行期，其间经济体的杠杆率不断上升，累积的系统性风险也不断增加；金融周期运行至拐点进入下半场时，杠杆率达到市场预期峰值，市场开始出现悲观预期，风险偏好开始下行，信贷收缩，资产价格下跌，与此相伴的往往是实体经济下行甚至危机爆发。

克雷森斯等（Claessens et al.，2009）全面考察了 21 个经济合作与发展组织（OECD）国家 1960—2007 年的宏观经济变量和金融变量，发现经济衰退的严重程度和持续时间与金融变量间存在密切联系，信贷紧缩、房地产价格泡沫破裂会加重经济衰退、延缓经济复苏。克雷森斯等（2012）扩展了样本容量，并以信贷总量、房地产价格、股票价格作为衡量金融周期的指标，得出了相似的结论。德赫曼（Drehmann et al.，2012）提取了七大工业样本国 1960—2011 年的信贷、房地产价格、信贷/GDP 的中期低频滤波分量，并结合转折点分析法测算出各国金融周期，明确指出金融周期的波峰对金融经济危机有预警作用，且由于金融自由化程度加深，金融周期的长度和幅度明显增加。博里奥（2014）则总结了金融周期的五个特征化事实：信贷和房地产价格是衡量金融周期的基本指标；金融周期的频率（16 年）远远低于传统的经济周期（1~8 年）；金融周期的波峰与系统性银行危机密切相关；金融周期有助于实时监测系统性风险的累积；金融周期的长度和幅度取决于一国的金融体制、货币体制和实体经济体制。

第 2 讲

马克思主义政治经济学中的货币思想：
劳动价值论与经济关系分析

本讲资料来源：樊苗江和柳欣（2006）《货币理论的发展与重建》，王璐和柳欣（2006）《马克思经济学与古典一般均衡理论》，拉帕维查斯和伊藤·诚《货币金融政治经济学》，大卫·哈维《资本的限度》。

本讲核心内容：阐明了马克思主义政治经济学中的货币金融思想的总量货币经济理论的根本特征。在揭示古典经济学体系的根本矛盾的基础上，马克思扬弃了斯密-李嘉图古典体系所包含的技术关系特征，将价值和分配理论建立在反映社会关系的货币量值基础上（即剩余价值理论），从而克服了古典体系的内在矛盾，并重新阐明了古典经济学以"统一利润率"为"重力中心"的一般均衡体系。从劳动价值和剩余价值理论出发，马克思的资本积累理论、社会再生产理论、利润率下降和经济周期理论，都是建立在这种不体现技术关系的总量经济关系分析基础上的。

具有总量特征的马克思主义政治经济学中的货币金融理论：第一，能够深刻阐明社会经济运行的根本规律和机制；第二，能够有效揭示现代市场经济环境下，经济虚拟化、金融不稳定、金融危机的根本规律和政策原则。

柳欣和樊苗江（2005）指出，在古典学派中，价值与价格是完全不同的概念。斯密把价值作为一种"自然价格"来调节供求关系，李嘉图则把价值联系到总量变量的度量问题上。显然，反映社会关系的价值概念与新古典经济学中由稀缺性和边际生产力所决定的反映供求关系的相对价格概念并不是同等因素。这种价值与价格的区别在于新古典理论强调技术关系决定相对价格，马克思强调资本主义社会存在着由社会关系决定的"价格转型"，即无论商品的交换比例如何由技术关系决定或是否符合资源配置要求，这些比例都必须转化为由社会关系（资本所有权与劳动形成的具体的雇佣和抵押关系）所决定的价值单位，这种价值论是总量研究的价值思想，经济总量要由社会关系所决定的收入分配关系表示，通过存量货币与新增流量货币的结构分布呈现出来，大部分可以表现为银行资产负债结构表（包括中央银行和商业银行）。这种关系是总量性质的，这个总量并不表示技术上或实物上的计量。这种总量关系在简单商品经济中被表示为"公平价格"，而在资本主义经济中则是由资本主义竞争的博弈规则决定的收入分配关系。

马克思在资本论中虽然列举了交换过程中相对价格的例子，并以此为引子，目的在于说明货币的产生，以及产生于货币关系的资本主义总量经济关系。对于马克思主义经济学家提出的"价值的历史转型"的正确解释应该是，在简单商品经济中，劳动者获得劳动的全部产品；而在资本主义经济中，则产生剩余价值或工资与利润的分配关系。

对于近百年来的经济发展，我们需要讨论现代社会化大生产中，货币与金融信用的核心功能应该是什么，应该由谁掌握其发展。马克思从历史视角阐述了货币制度、形式和机制的演化过程，其关于货币、信用、生息资本、银行信用和虚拟资本的分析就是历史演化逻辑，其货币思想是从资本积累理论、劳动价值理论发展起来的。现实中，经济发达国家于20世纪60年代后期推行了金融自由化发展，私人金融信用货币规模的扩大和结构复杂化，使得中央政府和中央银行被"俘获"，承担起维护商业银行信用货币和资产体系稳定的责任——为维持金融稳定，而施行最后贷款人职能，并显著扩展了这种职能——量化宽松和长期低利率。这种职能的形成，造成央行频繁注资行为和剥离坏账行为，实际上在短期内维持了金融系统的稳定，并成为一种经常性、制度化的政策。但从长期来看，"金融凯恩斯主义"政策破坏了价值体系，不是用政策补偿劳动者，而是补偿金融资产所有者，并使全社会承担了货币存量扩大后出现的收入分配恶化的结果。

第 1 节 马克思的价值和分配理论

2.1.1 马克思的价值与剩余价值理论

马克思的价值理论是在批判地继承古典学派理论的基础上建立起来的。在古典学派理论中，价值与价格是完全不同的概念。斯密把价值当作一种"自然价格"来调节供求关系，李嘉图则将价值与总量变量的测量问题相联系。显然，这样一种反映社会关系的价值概念与新古典经济学中由稀缺性和边际生产力所决定的反映供求关系的相对价格概念并不是同等因素。这种价值与价格的区别在于，就新古典理论以技术关系决定相对价格而言，其中存在着由社会关系所决定的"价格转型"，即无论商品的交换比例如何由技术关系决定或是否符合资源配置的要求，这些比例都必须转化为由社会关系所决定的"价格转型"，即转化为由社会关系所决定的价值单位。这种价值量是特殊的总量：它是特殊的，因为它要表示由社会关系所决定的收入分配关系；它是总量性质的，因为它并不表示任何技术上或实物上的计量。在简单商品经济中，它表示一种"公平价格"，在资本主义经济中，它反映的是各主体间竞争的博弈规则。显然，这种由社会关系所决定的价值和分配理论是不完全反映技术关系的。

在《资本论》第一卷第一章中，马克思从商品的二重性（即价值和使用价值）和劳动的二重性（即抽象劳动和具体劳动）出发，把由技术关系决定的使用价值、具体劳动与作为社会关系的价值、抽象劳动进行明确区分，清楚地表明价值只取决于商品经济中人们之间的社会关系，而与技术关系无关。马克思关于社会必要劳动时间的定义，以及劳动生产率与价值量成反比的论述，正是为了把技术关系完全排除在价值决定之外。马克思批评了李嘉图在价值概念上的混乱，认为其采用单一产品模型时，把价值量的分析与劳动生产率相关联，从而把技术关系与社会关系混淆在一起，而无法得到一种"不变的价值尺度"来测量价值。马克思明确地表示，技术或劳动生产率只与使用价值有关，而与价值无关；价值所表示的只是人们之间的社会关系，而不包含"任何使用价值的原子"。

上述分析表明，任何把马克思的劳动价值论，即关于社会关系决定价值的理论解释为相对价格理论的做法都是错误的。

一方面，马克思认为政治经济学的研究对象是要揭示资本主义生产关系，这种生产关系的实质是掩藏在资本主义经济中人与物关系背后的人与人之间的社会关系。当经济学的研究"注意力"被新古典理论的技术关系所支配时，呈现为以实物生产函数和效用函数为基础，反映技术关系的稀缺资源的配置理论，其核心是要表明商品和要素稀缺性的相对价格。

另一方面，新古典经济学家及其竞争对手——新剑桥学派经济学家（包括新李嘉图主义）对马克思的价值概念同样有着较深的误解和偏见。一些新剑桥学派经济学家认为，马克思的价值理论是不必要的，因为现实中存在的是价格和利润，如斯拉法模型所表示的，抛开马克思的价值和剩余价值的概念也可以表明价格和利润问题，提示价值理论是多余的；新古典经济学家森岛通夫在《马克思经济学》一书中写道，"在结束时，我们向马克思主义经济学家们建议：他们应该彻底改变他们对劳动价值论的态度。如果必须决定在资本主义经济中实际上所采用的生产技术直接或间接需要的劳动量，以便生产出商品，这完全不是一个令人满意的理论"。森岛通夫认为，价值由技术决定，不受社会的阶级结构的支配。这种误解的根源来自对马克思的价值向生产价格"转型"过程中存在的所谓"逻辑悖论"。实际上，无论新古典经济学家还是新剑桥学派经济学家，都把马克思的价值理论看作一种相对价格理论，即所有的问题最终都集中在相对价格的决定上，甚至一些信仰和坚持马克思主义的经济学家，也普遍认为马克思的劳动价值论和英国古典经济学的劳动价值论同样都是相对价格理论。

一些马克思主义经济学家，如米克（1961），在反击新古典经济学家和新剑桥经济学家关于价值向生产价格的所谓"转型"问题时，提出了价值的"历史转型"问题，即在资本主义产生之前，商品的相对价格取决于劳动价值，而在资本主义经济中转型为生产价格。这实际上是对马克思劳动价值论的深刻误解。事实上，马克思对于相对价格的论述在《资本论》全文中所占比例很小，除了第三卷有关生产价格的解释外，只有第一卷关于交换价格的论述中有所涉及。"20 码麻布=1 件上衣"的等式成立取决于它们的劳动时间，然后过渡到货币，并在货币的买卖中实现了资本主义的货币增值。可以看到，马克思只是以相对价格作为引子，其目的是说明货币的产生及产生于货币关系的资本主义总量经济关系。柳欣（1998，2005）提出，对于马克思主义经济学家提出"价值的历史转型"的正确解释应该是，在简单商品经济中，劳动者获得劳动的全部产品；在资本经济中，则是产生剩余价值或工资与利润的分配关系。

经济学家把马克思的劳动价值论解释为相对价格理论，实际上步入了新古典理论假设的陷阱之中。在《资本论》中，马克思只是在第一卷第一章中讨论过相对价格与劳动价值论的关系，但这一章的重点显然不在相对价格的决定问题上，而在于表明价值和价值形式所表示的社会关系，如对商品拜物教的讨论。在第二章中，马克思进行了交换价值形式的讨论，并由此过渡到货币。其目的在于表明，当交换价值以货币表示，且劳动力成为商品时，资本家能够通过货币交易得到货币增值或剩余价值，即以货币价值表示的总量关系。这种剩余价值理论正是马克思使用抽象方法分析价值理论所要得到的结论，或者说，是马克思建立劳动价值论的目的所在。马克思抽象掉所有其他因素（如使用价值和劳动生产率），把价值归为劳动时间，以表明人们之间的社会关系或资本主义经济关系，而劳动价值论和"劳动力商品的价值"的概念为表明资本主义经济中的总量测量奠定了基础。

因此，重新认识和理解马克思主义政治经济学及其内在的逻辑结构，不仅对于回答新古典经济学和新剑桥经济学家对马克思主义政治经济学的批评十分重要；而且，通过重新梳理马克思主义政治经济学关于社会关系的基本假设和结论，对于建立以马克思主义政治经济学为基础的新的经济学理论体系是十分有意义的，这个理论体系的主要任务是解释货币经济运行的基本规律。

马克思的《资本论》对资本主义经济运行体系的分析首先来自对资本主义经济性质的揭示。《资本论》从劳动价值论到剩余价值理论的论述，就是要揭示"资本家雇用劳动者进行生产只是为了利润"这样一种资本主义经济的基本性质。这是马克思主义政治经济学的逻辑起点，也是马克思主义政治经济学最主要的前提假设。从这个前提假设出发，我们可以得出马克思主义政治经济学的基本定理，这个基本定理就是马克思的剩余价值理论所要表示的剩余价值或利润的来源，即剩余价值来源于雇佣工人的劳动。

用马克思的公式来表示，假设资本家用于支付雇佣工人的工资或劳动力价值是 4 小时的劳动时间，然后资本家支配工人工作 8 个小时，则剩余价值是 4 小时。这个公式看似简单，却具有重要的意义，它清晰地表明了价值与技术是完全不相关的（即不包含任何使用价值的原子），而只是表示人们之间的社会关系。在资本主义经济中，价值转化为剩余价值，以劳动为基础的交换转化为以占有剩余劳动或获取利润为基础的交换关系。由此，马克思把古典的劳动价值论发展为劳动创造剩余价值的价值理论。

对于资本主义经济而言，这个定理的正确性来自资本主义经济的本质特征，即雇佣劳动性质。这种逻辑推论的要义在于揭示资本主义经济中资本家雇用劳动力进行生产的目的是获取利润，而不是使用价值。因此，抽象掉使用价值和劳动生产率的技术关系，对于表明资本主义生产的特殊性质是重要的。正是从这种以货币价值表示的总量关系或剩余价值理论所反映的基本社会关系出发，马克思建立起一套"宏观经济体系"。马克思的资本积累理论、社会再生产理论、利润率下降与经济周期理论，都是建立在这种与技术关系无关的总量关系基础之上的。显然，作为《资本论》第一卷第一篇的"商品和货币"与第二篇的"货币转化为资本"，是构成马克思后面分析资本主义总量关系的理论基础。这一点与新古典教科书把效用理论或稀缺性作为全书讨论相对价格理论的逻辑起点的做法相似，马克思的劳动价值论是揭示其资本主义总量关系的逻辑基础。

2.1.2 从价值论到货币论和资本论

把体现社会关系的劳动价值论和剩余价值论作为分析资本主义"宏观经济体系"的逻辑起点的关键是理解马克思主义政治经济学中的货币，以及货币与资本的关系。

在马克思的《资本论》中，货币是作为"一般等价物形式发展的"。《资本论》从讨论商品和货币开始，进而考察货币转化为资本的过程，以说明劳动过程中剩余价值的生产是资本获取收益（货币增值）能力的基础。作为商品经济社会财富的表现形式——商品，具有使用价值和价值两个因素。这二者又与生产商品的劳动两重性，即创造使用价值的具体劳动和创造价值的抽象劳动相对应。但马克思认为，商品的使用价值是与生俱来的，是它本身的自然状态，但其价值形态只有通过迂回的道路，在与其他种类商品的交换中才能获得，也就是商品的交换价值。通过由简单价值形式→扩大的价值形式→一般的价值形式→货币形式的历史发展过程，马克思论证了货币的产生。显然，这个货币与实物商品存在根本的区别，它与使用价值或技术完全无关，它反映的是社会关系。马克思认为，变成货币的商品在进入流通之前已具有价值，这个价值是由生产货币所需要的劳动时间决定的。货币一旦形成，商品的交换过程就成为商品流通公式"W-G-W"。其中，商品是单纯地作为商品出现的，而货币是单纯地作为货币而出现的。但货币的这种独立的价值形式（货币是在商品流通之外被积累的，是其发展的最后产物），是"资本的最初表现形式"。

当出现了雇佣劳动和资本主义商品生产，即当资本家用货币去雇用劳动力和购买生产资料时，目的是要获取货币的增值（剩余价值），货币就转化为资本；

而货币之所以能够增值，是因为资本家所支付的不是劳动的价值而是劳动力的价值，这正是资本主义生产的秘密所在。马克思把它转化成公式——"G-W-G′ 事实上是直接在流通领域内表现出来的资本总公式"，这种流通形态成为资本流通的一般形态。作为生产的目的，使用价值的转化在这里被交换价值的量的扩大所替代。而增加的货币，即 G 与 G′的差额，就是马克思所说的剩余价值（ΔG），其货币表现即为利润，它为资本家提供了"生产的直接目的和决定动机"。其中，货币的增值即利润的获得就成为资本流通的推动力，这也是整个资本主义经济体系得以运转的动力。

马克思将价值理论、货币理论和资本理论联系在一起。在讨论劳动价值论时，马克思把货币的本质视为一种社会关系，并强调了只有货币才能表示劳动时间的价值，即货币是商品中的劳动具体化的衡量标准。当只有货币能够作为价值尺度来计量价值总量时，它将与只具有相对价格意义的一般商品相区别。而马克思这样表述货币的性质正是为了说明资本主义的经济关系，"因为所有的商品，作为价值，是具体化的人类劳动，所以它们本身是可以衡量的，它们的价值可以用一种同样的特殊商品作为衡量标准，并且这种商品可以被折合为它们的价值的共同标准，即货币。货币作为价值的计量标准，是内在于商品价值的衡量的必要的表现形式，即劳动时间"。可见，在马克思主义政治经济学中，货币和劳动力一样作为商品，是资本主义制度不可缺少的一部分。没有货币，资本主义就不可能存在，没有雇佣劳动，就没有货币的增值（即利润是剩余价值或其货币表现形式）。所以，资本主义经济从本质上讲是一种"货币经济"。

资本主义经济与简单商品经济的区别在于，在资本主义经济中，正如古典经济学所表明的，资本作为一笔预付款，即货币资本，是对资源的支配权，资本家用它来取得对劳动力的支配权。作为预付款的资本是一笔工资基金，而机器是过去支付的工资基金的体现。换言之，拥有货币资本的资本家与不拥有任何生产资料而只有劳动力可以出卖的工人之间的交换关系，是由货币（它体现为一笔工资基金）来维系的。这种表面上的平等交换掩盖了资本家和雇佣工人之间买卖的不是劳动，而是劳动力这种特殊的商品，这种资本主义雇佣劳动的性质或秘密是由马克思首先发现的。这样，作为一笔对货币工资的预付，资本成为支配劳动的手段，它能够使"货币价值"获得增值（即剩余价值），而剩余价值的货币形式即为利润。因此，利润是由劳动创造但被生产资料所有者占有的剩余价值的货币形式。由此，简单商品经济中的平等的货币关系，转变为资本主义经济中的资本与劳动的交换关系，即工资和利润之间的对立关系。简单商品经济生产的目的是交换，而资本主义生产是为了获得剩余价值或利润。

这里需要特别强调"资本"的概念问题。在新古典理论中，资本被作为一种与劳动并列的生产因素。仅就技术关系来讲，奥地利学派把资本视作一种时间（即"迂回生产"）是更为恰当的。因为资本品是劳动生产的，资本品被当作一种生产要素，是因为所假设的分析的时期小于生产周期。只要把分析的时期延长，资本品存量将转化为劳动流量。这样，资本品在某种意义上只是"过去的劳动"。当然，这并不妨碍为了某种分析的需要而划分出资本品存量和劳动流量。比如，从技术关系的角度讲，如果存在着技术进步，这种存量和流量的划分是有意义的。但马克思主义政治经济学与新古典理论的区别，并不在于是否把资本作为一种生产要素或考虑存量与流量的时期划分上，而在于现实中的资本（资本品）的价值（相对价格）是否仅仅由技术关系所决定。

在资本主义经济中，当生产的目的是获得利润并采用雇佣劳动的形式时，资本就不是一种生产要素，而是支配劳动的手段，即资本是一笔对货币工资的预付金，资本家用货币购买资本品或生产资料也只是对生产资本品的劳动和以前的劳动的工资预付，其目的是获取利润，即这种生产要素市场的交换并不是按照劳动的价值，而是按照劳动力的价值进行，其价值小于劳动时间。当采用这样一种资本概念，价值（总量）和分配的决定与生产函数的技术关系是完全无关的，资源配置也不仅仅是由技术关系所决定的，而是取决于利润和利润率。这一点正是马克思的价值理论的核心所在，即通过定义价值由抽象的劳动时间所决定和假设劳动力的价值小于劳动时间而得出剩余价值理论。由此表明，资本主义经济关系的性质，相对价格、分配、再生产及资源配置问题都与这种获取剩余价值或利润的生产有关。

第 2 节　统一的利润率与古典-马克思一般均衡理论

马克思主义政治经济学认为，资本主义经济关系来自资本主义生产是为了获取利润这一目的和动机。因此，对利润源泉的说明构成了马克思经济理论的核心部分。在劳动价值论中，马克思继承了古典学派关于经济剩余的量度是劳动的说法，他认为劳动即是价值的尺度和剩余价值的源泉。剩余价值采取了利润的货币形式，即利润是劳动创造出来，但被生产资料所有者占有的剩余价值的货币形式。所以，马克思认为利润的源泉是对劳动力的使用，即资本家对劳动力的剥削。马克思认为，资本的本质是社会关系，是一种介于资本家和雇佣工人之间的、以物质（生产方式）表示的社会关系，它以利息、利润和地租的形式给予资本家剥削的权力，同时这个剩余价值又是由雇佣工人的剩余劳动创造的。在资本主义生产方式下，资本已经渗透到了生产领域的各个方面并起着主导作用，雇佣劳动无时无刻不在生产着剩余价值，它代表了货币价值的不断增值，体现的是资本主义特有的经济关系。

依据劳动价值理论，在市场供求平衡时，商品按照劳动时间决定的价值出售。但由于不同生产部门涉及不同的资本有机构成，所以其利润率是不同的。然而，在资本主义条件下，货币作为预付的资本，所关心的只是剩余价值，也就是利润，所以要求预付等量资本至少要得到等量利润。这样，统一的利润率就和商品按价值进行交换出现了矛盾。古典经济学家不能解决这个矛盾，因而陷入了理论危机之中。但马克思却用价值向生产价格的转化解决了这个矛盾（亨特，1987）。马克思认为，当价值转换成生产价格时，这个价格对应的是统一的利润率。统一利润率用公式表示为

$$r = \sum S_i / \sum (C_i + V_i)$$

一旦给出统一利润率，则生产价格为

$$P = (1+r)(C_i + V_i)$$

马克思认为，正是资本主义经济关系的产生使得上述简单商品交换中"耗费的劳动"转变为资本主义条件下"支配的劳动"，即劳动力为资本家所购买和支配以获取利润，价值从而转化为统一利润率的生产价格。由于这个价格仅仅是转换了的价值，而利润则是重新分配的剩余价值，所以马克思认为，这里有两个总量关系始终成立，即价值的总和等于价格的总和，剩余价值的总和等于利润的总和。通过运用这些总量的相等关系，马克思说明了在从价值向价格的转化过程中只是发生了再分配，实际上并没有创造或毁灭任何东西。可以看到，在这个转化中，马克思是在生产价格之前独立地确定了一个统一的利润率。这是由于马克思始终认为，在资本主义经济现实中存在着一种一般利润率，它来自资本家按照预付的资本价值在各个部门中获取统一的利润率（布里斯，1987）。因此，马克思主义政治经济学中的资本主义经济关系完全是一个总量关系，它来自资本主义经济现实中一般利润率的存在。需要强调的是，这种按货币价值计量的总量关系正是基于上述资本的性质，即资本是对劳动的支配，而这里的资本又是由货币价值表示的。也就是说，如果假设存在着一种由资本主义经济关系所决定的利润率，则这个利润率必定是一个货币利息率，即总量上

的货币升值的比率，而不是一种实物上的资本的边际生产率。因此，在马克思理论中，实物利率的说法是错误的，他所强调的只是一种货币的利息率。因此，他指出，"如果根本没有货币，那也就绝不会有一般利息率了。"①

"统一利润率"的存在，表明了马克思主义政治经济学可以表述为一种一般均衡理论。实际上，统一利润率的假设来自古典经济学。斯密在《国富论》中最先提出在资本主义经济中存在"看不见的手"这种自动调节机制。斯密和李嘉图都使用统一利润率的假设和资本在各部门之间的转移来说明这种均衡的实现机制。马克思在《资本论》第三卷阐述了价值向生产价格的转型问题后，系统讨论了这种古典一般均衡理论。②19 世纪 70 年代，边际革命之后建立的新古典经济学在提出资源配置的相对价格理论之后，采用所谓的"古典学派的统一利润率"假设，用瓦尔拉斯一般均衡理论取代了古典-马克思一般均衡理论。在新古典教科书中，瓦尔拉斯一般均衡理论被认为是对斯密的"看不见的手"的证明。20 世纪 60 年代的两个剑桥资本争论之后，新古典理论的逻辑矛盾被揭示出来，新剑桥学派经济学家主张把古典经济学和马克思主义政治经济学作为取代新古典理论的另一种范式（沃尔什和格雷姆，1980）。

斯密在《国富论》中首先阐述了分工原理，并由此引出交换理论，但表示分工和交换并不决定交换价值（或相对价格），交换价值是由表明社会关系的价值决定的，社会关系发生变化，则决定相对价格的价值也发生变化。斯密认为，在原始野蛮社会，商品交换按照实体劳动即商品中所包含的劳动量进行；当土地私有化和资本积累之后，商品的价值决定和分配就不能按照实体劳动交换，因为资本是一笔预付款，其目的在于获取利润，除非资本家得到利润，否则不会为工人垫付工资。这样商品交换就转变为按"支配的劳动"进行，商品的价值就由实体劳动支出，转变为由工资和利润构成（按照古典的剩余理论的表述方法，利润量是总收入扣除工资后的剩余，由于工资率取决于生存工资，当劳动生产率超过工资率时，将存在一种剩余并构成利润的来源）。在此基础上，斯密提出了"自然利润率"的概念，这种自然利润率是由古典剩余理论决定的，因此与技术关系无关，由此建立起古典一般均衡模型。这种均衡可以看作对斯密"看不见的手"的描述，即在资本主义经济中为获取利润的竞争在达到"自然利润率"水平时实现供求均衡。在斯密的模型里，并不需要明确的总量关系，

① 《马克思恩格斯全集（第三卷）》[M]. 北京：人民出版社，1960：473.
② 由于马克思的《资本论》第三卷出版于 1893 年，英文版出版于 1894 年，那时经济学界已被新古典经济学所支配，马克思对古典一般均衡理论的阐述并没有得到主流经济学的关注。

如国民收入中工资和利润的比率，只需要假设外生存在的"自然利润率"，就可以表述这种自动调节的均衡机制（即"看不见的手"）。

在斯密模型的基础上，可以表述出一个更为一般的古典一般均衡模型。由于劳动是受资本支配的，等量资本必然要求获取等量利润，由此存在一个"统一利润率"原则，商品的相对价格由预付的工资（和其他生产资料）乘以统一的利润率所决定。这种均衡存在性和稳定性来自资本家之间为获取更高的利润率的竞争所形成的资本在各部门之间的流动，使得统一的利润率成为均衡或"重力中心"，由供求所决定的市场价格将通过资本的转投引起的商品供求变动而实现供求均衡。这种供求均衡必然是一种各个部门获得统一利润率的均衡，由技术关系决定的资源有效配置是通过达致统一利润率的竞争实现的。因此，对于以统一利润率作为"重力中心"的古典均衡模型而言，其表示的是明确的总量关系，不仅需要总资本，而且需要同质的收入。按照古典学派的理论，资本是一笔由资本家支配的货币基金（新古典理论中把资本看作一种生产要素），用于雇用劳动力和购买生产资料，通过生产来获取利润，利润是总产出（价值）减去总投入（价值）后的剩余，利润率是利润对总投入的比率。因此，更为一般的古典一般均衡模型可以用李嘉图（1815）的谷物模型（一种单一产品模型）来表述。

假设经济中只生产单一产品——谷物，生产周期是固定的（比如 1 年），劳动作为投入，但其是由"资本"雇佣的，资本是一笔谷物基金，用于支付雇佣劳动的工资。假设总资本的数量是给定的，为上一年收获的谷物，用 Y_{t-1} 表示；所能雇用的劳动力数量 L 取决于工资率 w，工资率是固定的且小于单位劳动生产率 σ，从而 $L = Y_{t-1} / w$。假设规模收益不变，则当年的总产出 Y_t 和利润率 r 如下：

$$Y_t = (Y_{t-1} / w)\sigma = L\sigma \tag{2.1}$$

$$r = \frac{Y_t - Y_{t-1}}{Y_t} = \frac{L\sigma - Lw}{Lw} = \frac{\sigma - w}{w} \tag{2.2}$$

式（2.1）表明，总产出 Y_t 取决于投入的劳动量 L 和劳动生产率 σ；式（2.2）表明，利润率取决于工资率 w 和劳动生产率 σ。

通过比较谷物模型与斯密模型中利润率的决定因素，可以探讨斯密的价值理论中的总量问题。斯密（1776）认为，商品的价格 P 等于资本家预付的总资本 $wL(1+r)$，因此利润率的计算公式如下：

$$r = \left[wL \left(1+r\right) - wL \right] / wL \qquad (2.3)$$

式（2.3）与式（2.2）的不同之处是把 L 替换成了 $wL\left(1+r\right)$，通过这种形式变换，总产出和劳动生产率消失了，利润率只能是外生给定的，而不依赖于技术关系（盖尔加尼，1984）。按照式（2.3），对总量（国民收入或总产出价值）的测量只是按照预付的工资和外生给定的利润率。因此，假设存在一种稳定的自然利润率，国民收入的测量只取决于工资率和雇佣劳动的数量。斯密把这种国民收入的测量方法称为"工资单位法"。显然，斯密认为资本不仅要预付工资，还要购买和生产资本品。对此，斯密是这样推论的：由于资本品只是以前劳动的产品，也是由预付工资的劳动生产的，其价格将等于基于利润率的工资成本加成，由此可以把资本品还原为最初的劳动；这样，由实体劳动决定的价值就转变为成本乘以统一利润率的生产价格了。斯密通过"还原为有时期的劳动"，可以把所有的资本存量转化为收入（工资和利润）流量，由此可以避免存量和流量的相互作用所导致的逻辑矛盾①。

斯密这种"工资单位法"的国民收入测量方法排除了资本存量（相应地也排除了折旧），马克思称之为"斯密教条"。一方面，价格的决定不能排除折旧；另一方面，更为重要的是资本品存量的价值对利润率是有影响的（斯密模型中是给定的利润率），特别是当生产各种商品的资本构成和周转时间不同且要求获得统一的利润率时，斯密的国民收入测量方法、利润率公式和价格构成理论就不能适用了，必须把由实体劳动决定的价值转变为包括资本品成本的总资本的价值投入乘以统一的利润率的生产价格。这个问题首先由李嘉图（1815，1823）发现。

李嘉图所要讨论的是随着资本积累所导致的收入分配和利润率下降问题。李嘉图在单一产品的谷物模型中得出了明确的结论，即在单一产品模型中用类似于生产函数的技术关系决定总产出，假设存在土地的收益递减和地租取决于

---

① 按照新古典经济学家的观点，斯密的模型与庞巴维克"时际均衡"模型具有令人惊奇的相似性，即只要在斯密的模型中加入迂回生产的假设和时间偏好来说明利润率，就可以转化为庞巴维克的模型。也就是说，资本家之所以为工人垫付工资和得到利润是因为迂回生产的生产力，而两个模型关于价格的决定却是完全相同的。由此可以推论出，斯密的理论只是庞巴维克理论的一个特例（哈恩，1982）。柳欣（2000）则认为，上述推论只有在单一产品模型中才能够成立，在这种模型中技术关系与收入分配可以在理论上是一致的；而一旦推论到异质品模型，斯密的利润率决定就与奥地利利模型完全不同。斯密的理论所要表述的是资本的所有权和"自然利润率"决定相对价格和收入分配，从而可以通过把资本品还原为劳动的方法来表示资本品的价格，但这必须假设在资本品的生产和使用过程中劳动生产率和总产出是不变的，否则其利润率公式就成为一种循环推论，而不能决定资本品的价格和国民收入在工资与利润之间分配的份额。

土地的边际产品，在给定工资率的条件下（即生存工资假说），随着资本积累或雇佣劳动的增加，地租在国民收入分配中的份额将提高，利润的份额将下降（即利润率的下降问题），从而阻碍资本积累。在这里，与斯密不同，李嘉图不是要论证一种"自然利润率"决定的相对价格和收入分配，而是要讨论技术变动（土地报酬递减）下的收入分配份额问题。正是从这个角度，李嘉图批评了斯密，主张价值取决于实体劳动，而不是斯密给定利润率的"支配的劳动"。

但李嘉图的上述推论只有在单一产品模型，如谷物模型中才成立，这种模型可以完全不考虑总量的测量问题。一旦推论到异质品模型，李嘉图发现了一个重要的问题，由于在资本构成不同和统一利润率的假设下，收入分配的变动会影响相对价格，在相对价格会随分配变动的情况下，并不能保持谷物模型中的推论。由此，李嘉图（1823）提出了寻找一种"不变的价值尺度"的问题，即就相对价格而言，当各个部门资本构成不同或资本劳动比率不同时，技术关系上的劳动生产率的变动和收入分配的利润率的变动会同时影响相对价格，从而不能得到一个统一的尺度来测量总量的收入分配和利润率的变动。

李嘉图的难题实质上是如何在异质品模型中得到反映技术关系的总量测量问题。当采用价格来测量总产出时，会出现由收入分配变动导致的相对价格及总产出价值的变动，由此使其分配理论失去了测量的尺度，因为只有确定总产出，才能说明收入分配，而以相对价格测量的总产出又取决于收入分配，由此陷入了循环推理的逻辑矛盾。斯拉法（1960）提出，当把李嘉图的技术变动排除掉，而仅讨论收入分配和相对价格问题时，可以通过"标准商品"来重新获得单一产品模型和斯密模型的逻辑：相对价格与收入分配的相互作用完全是由于资本存量的存在或资本构成不同，从而只要排除资本存量或把资本存量还原为劳动流量，即可排除相对价格的幻觉。但这种标准商品及还原为某一时期的劳动所表述的稳定状态并不是李嘉图真正要寻找的"不变的价值尺度"，李嘉图所关注的是技术变动下的包含资本品存量模型中的相对价格与收入分配的关系。

李嘉图的难题实际上来自其在价值概念上的混乱，即把技术关系与社会关系混淆在一起。对此，马克思明确批评了李嘉图，认为这种价值概念上的混乱导致李嘉图在谷物模型中把价值量的分析与劳动生产率相关联，而无法得到一种"不变的价值尺度"来测量价值量。马克思在扬弃古典价值理论的基础上发展了劳动价值论，明确表明价值的决定与具体劳动或技术关系无关，它取决于抽象劳动和社会必要劳动时间，或者说取决于社会关系。在此基础上，马克思把作为资本主义经济关系本质特征的雇佣劳动引入分析体系，从而提出了剩余价值理论，表明了资本主义生产的目的是榨取剩余价值，而不是使用价值。其中，资本（一笔预付款）、劳动力价值或工资、剩余价值或利润，都是以货币形式表示的总量关系和社会关系。从剩余价值理论出发，马克思建立了一套"宏观经济"分析体系，资本积累、社会再生产、利润率下降和经济周期理论，无不建立在这种与技术无关的总量关系基础上。

在《资本论》第三卷中，马克思提出了价值向生产价格的转型问题，实际上阐明了古典一般均衡的异质品模型中的加总问题和作为总量理论的基本含义。因为如果个别商品的价格与其价值不成比例，只要社会创造的全部商品价值总和相当于所有商品的价格总和，这种不一致就没有影响。马克思在价值向生产价格转型中提出了两个总量相等的命题，即总价值等于总生产价格、总剩余价值等于总利润，因此转型是一种总量问题，而不是相对价格问题。这一点对于理解古典-马克思一般均衡理论是非常重要的。

转型问题来自各个部门的资本有机构成不同的异质品模型，即当采用统一利润率的假设，使得不变资本投入也按照生产价格计量时，马克思关于两个总量相等的结论不能维持。原因在于，用劳动时间给定的总价值（$C+V+S$）中的不变资本 C 在生产价格模型中将随着利润率变动而变动，用劳动时间计量的总价值和总剩余价值并不随利润率变动，从而总价值不等于总价格。只有在各个部门资本有机构成相等的条件下（或作为特例的古典单一产品模型和斯拉法的标准商品体系），不变资本的价值并不随利润率变动，从而保持两个总量相等。对于转型问题的这个结论，实际上得到两个推论。

推论 1：在马克思主义体系中，价值和剩余价值的概念并不是多余的，正是在这个概念的基础上，可以排除技术关系而得到稳定的总量关系。

推论 2：异质品（包括资本品和消费品）在技术关系上是不能加总的。

从推论 2 出发，我们还可以得到第三个推论。

推论 3：任何只表明技术关系的异质品模型中没有总量（包括总资本），因此也不存在统一的利润率。

如前文分析所表明的，李嘉图的难题就在于，在异质品模型中并不能采用技术关系来决定总量，因此李嘉图把资本主义经济中的利润率下降归结于技术关系的命题本身就是错误的；只有完全排除技术关系，才能够表明古典学派和马克思主义政治经济学的命题，即价值和分配取决于资本主义经济关系。

以上关于统一利润率和古典-马克思一般均衡理论的分析结论，对于批判目前以新古典理论为基础的主流宏观经济学是十分必要的。目前主流宏观经济学是以拉姆齐（1928）和索洛（1956）创立和发展的新古典增长模型为基本分析框架的①，而索洛模型的基础就是所谓的"总量生产函数"②。实际上，新古典理论并不是一种总量的理论，它是以生产函数和效用函数为基础建立的表示技术关系的稀缺资源有效配置理论，其核心是表明商品和要素稀缺性的相对价格，这种相对价格是稀缺资源配置的选择指数。

但是，建立在生产函数基础上的加总是无法实现的，关键在于"资本"的定义上。在新古典理论中，资本只是一种与土地、劳动并列的普通的生产要素。而各种异质品作为物质资本的投入要素，缺乏共同的物质基础。这就意味着不能把用于投资的各种具体物品拼凑成一个同质的生产要素总量，也就不能作为一个独立的边际生产力范畴，更不能依据它来决定分配的份额。罗宾逊（1953）在《生产函数和资本理论》中首先提出了新古典理论中总量生产函数的逻辑矛盾。"当面临在工业产品中劳动与资本之间如何进行分配这一任务时，新古典主义将发生困难（即使在绝对的静止状态下），这是由于它对具有某些技术特征的生产资料这个意义上的'资本'，以及对资金有支配能力这个意义上的'资本'，未能做出区分。"（罗宾逊，1960）罗宾逊认为，资本总量主要是一种货币计量法，所以不能运用柯布-道格拉斯生产函数来实现宏观经济中的加总。

为了得到新古典一般均衡模型中的货币变量，可以借用斯拉法（1932）提出的表示商品有时间的相对价格或期货价格的"自己的利息率"概念，来对各种异质品进行加总。由于每一种商品都有自己的利息率，可以任意选择一种商品的利息率作为一般利息率（利润率），其他商品的利息率则可以通过这种一般利息率贴现而得到其"资本化的价格"，由此可以得到一种总量。一般利息率的贴现公式如下：

$$K = R / r$$

其中，K 为资本品价值，R 为资本品在一定时期的收益，r 为利息率。各种资本品按照这种贴现价格计算的收益率是一致的。③然而，通过这个一般利息率所实现的总量加总，对于新古典经济学是没有意义的。因为这个一般利息率，可以

① 卡尔·瓦什. 货币理论与政策[M]. 北京：中国人民大学出版社，2001：26.

② 索洛模型采用表示实物的投入与产出关系的总量生产函数：$Y = AF(K, L)$，其中 Y、K、L 分别代表总产出、总资本和总劳动，A 是宏观的投入产出系数。

③ 罗宾逊曾指出："一项设备的价值，取决于其未来的预期收益。可以把这个价值看作以未来收益为依据，经过按对应的一般利息率计的贴现办法换算成的现在的收益所体现的价值。也就是公式 '$K = R/r$'。"[罗宾逊，1953，《生产函数和资本理论（中译本）》，第 5 页]

是人们任意选择的一种产品本身的利息率。由于各种资本品的利息率并不相同，采用不同的商品作为一般利息率的标准，将会产生不同的利息率和按这一利息率计算的宏观变量。①特别是当脱离了稳定状态时，由于这种特殊商品本身的生产率会发生变动，其不可能用于价值标准而与现实相一致。而且，这种通过任意选定一种商品的利息率而得到的一般利息率（利润率），完全不同于古典理论和马克思主义政治经济学中由于资本主义特有的竞争规律而得到的统一利润率。在新古典的异质品模型中，决定资源有效配置的只是相对价格，而相对价格与其边际生产力分配论是一致的，所以根本就不需要总量，不需要用一种假定的总量生产函数来表示加总的宏观变量。因此，新古典一般均衡的理论中并不存在统一的收益率，每一种要素的收益率都是其本身的收益率。上述以宏观变量表示的相对价格既不表示人们消费的时间偏好，也不表示要素的稀缺性。例如，一般利息率只是人们任意选择的一种产品"本身的利息率"，而不表示"总量"资本的边际生产率，因而不能作为资源有效配置的选择指数。

以上分析表明，古典-马克思一般均衡理论是完全不同于新古典一般均衡的另一种均衡理论，其区别在于实现资源的有效配置的方式不同。新古典理论通过反映稀缺性的相对价格所决定的供求均衡来调节，而古典-马克思理论通过资本围绕统一的利润率的竞争及在各个部门之间的流动来调节。但这种由宏观变量的价值所决定的收入分配关系并不决定资源配置，决定配置的依然是新古典理论的相对价格（如果这种相对价格能够表示现实中的技术关系）。这正是古典经济学家和马克思主义政治经济学强调的价值和价格的区别。马克思在《资本论》第三卷第十章用两种含义的社会必要劳动时间来说明这个问题。第一种含义的社会必要劳动时间所表示的价值是竞争与收入分配关系，第二种含义的社会必要劳动时间是由技术关系上的供求或资源配置所决定的，但这两种社会必要劳动时间是统一的，两者共同决定现实世界中的相对价格，我们可以把第二种含义的社会必要劳动时间理解为新古典理论的相对价格和瓦尔拉斯一般均衡的价格决定。但在资本主义经济中，这种表示资源配置的相对价格，必须通过统一利润率转化为第一种含义的社会必要劳动时间决定的价值或生产价格。显然，在这种古典-马克思一般均衡模型中，反映技术关系的供求完全可以通过总量意义上的价值表现出来，并且可以与统一利润率和资本转投一致。马克

---

① 在瓦尔拉斯一般均衡模型中，瓦尔拉斯假定存在一种"计价物"，把它的价格定义为1，然后可以得到一种总量。但这种商品并不是"货币"。关于瓦尔拉斯一般均衡模型中货币的存在性问题一直以来是主流经济学争论的焦点。

思在《资本论》第三卷中通过讨论这种古典-马克思一般均衡理论达到均衡的过程，即市场价值和市场价格与生产价格之间的关系，系统地阐述了这种古典-马克思一般均衡理论达到均衡的过程，即市场价格围绕着生产价格波动，这种由技术关系所决定的供求变化会通过资本转投来调节，达到统一利润率的均衡同时也是使市场供求相等的均衡。由此可见，古典-马克思一般均衡理论反映的是资本主义经济的竞争关系，而新古典一般均衡理论仅反映一般的技术关系，更适合计划经济模型。

第 3 节　马克思主义政治经济学与宏观分析的微观基础

　　马克思的劳动价值论表明，价值是由社会关系决定的，与技术无关；劳动价值论是一种总量理论，而不是相对价格理论。马克思的剩余价值理论表明，以雇佣劳动为特征的资本主义生产的目的在于获取按货币价值计算的利润或货币升值，而这种按货币价值计量的总量来源于资本的预付，这种预付关系体现出在资本主义生产中资本对劳动进行支配的特殊性质。劳动价值论和劳动力商品的价值概念（剩余价值论）为表明以雇佣劳动为特征的资本主义经济中的总量测量和总量关系奠定了基础。劳动价值论与其说是相对价格论的基础，不如说是总量的分配理论和货币理论的基础。马克思阐明资本主义经济关系呈现出总量的货币金融形式。正是从货币价值表示的总量关系或剩余价值理论的基本关系出发，马克思建立了一套宏观经济分析体系，马克思的资本积累理论、社会再生产理论、经济周期理论均建立在与技术无关的总量关系基础上。马克思认为，资本主义的内在逻辑是为了利润和生产，以及为了获取利润不断扩大再生产和在竞争压力下不断进行资本积累，由此导致利润率下降，进而引发资本主义经济的内在波动或经济危机。马克思关于价值向生产价格转型问题的分析表明，资本主义的经济波动来自按价值计量的收入分配与按生产价格计量的利润率之间的不一致，而与技术完全无关，因此必须考虑资本存量与收入流量的一致性。

　　马克思主义政治经济学对于讨论现代宏观经济学及其微观基础和现实的经验问题也是十分重要的。"凯恩斯革命"的核心是资本主义经济中的有效需求不足和非自愿失业问题。但凯恩斯（1936）并没有指明有效需求问题的性质，即企业的成本收益计算是如何决定的，而这一问题涉及价值的决定，凯恩斯经济学中缺少一种价值和分配理论作为宏观经济学和货币理论的"微观"基础。正是由于主流经济学把凯恩斯经济学完全嫁接在新古典的价格和分配理论之上，导致了宏观经济学中严重的逻辑矛盾和凯恩斯主义宏观经济政策的失败。不同于以技术关系为基础的新古典价值分配理论，建立在社会关系基础上的马克思主义政治经济学的价值分配理论对于有效需求问题可以做出正确的解释，正如马克思的社会再生产理论所表明，资本主义经济的商品实现问题与有效需求问题是紧密联系在一起的。索洛（1956）以新古典生产函数为基础提出了新古典增长模型，这一模型在资本与劳动完全替代的假设下，得出通过工资率与利息率的变动达到充分就业的结论，这一结论完全排除了社会关系的分析，而把经济增长和经济波动问题归结于技术关系。资本作为一种代表实物资本品的生产要素，货币和以货币量值计量的所有国民收入核算体系中的统计变量都只是实物的符号。索洛的新古典增长模型为现代宏观经济学提供了基本的分析框架。克洛尔（1965）把凯恩斯经济学的微观基础归结为瓦尔拉斯均衡。19 世纪80 年代以来，主流宏观经济学完全建立在瓦尔拉斯均衡和索洛的增长模型基础上，"凯恩斯革命"被完全倒转了。但是以新古典理论为基础的主流经济学是一种实物经济理论，与凯恩斯对现实的货币经济分析根本不能融合。罗宾逊（1953）提出的新古典生产函数的加总问题和斯拉法（1960）的著作引发的 19 世纪 50和 60 年代"两个剑桥"之间的资本争论，揭示了新古典理论的逻辑矛盾，这种纯理论的争论直接联系到现实问题，即对卡尔多关于资本主义经济增长的"程式化事实"的解释。

采用马克思主义政治经济学的价值分析，上述经验问题可以得到有效的说明。以加总问题为例，不同质的资本品和消费品的加总来自雇佣劳动，即资本主义经济中的生产劳动并不是斯密所论述的生产物质产品的劳动，而是被资本家所雇佣的劳动，即为资本家或厂商的货币资本预付的生产，其目的只在于获取以货币价值表示的利润，正是这种资本主义经济关系使不同质的商品得以加总为价值量，而这些价值量与技术是完全无关的。卡尔多的"程式化事实"表明，所有统计变量的规律性正是来自以获取利润为目的的价值计量，即只要在这些程式化事实中加入利润率，便可得到唯一的稳定状态增长模型。宏观经济波动正是围绕着由资本存量价值与收入流量决定的稳定的利润率的波动，由货币量值表示的资本存量价值与收入流量共同构成内生的货币供给体系，其稳定性和围绕稳定的利润率的波动来自作为商业银行资产抵押的资本存量价值对货币供给的制约。在这里，资本并不是一种生产要素，而是一种以抵押为基础的信用关系，使得资本与货币具有同样的性质而不可分离，所有以货币量值表示的国民收入核算体系中的总量指标，都只是内生的货币供给体系的组成部分。这种货币经济的运行与主流经济学的实物经济是根本不同的，决定所有宏观统计变量的只是表示资本主义经济关系的货币金融体系，而不是生产函数的技术关系。

马克思的价值理论所揭示的正是这种资本主义经济制度所决定的现实经济关系。如前所述，马克思价值理论的基础表明，价值与技术是完全无关的，所体现的只是特定的经济关系，资本主义经济中的价值与分配并不是取决于技术关系上的边际生产力，而是由社会关系所决定的利润率支配的。马克思揭示了其价值决定与货币的关系，货币作为一般等价物只是表示社会关系的价值形式，只有这种价值理论才能表明以货币量值为基础的货币金融体系的内在结构，才能作为凯恩斯货币经济理论的微观基础。马克思以这种价值理论为基础所讨论的社会再生产和利润率下降的经济波动分析对于揭示资本主义经济（市场经济）中的经济增长和经济波动问题是极其重要的，以马克思主义政治经济学为基础重建经济学的理论体系具有重要的意义。

第 4 节　货币与金融经济系统：信用本质、运行与发展

第一，伊藤·诚和拉帕维察斯提出，马克思主义政治经济学认为要从经济关系发展中考察货币功能，进而了解货币需求的本质与变化，据此他们得出马克思主义政治经济学特别强调在资本主义经济关系中货币的储藏职能、支付职能的重要性。

第二，马克思认为物物交换不是社会经济的普遍历史现象。当代资本主义经济和市场经济的货币金融系统是经济历史发展的一个阶段。

第三，生息资本在资本主义经济中具有特殊意义，利息的来源对于理解现代货币金融系统运行、不稳定和金融危机具有关键意义。

第四，现代资本主义经济关系具体呈现为各种关系：商业信用、信用货币、银行信用、中央银行与国家信用，在这些经济信用关系的基础上形成了复杂的货币金融体系。

第五，经济周期波动与金融危机的根源。在后凯恩斯主义货币经济学范式中，在投资的未来预期收益不确定的基础上，将现代货币金融体系的发展概述为广义、内生和非中性的特点，要以信用关系为基础来阐明货币、金融系统的内在联系（替代与影响），即广义货币的供给机制，以及回答广义货币金融系统对实体经济的影响机制。

现代金融危机与经济危机具有波动性更大的特征，第二类货币危机的特征更加明显，即由金融系统本身创造的危机。

2.4.1 货币职能：为什么劳动价值理论是深刻的

马克思主义货币金融思想不仅仅考虑价值尺度职能，更突出强调在资本主义经济中货币的储藏职能。

1. 价值尺度（劳动价值-交换价值）

交换手段（商品交换的中介）：马克思指出，必要货币量随商品价值直接变化，而货币的价值与流通速度间接变化。但马克思关于流通中货币商品的实际数量如何与必要量相联系的观点，与李嘉图的观点完全不同。李嘉图认为这个必要量取决于金属货币和外在供给，而马克思认为交换领域货币的需求量取决于货币商品的常量和现有的贮藏货币。马克思指出，在流通领域之外存在大量的贮藏货币，这种贮藏是货币流通量的调节器，吸收多余量，弥补短缺与不足。

历史性认识：马克思认为货币还具有流通以外的功能，所以货币绝不仅仅是经济活动的"面纱"。金属货币（商品货币）的物质属性在经济发展中变得不再重要。

法币为什么不能用于贮藏？第一，法币本身不具有价值；第二，法币与信用体系及实际积累之间不存在有机联系。而银行发行的信用货币与信用体系和实际积累之间存在有机联系。

法币数量决定的专断性严重影响了法币作为计量单位的功能。法币是商品货币的象征，它的数量"替代"了必要的黄金数量，而后者是由商品价值、流通速度和货币的价值来决定的。商品的价值是由黄金的量来度量的，但是它们却是通过象征金铸币的法币的总量来表示的。如果法币与黄金的比率为1∶1，价格体系就不会受到干扰；然而国家如果随意扩大法币的数量，就会存在法币滥发造成价格通胀的情况。这是马克思解释货币数量现象的特例。

2. 充当货币的货币

货币的贮藏功能：马克思主义认为，在一个以所有人类关系商品化为特征的资本主义社会,贮藏货币为其所有者赢得巨大的社会权力。主要表现为：①货币可以购买社会地位、教育和政治权力；②在资本主义国家间关系上，货币可以保护国家同盟。

贮藏的贵金属是价值的积累，因此也是一种耐久性的财富。

资本主义贮藏的货币，一方面是一种耐久性的价值积累；另一方面可以作为资本的货币，即可以再投入生产过程之中，并自我扩张。资本主义贮藏的这两个方面是资本主义信用体系发展的重要因素。随着资本主义的发展和信用体系的出现，货币贮藏开始社会化，形式开始发生变化，随之而来的是货币贮藏者不再持有商品货币的积累，而是持有银行储蓄、公司债务性证券、政府债券和其他金融工具。

个人持有的贮藏变成了对未来产出与价值的索取权，是面对信用机构的持有。与此同时，资本主义信用机构开始承担一些社会的贮藏功能，银行储备是纯粹资本主义贮藏的重要形式。在信用体系发展进程中，银行的货币贮藏也逐渐失去了贵金属特征，成为对其他人索取权的计量。资本主义社会的巨大金属贮藏逐渐流入中央银行，即银行的银行的金库之中。

3. 支付手段

这种功能是与销售过程相联系的。马克思认为，开始与支付功能相联系的货币形式是信用货币。最初的信用货币源于商业信用中所产生的期票和汇票。在资本主义发展过程中，信用货币随着金融机构的变化而采取不同的形式，虽然这些形式取决于信用体系的历史特殊制度结构和资本总积累，但是信用货币所依据的是对金融机构享有的、以金融机构资产支持的索取权。

信用货币由金融机构贷给资本家时，会有规律地消失。信用货币的道路在资本主义循环的过程中具有周期性的形态，可同商品货币和法币的无形态道路相区别。

信用货币的周期性运动对流通中信用货币数量的决定是极为重要的。这一数量取决于资本家之间和金融机构同资本家之间的贷款和对贷款的支付。两种贷款的决定，以及债务清算的规律根植于实际积累的过程中。但是信用同时还具有延伸积累的重要功能，即对新增价值和声誉价值的生产进行融资，为其自身的偿还创造条件。

只要一涉及资本主义积累，信用货币就不是"中性"的。信用货币出现在资本主义循环的外部，产生于资本家与金融机构为其他资本家所进行的贷款中，能够刺激价值与剩余价值的创造。这表现为流通中的货币的实际数量同货币的必要量之间的关系是由较货币流通中的相应关系广泛得多的要素来决定的。

李嘉图认为，只要信用货币和法币之间是可以交换的，银行信用货币的交换也是由货币商品的价值来调节的。信用货币同商品货币的关系如下：古典经济的周期性始终认为，信用货币的交换价值（和货币商品的交换价值）在资本主义经济周期的上升过程中下降（价格水平上升），而货币商品的价值依然保持不变。信用货币交换价值的下降在工业、商业和货币危机转向繁荣时才会结束。在经济危机过程中，人们急需作为支付手段的货币，信用被摧毁，商品经常被强制出售。同时，银行体系发现其自身也不得不保护它的货币商品储备，限制给予新的信用。

实际上，由于这一综合措施的影响，信用货币的交换价值再度上升（价格下降），货币商品在价格水平决定方面的关键性作用再次发挥。在经济危机后的萧条阶段，信用货币的交换价值会上升，同样经历了周期性的上升后，它又会重新下降。

对信用货币交换价值的分析（利息波动），需要在商品循环的货币分析之外，甚至置于资本积累过程中进行。

4. 商品货币

商品货币在资本积累中不起积极作用，20 世纪 80 年代以来，信用货币的交换价值已完全脱离了商品货币的支撑，不再依赖实物锚定体系。

在这种情况下，信用货币能够继续存在，依然取决于同实际积累相联系的商品货币的运行，依然表现出自我调节的特征，虽然后者远不和谐。

在这样的条件下，货币数量论在一定程度上是正确的，信用货币的交换价值（价格水平）通常可以反映流通中商品价值与信用货币量的比率。

因此，存在着一个前所未有的信用货币的交换机制迅速下跌的可能性（价格通货膨胀），特别是如果在信用体系运行过程中，国家进行广泛的干预和资本积累面临着难以扩大其产品的供给时，更是如此。

5. 货币是资本主义经济的连接纽带

历史证据证明，在资本主义以前的社会中，货币通常是一种对社会再生产过程并不重要的社会现象。在资本主义社会中，经济关系成为社会经济秩序的必要组成部分，是尝试通过建立在工资劳动基础上的剥削来组织的。从历史发展来看，资本主义是市场经济最发达和最广泛的形式；同资本主义以前的社会不同，货币是资本主义再生产的必要组成部分，是与资本主义再生产和积累紧密联系的。

不论是古典政治经济学还是新古典主义经济学，都认为商品交换是社会自然的秩序，并普遍地与以物易物等同起来，没有发展起来建立在货币基础上的经济分析。

6. 金融化、货币金融演化发展与货币的贮藏功能

货币总是处于运动或闲置状态下的，它或者被贮藏，或者处于流通之中。马克思用几种结构性的理由来解释为什么社会总资本的再生产过程中会出现货币的贮藏行为。预防性的货币贮藏应是商品所有者可以应付的、无法预见到的价格波动，"集中"固定资本投资和新产生的剩余价值，同时承担着积聚临时闲置货币的作用。为使资本主义生产过程持续进行下去，在产品销售过程中，资本家需要持有一定的贮藏货币。货币贮藏是货币流通的前提条件，因为贮藏可以向流通领域投放或从流通领域中吸收货币。这样，一个国家中的货币存量就是由部分运动着的、部分闲置着的货币构成的。在商品流通要求的范围内，二者的比例不断变化。然而，除了这一技术性的货币作用外，贮藏货币同样具有广泛的经济功能。贮藏货币是买和卖的能力集中在一个独立的形式中。这种形式同一般的商品的使用价值不存在联系。在一个以所有人类关系商品化为特征的资本主义社会，贮藏货币为其所有者赢得巨大的社会权利；货币可以用来购买社会地位、教育和政治权力。贮藏货币更为广泛的社会权利在资本主义国家之间的关系上表现得更为明显；货币可以保护国家同盟，提供"军备"。那些把注意力集中于研究在充满竞争的世界里由什么决定国家力量的重商主义者，对于货币的理解远比古典政治经济学充分。

贮藏的贵金属是价值的积累，因此也是一种耐久性的财富。在那些不具有扩张的社会系统机制的国家，贮藏的金属货币是财富积累的主要形式。

资本主义贮藏的货币，一方面是一种耐久性的价值积累；另一方面可以作为资本的货币，即它们可以投入再生产过程之中，并自我扩张。这两方面是资本主义信用体系发展的重要因素。

随着资本主义的发展和信用体系的出现，货币贮藏开始社会化，它们的形式开始发生变化。随之而来的不是货币贮藏者商品货币的积累，而是银行储蓄、公司债务性证券、政府债券和其他金融工具的积累。个人持有的贮藏变成了对未来产出与价值的索取权，他们的持有首先是面对信用机构的。然而，与此同时，资本主义信用机构开始承担一些社会的贮藏功能；银行储备是纯粹资本主义贮藏的重要形式。然而，在信用体系发展的进程中，银行的货币贮藏也逐渐失去了贵金属的特征，并成为对其他人行使索取权的计量结构。资本主义社会

的巨大金属贮藏逐渐流入中央银行。随着历史的发展，各国中央银行的贮藏也逐渐失去很多金属特征，并由几个占统治地位的资本主义国家的信用货币所构成。

2.4.2　现代经济中的货币与资本循环

1. 商业信用

商业信用，即商品先同支付承诺交换，而后由货币支付清算的销售方式。商业信用关系具有充当银行信用的功能。银行信用是指以还款加上利息为条件的货币本身的借贷，是比商业信用更复杂的行为。银行信用关系清楚地表明了资本主义利息和阶段资本范畴的内容，后者是指通过利息支付给资本以补偿的特殊类型的资本。古典政治经济学认为，利息是资本所产生利润的一部分，利润调节利息。

2. 马克思对生息资本的两种分析

第一种分析。第一，假设存在贷款资本家（只有货币）和借款资本家（只有投资项目），利息是由借款资本家投资项目所产生的利润的一部分。第二，以利息形式表现的收入也同样可以产生于工业和商业资本家之中，它不是一个社会群体所独有的基础。第三，生息资本是资本的一种古老形式，在资本主义社会之前就出现了。

第二种分析。马克思试图表明停滞（或闲置）货币的集中是有规律地产生于总社会资本的再生产之中的。暂时性闲置利润、固定资本折旧基金、谨慎性储备和维持生产和流通交替进行的资本周转能持续不断进行下去而形成的储备，是货币贮藏的纯粹资本主义形式。

在资本主义再生产过程中，有规律地创造停滞货币，为商业信用和银行信用提供了客观基础，并成为资本主义信用的基础。从最广泛的可能性来讲，信用体系使生产与资本主义再生产过程中停滞的货币流动起来，使它们转化为生息资本。

信用体系首先是对工业和商业资本家的剩余资金进行内部再分配的一种机制。由此看来，利息支付以这些资本以前所产生的闲置货币为基础，对剩余价值进行再分配。利率运动反映了生产资本积累过程中生息资本的需求与供给，因此利息是由所有工业与商业资本创造的。更广泛的理解是生息资本可能同样会由工人和其他社会群体货币收入的临时闲置部分创造出来。

正是因为信用体系是一个专门对停滞货币集中起作用的社会机制，在总社会资本的再生产中具有客观基础，因此它可以跨越社会表面扩展其活动，并开始集中所有闲置货币。

与之相类似，通过信用体系进行的生息资本的新贷款不需要专门投向资本积累方向，应该也投向那些不产生剩余价值的部分。

从广义上看，利息不仅是积累中产生的剩余价值的一部分，也是整个社会借款者所带来的货币收入的一部分。

马克思关于生息资本的第二种分析是对资本主义金融不稳定的解释。马克思的第二种分析认为，停滞货币是由工业积累过程系统地产生的，由信用体系转变成生息资本，并返回到积累中来收取一定比率的剩余价值。这一过程为信用体系提供了一个客观的社会基础。

分析认为，生息资本可以同资本积累相分离。暂时闲置的资本成为实质上在积累过程之外的生息资本，尽管它能从所有者中得到并将重新归于后者。更深入的分析认为，信用体系的运行具有在一定程度上相对独立积累的性质，这可以从信用机构从全国各部分中筹集闲散货币的能力，以及当实际积累遇到困难而它们还能继续创造利润的能力得到证实。

信用体系的相对独立性是资本主义金融不稳定的一个重要原因。

3. 生息资本的形式与工业资本循环

（1）"货币"资本与"经营"资本

工业资本的典型运动代表着生产和流通的统一，通常被归纳为货币资本的循环：

$$M-C（LP, MP）-P-C'-M'（M+\Delta M）$$

生息资本的公式是以工业资本共识的货币形态为前提条件的：

$$M-M''（M+iM）$$

$$M-C（LP, MP）-P-C'-M'（M+\Delta M）$$

根据马克思的上述分析，概括地讲，在资本主义条件下，货币拥有能够产生平均利润的特殊的使用价值，因此其所有者可以分享部分潜在利润而暂时让渡它。

这样，"借贷"资本家借给"经营"资本家生息资本，以利息，即利润的一部分作为回报；其余部分由经营资本家获得，并成为企业利润。

马克思的分析明确了利息与利润，以及借贷资本家与经营资本家之间的关系。伊藤诚等新马克思主义者认为，在资本家之间的借贷中，货币所有者并不出售产生剩余价值的潜在性，因为后者已经存在于借款者的经营计划中。对于个人来讲，在货币被贷出时，作为贷款的货币已经闲置在贷款者的手中，如果存在可以获取平均利润的现实机会，其一定会被利用。从这个层面来看，利息是货币所有者让渡其资产而得到的回报，简单地反映了通过贷款令货币数量增加的一般可能性。这种可能性并不是资本主义特有的，可以在多种不同社会制度中发现。

（2）停滞的货币和资本循环

在积累停滞货币（产生于资本流通过程中）的社会机制已经建立起来后，货币系统地转变为生息资本。

信用体系将停滞货币转化成同质的商品，赋予其生息资本的特征。贷款者与借款者的目的、货币的实际用途，在此完全不相干，只要信用体系存在，并由类似于银行和公开市场等机构所组成，通过系统的机制贷出的货币就必然会成为生息资本和支付利息的命令。

在存在实际积累过程并典型地吸收大量发行的生息资本的假设条件下，有规律地产生利润的那部分利息就会获得客观的社会基础。

因此，银行信用过程代表着各种不同经营资本家之间的闲散资金的再配置和剩余价值的再分配。

应用这种方法就可以对资本主义社会构成生息资本的社会机制的信用体系进行结构分析，可以分析向工人、资本家和社会其他阶级进行非生产性目的贷款行为，还适用于分析对不能产生预期回报投资目的的贷款行为。

由此得出，不论货币的用途如何，贷款者仍然会要求利息支付，因为信用体系已经把借入的货币转化为生息资本。

笔者认为，货币不仅仅是经过剩余价值-利润-利息这样的机制扩大发行的，而是生息资本通过贷款产生利息的机制发行的，这是更广义的机制。

（3）马克思对货币从资本循环"渗漏"出来的解释——生息资本是如何产生的？

凯恩斯对货币贮藏行为的解释是流动性偏好，这个解释最终取决于个人和心理动机。马克思认为，货币贮藏附属于资本循环本身，循环中的"渗漏"并不立即和必然意味着价值流的缩减。价值经常以货币的形态，在有限的时间内离开循环，以便使循环流从整体上维持一定的规模。资本可以继续以同一水平进行它自身的再生产，同时又有规律地形成和分化贮藏。这种贮藏的来源包括：第一，存在纯粹同循环相联系的贮藏，在 M-C 阶段，资本家预防性贮藏，以便应付无法预见的支付和购买，同时应对资本主义交换中不可避免的价格波动。

第二，存在与生产有关的贮藏，即固定资本折旧基金。第三，在利润达到与再生产物质特征相一致的最低规模之前，这些利润一直会被资本家作为货币资金积累起来。第四，存在着与生产、流通相联系或与资本周转相联系的贮藏。马克思认为，流通阶段存在不确定因素时，资本家在所有时期都要保持额外的闲置资金，以保证生产继续进行，销售收入中的一部分才有可能成为"渗漏"。

日本新马克思主义者的拓展：伊藤诚认为，流通和生产过程中产生的货币贮藏，在于收入的不确定性，而不仅仅是马克思认为的生产和流通时间的重叠。

（4）利率和利润率：利息具有相对独立性

新古典主义和凯恩斯主义假设利润率与利息率以趋于均等化的方向运动。

马克思主义政治经济学认为，利润率和利息率不一致反映了构成循环的资本与那些从循环外部出现并随之退出循环的资本之间的差异。对于构成循环的资本来说，资本运动的原则是利润率平均化的基础。生息资本与构成循环的资本的运动方式是不相同的。伊藤诚的观点是，生息资本的运动具有相对独立性。

第一，实际积累内在周期运动必须被考虑到。在周期运动中，利息率和利润率趋向于反方向运动。从原则上讲，平均利润率形成了平均利息率的上限，但是在周期中存在着一些时刻，利息支付达到高峰，这时消耗的不仅是利润，还包括扩大经营的资本家的资本本金。在这期间，平均利润率不是利息率的上限。

虽然生息资本促使社会闲散资金流动，并具有对其进行重新分配的有益于社会的功能，但它同样也能消耗掉工业资本家的资本，其破坏作用完全在于生息资本的相对独立性，并部分在于生产资本处于总社会资本之外。

第二，信用体系的结构及其可以使资金在整个社会流动的制度性能力，对于决定与利润率相关的利息率也具有很大的作用。

（5）利息率与利润率的关系

在利率形成上没有反映出社会再生产的客观物质性。换句话说，不存在把总利润划分为利息和企业利润的客观物质基础。

利润率以资本主义的方式，在投资中创造闲散资金，并在资本中对其进行分配。这是利润率形成的一个客观基础，可以在参与资本的有机构成中、在资本周转的期限上、在工作日长度及其划分上体现。

资本主义再生产的深刻关系都不是通过利息率来表示的。利息率是与价值规律没有必然联系的纯价格。

信用是一种具有内在灵活性和可驾驭性的社会关系，在发达信用体系中，获取了信用就拥有了对金融机构的负债。在信用体系内创造出这样的信用是完全可能的，而不需要首先从实际积累的停滞资金中产生出来。

信用体系的社会作用一方面是集中从循环中退出的货币价值；另一方面需要考虑实际积累的前景，以便能配置生息资本，这点很重要。金融机构的负债纯粹可以通过对未来收益的预期和对这些收益弥补负债抱有希望而创造出来。

信用体系必须是资本主义无计划体制的理性预见和要素贮藏。按照这个理解，利息率的形成同样要依靠对未来的预期和估计。因此，如果利息率超过了投资计划的预期利润率，个别资本一般就不会借入资金。

在资本主义社会，生息资本可以不断产生，信用体系完全成为资本主义生产方式的组成部分。银行信用是资本主义生产的条件，资本主义生产有规律地产生银行信用的必要资金。然而，尽管银行信用在资本主义再生产中具有举足轻重的地位，生息资本却具有相对的自主性。

（6）信用体系：信用与金融原理

商业信用主要通过期票和汇票的形式实现，但由于其依赖交易双方的信用，存在流动性不足、范围有限等局限性，促使了银行信用的产生。银行信用通过汇票贴现、存款贷款等方式，为经济活动提供更广泛的融资支持。尽管信用货币已广泛使用，商品货币在国内流通和国际交换中仍然发挥着重要作用。中央银行的储备由商品货币构成，成为资本主义经济体系中的中央黄金贮藏。中央银行的再贴现率波动反映了黄金储备的变化，是市场利率的重要参照。

银行信用通过与商业信用类似的方式，促使各部门之间的利润率平均化。伊藤诚认为，对信用体系的分析必须同国家有意识的干预截然分开，因为20世纪后期信用体系的变化复杂，不容易抽象出资本主义信用体系的基本原则和中央银行的作用。金字塔式的资本主义信用体系是资源社会化的一个证明，它可以使资源得到更合理的使用，虽然这是在资本主义社会关系之内的。

（7）股份资本与资本市场

股份资本与资本市场的功能：兼并与重组（资本集中），促进了股份发行和对现存资本企业的合并与兼并。

资本市场与预期股息收益：资本市场价格不稳定是货币危机的一个重要根源，而货币危机既属于工业经济周期组成部分，又在一定程度上独立于工业经济周期。

长期利率与短期利率的决定因素不同，短期利率是根据以银行活动为基础的货币市场来决定的，主要是对货币资本的短期借贷；长期利率是由典型承诺每一特定阶段定期支付固定利息的政府（和企业）的债券来决定的。债券的利息支付是确定的，而股息的支付是不确定的。

创业者的利润：一般利润率是由反映资本主义积累的物质与技术因素，即资本有机构成、资本周转时间、工作日长短和工人必须消费的资料的价值来决定的。而一般利息率纯粹是由货币市场可贷货币资本的需求与供给之间的平衡来决定的，它不反映正在进行的资本积累的物质现实的任何方面。

股份资本的社会功能：包括资本的动员与有效市场假说、股份资本的利润率与垄断利润、资本市场投机导致的不稳定。

第 5 节　经济周期：马克思货币金融政治经济学观点

2.5.1　对经济危机形式的划分

关于资本主义经济中蕴藏的危机机制，金德尔伯格进行的金融危机史研究已经做出非常经典的叙述，可以参见《疯狂、惊恐和崩溃：金融危机史》。马克思主义政治经济学将其概述为与资本积累相伴随的金融市场的繁荣、膨胀、危机与复苏。两种货币危机，一种是伴随资本积累的货币危机，另一种是独立于工业与商业总危机的货币危机。

据此，我们总结出资本主义经济的货币金融系统的不稳定性是内生的：第一，简单商品流通条件下，经济不稳定的可能性纯粹产生于货币的社会功能（买和卖的过程并不必然一致）。第二，在具有由先进信用与金融支持的发达交换过程的经济中，影响范围与复杂性次序各不相同的金融危机的爆发成为可能。货币危机可能会由某一特定国家普遍的工业与商业交换链条的完全断裂引起，还会因贯穿于工业与贸易领域的信用链条的冲击而加剧。第三，在资本主义经济中，资本主义积累的实质运动会不可避免地导致金融危机。《资本论》中关于支付手段与货币危机之间关系的分析专门指第一类危机。

不论是产生于货币的社会功能的货币不稳定性，还是第二种货币危机，都不是资本主义经济所特有的。货币交换与相互联系的支付承诺链条早就存在。然而，只要市场的过程尚未深入社会经济再生产的内核，且依然是一种外在现象，货币不稳定性的影响就是相对有限的。

2.5.2　对经济危机与金融危机具体机制的解释

伊藤·诚（2001）针对马克思所有论著中对资本主义经济危机的各种成因，提出四种解释，可以被分为两类：第一类是由过度供给的危机理论构成的。对于该理论来讲，资本主义危机的最终原因是与有效需求相联系的商品过度的总供给。需求与供给的不平衡产生于生产部门间无政府状态造成的比例失调（比例失衡理论），或产生于工人阶级的消费不足。资本家在危机阶段面临产品销售困难会导致利润率下降。第二类是由过度资本（或过度积累）理论构成的。该理论认为，危机的基本原因在于过度资本积累。过度资本积累会在由资本有机构成上升趋势（有机构成理论），或者劳动力短缺而引起工资上涨（劳动力短缺理论）等因素造成利润率下降时表现出来。过度资本理论认为，资本家在危机阶段销售商品时所面对的困难实际上是由更为基本的过度积累问题所导致的，同样也会造成利润率的下降。

在后面的讲义中，我们将运用马克思主义政治经济学的理论对当代经济危机和金融危机进行分析，并运用后凯恩斯主义货币金融理论对具体问题进行研究。

第 3 讲

从虚拟资本到虚拟经济：马克思货币金融理论的发展

本讲资料来源：《资本论（第三卷）》，刘骏民《虚拟资本与虚拟经济》，张俊山《虚拟经济的政治经济学原理》，张云和李宝伟等撰写的虚拟经济研究相关文献等。

本讲核心内容：马克思的货币金融理论具有独特的分析视角和对市场经济本质属性最为深刻的认识。本讲从逻辑上阐述了马克思视角下的货币理论、信用与利息理论，以及虚拟资本理论，有选择地比较了其与西方主流金融理论的异同，通过逻辑阐述与比较分析揭示了马克思金融理论对于当代中国的宏观经济调控的重要理论价值和现实意义。

金融是市场经济中货币、资本融通和信用制度的总称，是实现社会资源配置和国民经济再生产的中介，金融机制的顺畅与否关系到社会再生产的健康运行。但是如何认识它们的本质、产生和发展的基础，关系到对其经济功能的理解，进而也关系到对其产生的社会利益和可能的危害的认识，关系到是否需要调控和如何调控。中国社会主义市场经济的发展和深化要求建立中国特色的金融操控机制。马克思的金融理论是马克思主义政治经济学的重要组成部分，有着独特的分析视角和对市场经济本质属性最为深刻的认识。在当代中国重温马克思的金融理论，比较其与西方主流金融理论的异同，用实践来检验，以判断其对于我国社会主义建设的重要理论价值和现实意义，有助于我们更清楚地认识金融在社会主义市场经济中应有的形式及其调控手段。

第 1 节　马克思的货币理论及其延伸

货币与金融从来是密切联系在一起的，对货币的认识决定着对金融活动的认识。马克思的金融理论也是建立在其独特的货币理论基础上的。马克思在《资本论》的第一卷中详细论述了他对货币的认识，阐述了货币的来源、货币形式的发展，揭示了货币形式的发展如何使人们对市场经济产生神秘感，如何从商品拜物教发展到货币拜物教。正是在这样的货币理论的基础上，马克思在《资本论》第三卷中创立了他的金融理论。

3.1.1　马克思关于货币产生的独特理论及货币内在矛盾的发展

马克思不是简单地从交易是否方便来描述货币如何在人类交易活动中产生的，也不是从个体的利弊得失角度用现代西方货币理论的"交易成本"逻辑来解释人们的选择，而是要揭示货币产生历史过程背后的逻辑。马克思始终围绕着商品的内在矛盾及其外化这一中心来展开。商品本身所反映出来的各种矛盾在现实商品交换中集中表现为个人过程与社会过程的矛盾，这一矛盾尖锐到一定程度，必然导致一般等价物的产生。而一般等价物经过人类的长期探索，最终固定在金银这一特殊商品上，货币便产生了。马克思关于货币形式发展的逻辑论述是一种抽象到理论关系上的一种认识，它明确地解释了货币产生的整个社会过程，有利于我们认识货币的本质属性，认识到货币为什么是市场经济中各类社会关系的集中体现，它的形式发展将沿着这个历史逻辑继续。

马克思分析了商品的内在矛盾，并从商品内在矛盾的发展过程中揭示了货币产生的逻辑过程。但是，马克思却没有将其方法应用于对货币的分析上，而是应用于在黄金充当货币后对货币内在矛盾的分析。

人们之所以选择黄金作为货币是因为黄金本身也有价值，也就是说人们不过是用黄金的个别价值作为衡量其他所有商品价值的尺度。但价值概念如同长度概念一样，是抽象的。用木作为尺衡量长度，就产生了尺的材料与其"衡量长度的职能"之间的矛盾。当人们考虑原子的直径、遥远天体之间的距离时，这种矛盾就显现出来。解决的办法是更换一种更适合的材料或衡量长度的方法。从理论上说，"长度"概念是抽象的，其衡量手段越是摆脱个别尺度材料的束缚，越能更好地执行尺度的职能。货币是用来衡量价值的，商品的价值也是一个抽象的概念，它是商品的社会属性。货币作为价值的独立表现形式，其职能也是社会的，而它却被具体化在金银这种个别材料上，当它遇到尺度与天体间距离的同类问题时，就要放弃金银这种个别材料去寻找更适合的材料或者更适合的执行货币职能的方法。当生产力日益增长、商品的种类和数量越来越庞大，交易的空间越来越广泛、时间越来越短，黄金的个别使用价值及其生产力与社会职能之间的矛盾就会越来越尖锐。这就是黄金非货币化的内在原因。

因此，当商品的内在矛盾，即使用价值和价值的矛盾外化为商品和货币的矛盾以后，一般等价物固定在金银上，商品的内在矛盾得到了暂时解决，但却产生了货币的内在矛盾，即价值的社会属性与个别使用价值的矛盾。货币作为价值独立化的表现形式，作为衡量社会价值的标准，必然要求其自身应该能够超然于一切个别价值之上，但货币却寄托于个别使用价值（黄金）上，用一种个别价值作为衡量社会价值的尺度。价值是抽象的，也是社会的，但金银的价值却是个别的和具体的，这就是货币的内在矛盾，它促使货币向着摆脱个别使用价值的方向发展。现实历史展现的也恰恰是这样一个过程，1973 年布雷顿森林体系的崩溃正式宣告黄金在世界范围内完成了非货币化。

3.1.2　当代货币的虚拟本质

当代的货币已经完全是虚拟化的价值符号，本质上体现了高度社会化的生产关系，这完全符合货币本质属性的要求。因为价值本身就是社会的和抽象的，虚拟货币则更好地体现了这一性质：货币的价值不再是任何个别使用价值赋予的，而是社会经济关系所赋予的。虚拟货币与其价值的属性一样，也完全是社会的和抽象的。这同时也产生了一个新的矛盾，即虚拟货币作为价值独立化的表现形式，其本身却没有价值。正因如此，虚拟货币本质上要求对货币这种商品经济中经济关系的集中代表实行高度集权的、严格的管理。随着货币发展，银行制度也发展了。这就是第二次世界大战以后，逐步发展起来的以控制货币总量为基本任务的中央银行制度。

第 2 节   马克思的信用理论和利息理论

在论述了货币理论之后，马克思在《资本论》第三卷中详细阐述了其金融理论，包括对信用制度的产生、发展逻辑的论述，对信用的形式、功能的论述，对信用危机的形式及其本质的论述，对银行与银行资本的性质及社会功能的论述，对利息率的论述，对股票的性质、社会功能及其价格形成机制的论述等，这些构成了马克思金融理论的基本内容。虽然它与现代发达的市场经济有相当大的距离，但是认识问题的视角和历史唯物主义的方法依然给予我们启发，让我们认识到当代复杂金融活动背后那些最本质的经济关系。

3.2.1   借贷资本与跨期消费

马克思的信用理论也就是他的借贷资本理论，包括商业信用和银行信用。马克思信用理论与西方主流金融理论的区别之一就在于，他区分了资本主义信用与非资本主义信用，指出现代的借贷资本不是封建社会高利贷资本的产物，而是资本主义生产关系的产物。高利贷资本是前资本主义的借贷资本，它对资本主义生产方式是一种强大的抑制力量。而资本主义的借贷资本是从产业资本的循环过程中的货币资本形态逐渐演化而独立出来的。从产业资本发展而来的借贷资本才是现代信用的基础，对资本主义的发展起着推动作用。

马克思详细地阐述了信用关系的历史发展过程、最初的商业信用对资本主义经济的推动作用，以及商业信用到银行信用的发展。他指出，银行最初是作为专为产业资本服务的金融机构拓展其信贷业务的，最终它与产业资本一样成为一种独立实现"价值增值"的职能资本，其后建立在借贷资本基础上的金融业蓬勃发展起来是历史的必然；而西方主流金融理论却认为金融资本是独立进行服务的一种资本，其存在和发展的意义在于它可以使人们实现跨期消费和投资；资金融通实际上是市场经济资源配置的一种方式，正是这些功能使得经营借贷资本的银行和金融机构可以通过自己的融资服务创造价值并获得收入。

实际上，任何社会都有跨期消费，任何社会的老年人、孩子和失去劳动能力的人们的消费都是由这个社会的中青年人来负担，即使是没有现代金融的时候也是如此。这一点在古代的氏族社会体现得十分明显和直接，老年人和孩子必须直接获得中青年人的赡养和抚养，他们的生活状况直接取决于社会对老人和孩子的生活安排及社会道德取向。而在现代社会，储蓄、养老保险等一系列现代金融活动却使得人们感到老年人是自己在养活自己，他们在花自己的储蓄，甚至有钱的老年人在养一大群中青年人。从生存和消费的角度看，大多数消费品是不能长期储存的，所谓储蓄，不过是货币收入中的一部分，它们仅仅是一种价值储蓄，有没有物质保证、有多少物质保证完全是市场经济运行的结果，对此他们根本无法控制，他们的储蓄仅仅保证了他们在使用储蓄时可以凭借储蓄份额获得总消费品中相应的一份。至于其份额的多少则取决于两点：一是其相对富有的程度，也就是与他人相比，其占有的货币表现的财富的多寡；二是整个市场经济运行的状况，如通货膨胀、股票债券等资产价格波动的情况等。

　　现代金融本质上是一种社会制度，当制度出现问题或经济运行出现问题导致危机的时候，西方金融理论下跨期消费的一切谜团都会被解开。笔者认为，很多问题都应该从马克思唯物历史观的角度来思考。西方主流理论认为金融就是解决跨期消费和投资问题，实际上广义地看，在没有金融的时候，就有跨期消费问题，跨期消费并不是伴随着货币产生的。

　　现代金融制度不过是市场经济发展下必然产生的一种跨期消费形式，它与非市场经济，如原始的氏族社会、尚未完全成为历史的计划经济相比，个人更有选择的余地。纯粹的市场经济下，个体货币收入的多寡决定了其可能获得的消费份额的多寡。而市场经济中货币收入的多寡取决于各种因素，如果不加以干预，市场经济的分配制度会将两极分化推向极致，直到引起社会动荡。因为市场经济的分配制度造成的两极分化会使社会失去道德甚至人性。正如市场经济的分配制度必须由市场以外的力量——政府来干预才能更有人性一样，市场经济特有的跨期消费形式也必须由政府进行管制和干预才能更公平。

　　虽然马克思关于借贷资本来自产业资本循环过程中货币资本形式的独立化的观点更深刻地揭示了金融的本质属性，有利于区别西方理论中的金融与封建的高利贷，马克思却坚持认为借贷资本不创造价值和剩余价值，只是分享产业资本创造的价值和剩余价值。而西方主流理论则认为金融资本是独立进行服务的一种资本，它有配置资源、实现跨期消费的功能，因此是与产业资本一样创造财富的资本。

3.2.2　利息的来源、决定与财富创造

　　马克思指出："地租、利息和产业利润不过是商品的剩余价值或商品中所包含无偿劳动各个部分的不同名称罢了，它们都是同样从这个源泉且只是从这个

源泉中产生的。"①利息"不外乎是一部分利润的特别名称、特别项目"②,"它是由完全地或部分地借助别人的资本从事'劳动'的产业资本家支付给这笔资本的所有者的。利息是利润,即剩余价值的一部分,这一部分作为一种特殊的范畴被固定下来,以特有名称与总利润相分离"③。利息是产业资本或商业资本的利润的一部分,这是马克思对利息的基本认识。利息不是借贷资本创造的,而是产业资本创造的,由银行资本通过融资活动转移到金融领域中,这就是利息的本质。

西方金融理论则完全不同,它们认为利息是承担风险的报酬,是时间价值的体现。而银行利润是银行业服务报酬的一部分,也是银行家为社会创造的财富,银行利润与银行的其他服务报酬都被计入当年的国内生产值(GDP)。在当代通行的经济统计中,银行服务创造的财富作为服务而计入GDP。关于利息的理论,西方经济学家进行了大量的研究,其基本方向是解决现实问题。在这方面,西方经济学取得了相当的成就,其中有许多理论越来越具有应用价值,如利息率期限结构理论及利息率收益率曲线的计算等,已经作为一种指导金融工程学的原则和资产定价计算的基础被广泛应用。现代西方金融理论由一般性地研究融资向以风险管理为核心的分析演变;利用利息率进行宏观经济调控的手段已经是各国通行的做法,20世纪90年代以后,利息率对资产价格的作用也被纳入许多国家宏观政策目标的考量。利息率已经成为宏观经济活动中最显眼的一个指标,围绕它的各种研究不胜枚举。

1. 利息率决定理论

马克思的利率决定理论是以剩余价值在不同资本家之间的分割作为起点的,是从借贷资本的角度来分析利息率的决定问题;而西方经济学关于利率决定的理论全都着眼于利率变动取决于什么样的货币供求对比,是从货币的角度分析利息率的决定因素的。

笔者认为,比较马克思和西方利息率决定理论的区别,必须认识到从马克思的时代到现在,人类历史上的货币制度经历了一系列变化,简要地概括就是从金属货币时代过渡到金汇兑本位,直至现在的信用货币,即纸币时代。马克思所处的金属货币制度时代中,金属货币本身是有价值的,而且是十足的价值。流通中的金属货币量会自行调节,在长期流通中的货币量都是稳定的,一般情

---

① 马克思,恩格斯. 马克思恩格斯全集[M]. 北京:人民出版社,1974:187.

② 马克思. 资本论[M]. 北京:人民出版社,1974:379.

③ 马克思,恩格斯. 马克思恩格斯全集[M]. 北京:人民出版社,1974:521.

况下不会发生通货膨胀。因此，在当时，通货量、物价等因素对实际经济的影响不大。所以，马克思曾指出，通货量只有在经济危机时期才对利息率产生决定性的影响，通货量在其他情况下与利率无关。因而，在这种情况下，国家对流通中货币量的调节是没有效果的，那时的国家不需要货币政策。当时利率主要取决于借贷资本的供求，利率的高低主要受借贷双方力量对比的影响，货币量变化的影响可以忽略不计。故马克思认为，在正常情况下"利息率的高低取决于借贷资本的供求"是依据他所在时代的币制特点而得出的正确结论，这也几乎是马克思唯一用供求来解释的变量。

而马克思去世后，由于黄金在世界范围内非货币化的进程，进入信用货币制度时代。纸币本身没有价值，它是靠国家信用来发行的，虚拟化的货币没有自动退出的机制，因而只要它被投放到流通中就不会自行退出流通，从而对流通没有自动调节作用。信用货币本身是没有价值的这一特点，导致其在对货币流通影响方面与金属货币有重要区别，这种区别决定了马克思时代后利息决定理论的发展及货币政策的发展，即国家对利率调控、货币发行和流通干预的必要和可能，这也是西方各流派利息率理论研究的内容。因为马克思没有看到今天货币的高度虚拟化，也没有看到市场经济下金融发展得如此迅速，所以我们应该注意挖掘西方各流派利率理论的合理因素，以求得马克思主义利息理论的不断完善和发展。

2. 利息的来源与财富的本质

市场经济的发展似乎并没有提供什么事实，以使我们更加相信马克思的分析，因为有关利息率研究的最实用的理论都是西方经济学家根据实践需要逐渐发展而来的。马克思简单的利息率理论既没有办法说服人们放弃已经发展得非常有使用价值且在一定程度上能够自圆其说的西方主流的利息理论，又不能对实际操作有任何实际的指导意义。显然这里面存在着重大的问题，既然马克思的货币理论那么有说服力，而且在现代资本主义经济高度虚拟化的条件下独占优势，能够帮助我们更深刻地理解现在及未来的发展方向，那么其金融理论中的利息理论为什么距离现代经济这样遥远？马克思的理论如果足够本质的话，就不会过时，他提出的命题将伴随市场经济始终，而不论现代西方金融理论多么复杂、专业术语多么晦涩难懂。

其中的关键问题有二：一是马克思对利息来源的解释及其对价值、价值增值这些资本主义最本质的关系的解释并不完全一致；二是他没有考虑到价值增值形式在借贷资本上的发展与剩余价值分割理论之间可能存在的矛盾。

马克思认为，利息的来源是产业资本创造的剩余价值，这与他认为商业资本和借贷资本都是不参与生产的，从而不创造财富的认识有关。根据马克思的认识，社会财富增加的唯一途径就是产业资本的扩大和效率提高。商业资本和借贷资本只有在促进产业资本扩大和效率提高的时候，才有正面的作用。

当马克思揭示在商品经济中财富的基本形式是商品，而商品的物质内容与其社会形式之间存在矛盾的时候，他指出在商品经济中，财富的社会属性，也就是它的本质属性是其价值，而不是其使用价值。本来马克思已经指出了资本主义市场经济的本质是价值的和价值增值的，即使价值脱离物质形式，以科研计量的技术和一套电子设备的方式存在，也并不与价值的本质属性是社会关系这一点有任何矛盾。同样，当价值增值形式脱离物质生产过程，以一套特有的规则并依赖电子设备来运转的时候，也并不与将资本主义的生产过程看作物质生产过程和价值生产过程的统一有任何矛盾。

正像马克思指出货币是价值独立化的表现形式一样，借贷资本和虚拟资本的运行也是资本主义生产过程的本质属性——价值增值的独立化发展的结果。市场经济只承认价值，用货币衡量的价值，所有的生产活动如果不是与价值增值统一起来的，其就无法存在。如果这两点体现出市场经济本质的话，那么就可以直接推论出：在市场经济中，只要是有货币衡量的价值，即使无形，其也是客观存在；只要能使价值增值，即使它根本与物质生产无关，也可以被看作生产。如果我们从消费角度来看，情况就不是如此，因为货币不是财富，对于由货币衡量的一切没有具体效用的东西，即使价值很高，也不是财富，因为人们不能靠它们生存。市场经济被马克思称作"头脚倒置"的一种制度，也正因如此，价值与物质内容可以脱节甚至根本无关，价值增值可以是纯粹价值的，从而与物质财富的多寡无关，但是它们仍然创造 GDP，仍然被市场经济看作生产。当股市进入牛市的时候，我们看到市场活跃，交易量大幅度增加，股票指数也大幅度增加，于是印花税、经纪人提供服务所得的各种收入也大幅增加，这些收入将计入当年的 GDP。例如，中国于 2007 年进入牛市，当年对交易双方征收的印花税总额为 2005 亿，直接计入当年 GDP。显然，股市直接创造的财富是价值的，不是物质的。在高度发达的市场经济中，一个谣言可能造成大规模的投机活动，从而导致巨大的价格波动，这时服务可能会大幅度上升，进而导致 GDP 大幅度上升。谣言和谎话创造 GDP 的情况只有在虚拟化程度相当高的市场经济中才可能成为事实。

如果我们不是将商品的价值作为财富的本质属性，而是将使用价值看作财富的本质属性，面对虚拟财富暴涨，面对多数股票、债券及银行抵押资产中因为价格奇高而具有抵押价值的地产的时候，就无法理解为什么市场经济会产生这些虚拟财富，而那些有形的、能够直接消费或者用于直接生产消费品的机器设备的价值却小得可怜。我们是应该坚持马克思关于商业、金融业都不参与生产的理论，从而反对当代通行的统计方法，还是坚持马克思关于货币、价值增值这些对资本主义最本质规律认识的理论呢？

沿着马克思的基本分析思路，揭示出市场经济的本质属性是价值和追求价值增值，认识到在市场经济高度发达的阶段，价值由其社会属性而脱离了任何个别使用价值，从而更加体现了其社会关系的性质；认识到价值增值会脱离具体和个别的物质生产过程，成为依赖于货币环境及整个实体经济的虚拟的价值增值过程。这些过程创造出了大量的虚拟资产，它们的总量不但超过 GDP，更加引人瞩目的是，虚拟资产的价值总量大大超过了机器设备等实际资本的价值总量。但这并不能说明当代社会是依靠股票、债券和地产这些占总资产价值90%以上的虚拟资产来生存和发展的。人类的进步和发展依靠的是科技进步和人类生产能力的提高，但是在市场经济中却一定要披上价值和价值增值的外衣。

从价值与使用价值的矛盾开始，发展到生产过程中物质生产过程与价值增值的矛盾，再发展到今天在全社会范围内和世界范围内的实体经济与虚拟经济的矛盾，这正是"头脚倒置"的市场经济的历史过程，这个过程的逻辑早就孕育在马克思指出的商品价值形式的发展过程中，这个过程也恰恰是生产日益社会化的过程。

第 3 节　马克思的虚拟资本理论
与当代金融证券业的发展

自 20 世纪 60 年代以来，金融市场不断扩展，金融制度不断创新，金融衍生物层出不穷，与之相适应，现代西方金融的研究也取得了长足的进步。但是，这并不能否定马克思金融理论的重要理论价值和现实意义。马克思金融理论的核心范畴——虚拟资本，深刻揭示了金融资产所特有的虚拟性质，而在西方的金融理论中关于金融资产虚拟性质的研究却很薄弱，本节将揭示证券业的演化和虚拟资本的发展，以及当代经济如何从马克思货币金融理论的核心范畴——虚拟资本的发展过程中孕育出虚拟经济。

"虚拟资本"是马克思的用语，也是马克思货币金融理论的核心范畴，它被用来说明金融机构资本的大部分股票、债券、衍生品等金融资产的本质。"虚拟"一词恰当地揭示了证券的本质特征：它可以作为商品买卖，可以作为资本增值，但本身却没有劳动价值论所说的价值。它们代表的实际资本已经投入生产领域或消费过程，它们最初的物质形态由于消费已经消失，或由于生产已经改变，但其自身却作为可以买卖的"金融资产"滞留在证券市场上。通过证券，一笔资产可以有双重存在甚至多重存在；同时，一笔资本的运动过程也演变成了两种或两种以上的既有联系又相对独立的经济过程，即实际的经济过程和虚拟的经济过程。

现实中，证券包括股票、债券、商业票据和其他可转让的金融工具，都属于虚拟资本。所谓虚拟资本，是指它们具有资本的形式，却没有资本的内容。在正常情况下，所有的证券都像商品一样可以买卖，在买卖过程中，它们可以具备类似实际资产的性质，即通过买卖之间的差价获得利润或遭受损失。

在 20 世纪 80 年代的证券化发展创新浪潮中，出现了许多新的证券形式和直接融资方式。例如，资产证券化中的"重新打包"业务，即将一些低信用等级的证券组成一组，并加入较高信用等级的证券，成为可以抵押发行的新债券。新债券的发行不但可以改变证券的期限，而且可以通过对原有证券的买卖随时调整组内的证券种类和数量。新发行的证券是在原有证券的基础上发行的，它们是虚拟资本的虚拟资本。在金融衍生品出现以后，虚拟资本发展到了一个更高的阶段。首先是金融期货、期权等。股票和债券的期货合同不仅是虚拟资本的虚拟资本，而且是"无中生有"的虚拟资本。因为在期货交易中，大多数（98%左右）交易是根据金融资产的价格涨落支付其差额。无论买者还是卖者，通常不必真正拥有合同中规定数额的证券或资金，也不必在交易清算时真的买入或卖出这些证券。因此，这类投资被称为杠杆投资，也是一种投机性的投资，交易双方不过是针对证券的涨或落打赌。其次是金融衍生物的发展形式，如指数期货、期权等。在这种交易中，交易双方甚至抛弃了金融期货那种纯粹"幻想的交易"的外壳，而就股票指数等的涨落打赌。交易物是什么已经不重要了，甚至有无交易物都无关紧要。我们将这种无交易物的交易合同或凭证称为虚拟性最强的虚拟资本。

马克思在《资本论》中曾详细论述了商品的内在矛盾如何孕育并发展为庞大的资本主义经济。今天的虚拟资本的新发展也正是商品内在矛盾继续发展的产物。价值增值是资本主义商品经济的本质特征。马克思指出，在资本主义的发展过程中，一切可能产生收入的地方都会被打上资本的烙印。那些没有价值的东西，如股票和土地，由于能够带来收入，都被资本化了。在资产证券化的过程中，各种收入流都被资本化了。人们的工资、利润、利息等收入，只要其中一部分被用来定期偿还购买住房、汽车等的贷款，就可以用来发行债券，这些债权也就都披上了价值增值的外衣。银行的其他贷款、企业的各种应收款，只要还款是有保证的，都可以发行债券，取得虚拟资本的形式。衍生物的发展使赌博、投机等活动也被资本化了。因此，虚拟资本在当代的发展，是资本主义生产方式进一步发展的必然结果。列宁曾经指出，资本主义生产日益社会化产生了现代银行制度，而银行作为社会化生产的产物又起着控制社会生产和充当社会簿记的作用。虚拟资本正是在资本主义信用的基础上发展的，这使它一出现就具有社会属性和资本主义社会特有的价值增值的烙印。虚拟资本的发展过程是不断脱离实际生产的过程，同时也是不断提高对社会经济整体状况依赖程度的过程。马克思指出，商品的使用价值和价值的二重性，在资本主义生产过程中转化为物质生产和价值增值的二重性。第二次世界大战后，价值形式的独立化表现形式——货币在不断发展的同时，价值增值过程也在外化，并逐渐与实际生产过程相分离，作为虚拟的价值增值过程，也像虚拟的货币与商品家族的对立一样，逐渐朝着与整个实际生产过程相对立的方向发展。价值增值过程的外化和虚拟化是虚拟资本在当代经济中发展的本质。

马克思曾论述了从商品拜物教到货币拜物教再到资本拜物教的发展过程，其中最能体现资本拜物教的神秘性的是生息资本的运动：$G\text{-}G'$，它隐藏了生产过程，似乎货币会自己生出货币，货币资本本身就具有价值增值的能力。对于早期资本主义的生息资本，人们还可以发现它与生产过程的密切关系，了解它的利息不过是贷出的货币资本进入生产领域之后创造的，对于股票、债券等虚拟资本，发现它们与实际生产过程的联系也并不困难。但是在资产证券化和衍生物的发展中，资本拜物教的形式得到了进一步发展。一些收入被证券化以后，人们在其价值增值的外衣下找不到它们与生产过程有什么联系。指数期货更是如此，它们的价值增值似乎与任何实际资产都无关。似乎货币本身也真的能自行增值。市场的神秘性也在虚拟资本上得到了进一步发展。

古典经济学家曾试图揭示价值规律，以让人们看到那只"看不见的手"。而现代经济学家寻找各种科学的预测方法和躲避风险的方法来尽量避开市场中那些不可知的东西，但是这些努力收到的效果甚微。随着经济的发展和国际货币体系的变化，以及国际经济往来的加强，市场的不确定性似乎与消除它的方法一同成长。国际证券投资的多样化被认为是避免风险的最有效的方法之一。无论其能否真的实现全球性的"世界证券组合"投资，至少在理论上仍然有根本无法躲避的系统风险。价值增值完全与生产过程无关，它不过是取决于对风险和收益的选择、对未来的判断，而这种判断更多是凭运气。对于投资者来说，市场依然是神秘的。马克思关于商品拜物教的论述涉及了现代金融理论的核心内容——风险。从资本主义制度，特别是货币制度发展的角度来揭示市场经济不确定性和风险的根源，将有利于我们建立风险的经济理论，这与当代建立在数学和工程学基础上的风险管理学有着重要区别。越是考虑宏观风险和系统性风险，就越是需要从本质和来源上认识风险。了解风险产生的根源，才能对其生成、传播、放大等机制有更深刻的理解，找出更有效的观测和调控办法。

在经济日新月异的发展变化中，金融日益脱离实体经济而运行的"虚拟化"现象越来越突出，当代经济的虚拟资本规模进一步深化，面临经济系统整体"虚拟化"状况，我们必须研究金融"虚拟化"对经济和金融的广泛影响，从而真正理解现代金融的本质。目前，我国已经建立起社会主义市场经济体制，但由于缺少相应的理论和实践经验，在建设金融市场和实行货币政策调控时只能主要借鉴西方的金融理论。但是我们不应该忽略马克思货币金融理论的科学成果，应在充分把握马克思货币金融理论本质的基础上吸收西方金融理论中的精华，有效促进建设有中国特色的社会主义市场经济的发展。

04

第 4 讲

后凯恩斯主义货币理论

本讲资料来源：樊苗江、柳欣（2005）《货币理论的发展与重建》，兰德尔·雷（Randall Wray，2014）《现代货币理论：主权货币体系的宏观经济学》等。

本讲核心内容：介绍了经典后凯恩斯主义货币金融理论的基本思想、理论体系和理论特征。

按照哈考特（1987）的定义，后凯恩斯学派是指一组强烈反对处于主流地位的新古典经济理论和正统凯恩斯主义的 IS-LM 一般均衡分析方法，并努力为宏观经济分析提供可供选择的"多种研究方法"而联合在一起的经济学家的学术体系。但它"不是一个紧密的团体"（艾克纳，1979），实际上是一个相当"异质的组合"（哈考特，1982），仅仅由于它们都具有向正统挑战的愿望而被联系在一起。其主要观点可以追溯到其创始人的贡献，即凯恩斯的货币观点、卡莱斯基的真实分析、斯拉法的价值理论和分配理论，以及贯穿于卡莱斯基和斯拉法著作中的古典学派和马克思的观点。

大致说来，后凯恩斯主义经济学主要包括：①后凯恩斯主义货币学派，由于其成员主要分布在美国，也被称为美国后凯恩斯主义，这一学派侧重于马歇尔短期分析和局部均衡分析，以及凯恩斯的货币理论，代表学者如温特劳布、戴维森、明斯基、克雷格尔、摩尔、奇克、S. 道、R. 罗西姆等，卡尔在货币理论上持有不同的观点；②新李嘉图主义，也被称为"剩余学派"或斯拉法主义，它侧重于马克思、斯拉法的价值和分配理论及凯恩斯的有效需求原理，代表学者如盖尔加尼（1978，1979）、巴拉德瓦杰（1978，1983）、伊特韦尔（1979，1983）、米尔盖特（1982，1983）、帕西内蒂（1962，1974，1981），以及达特和阿马德奥（1990）等；③后卡莱斯基学派，它侧重于马克思再生产原理和卡莱斯基的有效需求原理，代表学者如琼·罗宾逊、索耶等。另一方面，美国后凯恩斯主义，也被称为"原教旨凯恩斯主义"，代表人物包括老一辈经济学家汤申德（1937）及沙克尔①等；而罗宾逊及新李嘉图主义者等参与"剑桥资本争论"的经济学家，也被称为"新剑桥学派"。一般认为，除凯恩斯外，后凯恩斯主义经济学的主要奠基者是罗宾逊、卡尔多和卡莱斯基，而第二代后凯恩斯主义者的杰出代表主要有明斯基、戴维森、克雷格尔和哈考特等。

后凯恩斯主义的基本特征是强调历史时间、不确定性和内生货币。但在它的演化和发展中，特别是与主流经济学的竞争中，后凯恩斯主义没有显示出必要的内在一致性、综合性和强劲性。主流经济学和后凯恩斯主义的分歧主要来源于凯恩斯主义和剩余学派教旨的不同（达特和阿马德奥，1990）。

为了简明、清晰地了解后凯恩斯主义货币经济理论对于货币的认识，我们总结了兰德尔·雷的研究。

（1）什么是货币与货币经济？货币是债务，从历史发展进程来看也是这样。现代资本主义经济，或者说市场经济模式国家，都是依靠广义货币关系来实现经济运行的。所谓广义的货币，就是各经济主体之间复杂的资产-负债关系。

（2）如何衡量资本主义货币经济运行？资本主义货币经济关系的本质是债务-债权关系，呈现为资本存量-收入流量关系，依托存量资本，通过抵押，因为具有资本所有权而获得利息收入需求，对应收入流量（通过使用资本进行生产，并通过售卖产品和服务而获得收入），两者能否达成持续平衡是关键，如果两者持续严重失衡就会出现金融风险和经济危机。在资本主义经济中，经济关系决定了资本存量与收入流量之间内生存在着不确定性风险。

（3）政策上的认识。税收不是用来约束政府支出的，而是它的制度基础。政府可以通过增加银行准备金的方式放出债务，从而创造货币，理论上是可以

---

① 奇克认为，沙克尔的思想接近奥地利学派（参见斯诺登，等. 现代宏观经济学指南——各思想流派比较研究引论（中译本）[M]. 北京：商务印书馆，1994：487）。

无限发行货币的。商业银行和其他金融机构也可以，只要市场相信其信用即可，所以水平主义和结构主义的思想就呈现出来。由此得出，中央银行控制利率和货币发行量的政策，不能以控制通胀为目的。

（4）现代货币理论的经济哲学观点。在稳定经济方面，劳动缓冲储备比黄金缓冲储备更加有效，因为劳动力参与所有商品和服务的生产，所以应该成为货币金融信用创造的根本锚。对于发行主权货币的政府来说，支付能力并不是一个问题，那么知道"政府应该做什么"就变得尤为重要了。各种货币体现的是各主体之间的经济债务–债权关系，它们另一个共性是都由记账货币（中央政府与中央银行垄断发行的基础货币作为价值尺度和交易媒介；基础货币是政府对公众的债务，依靠政府征税要求权来支撑）来衡量。

现代货币理论认为，政府税收不是对货币创造的约束，而是公众接受政府创造货币的制度基础，公众需要持有政府借据，才能偿还政府的各种征税。所以，政府借据就成为记账货币，为公众所接受，并成为广义货币的记账单位。

据此，这个思想体系提出了前沿研究方向：流动性产生于不同信用等级的货币金融资产之间——在资本存量与收入流量的基础上，又在货币金融领域形成人们持有金融资产存量与收入流量之间的关系。随着货币金融资产规模的扩大，其结构更加复杂，政府发行的基础货币和有存款保险制度保障的狭义货币就成为最安全的避险手段。流动性管理是各主体需要面对的问题，也是在金融不稳定关键阶段所采取的重要方式。

第 1 节　对《通论》的释义

后凯恩斯主义者，特别是美国后凯恩斯主义者认为，凯恩斯革命的精髓在于《就业、利息和货币通论》（简称《通论》）的第 12 章和第 17 章，以及凯恩斯在《经济学季刊》上发表的《就业一般理论》（1937）。他们强调不确定性和历史时间、生产的货币理论。奇克（1978）曾简明地阐述了后凯恩斯主义的基本观点："《通论》代表着一个生产经济模型，它使用货币，在时间中穿行，受到不确定性和出错的可能性约束。"

4.1.1　不确定性和历史时间

后凯恩斯主义认为，凯恩斯的一个重要贡献就是将不确定性牢固地置于经济各阶段的中心（罗宾逊和伊特韦尔，1973；温特劳布，1975；N. 夏皮罗，1978；菲茨吉本斯，1988）。明斯基（1975）更是生动地指出了凯恩斯理论的这个特点，他评论道："失去不确定性的凯恩斯，就像失去王子地位的哈姆雷特一样。"凯恩斯认识到经济是在历史时间中而不是逻辑时间中运行的，"通过时间的运动只能是单向的，从过去到将来的"（罗宾逊和伊特韦尔，1973）。因此，今天和明天的差别是 24 小时，而今天与昨天的差别则是永恒的，因此经济行为主体面临的是不可逆转的、不可知的，但不是不可想象的未来（沙克尔，1967）。在这样一个独一无二、不会重复的世界中，概率法并不适用，万花筒般的变化和根本不连续性是其特征，货币、传统和契约的存在由此产生额外的重要性（沙克尔，1972、1974；戴维森，1984、1991）。也就是说，这种不确定性的存在解释了投资的易变动性和货币存在的基本理由，以及总供给和总需求的波动。投资决策是建立在猜想、本能和动物精神的基础上的。在这样一个世界中，预期很容易被挫伤是不难理解的。在不确定性环境下，持有货币是人们的一种习惯性决策，它能够帮助人们避免在信息不完全时做出不可逆转的决策。这种灵活性使得人们可以等待更清晰的信息，从而减少在未来可能出现的风险和损失。因此，后凯恩斯主义者认为，如果假设有关未来的知识可以在今天获得，那么不确定性环境就成为风险环境，而风险是可测、可保险的，凯恩斯和其他宏观经济学家所提出的许多问题就不存在了。

4.1.2　生产的货币理论

凯恩斯对生产的货币理论给予了极大重视，确定了有效需求在以不确定性为特征的世界中的波动。《通论》阐述了货币在历史时间内影响经济的交换和生产过程的方式[①]。在凯恩斯笔下的各种自变量，即消费倾向、资本效率、流动偏好、既定预期及货币政策和银行经营政策等都相互作用，决定有效需求（克雷格尔，1987）。在《通论》第 17 章中，货币作为一种占有特殊地位的资产，具有零收益，同时具有极大的灵活性，其好处超过了它的可忽略的持有成本。凯恩斯认为，货币具有两个特殊的属性：它的生产弹性等于或几乎等于零，同时它的替代弹性等于或几乎等于零。这两个特性对解释有效需求的失灵起决定作

---

　　① 凯恩斯和后凯恩斯主义学者虽然明确了宏观经济不确定性问题，即波动问题是经济常态，但是什么造成了不确定性和波动的问题却被他们神秘化了，他们仅强调了随时间变化而出现了有效需求不足和信贷及投资问题，没有深刻理解资本主义经济运行最重要的不确定性来源是私有制基础上的经济关系，即所有权、融资与投资，生产与分配，然后是消费运行机制。

用。对于面临更大的不确定性而引起的对灵活性需求的增加，即货币需求的增加，不会导致在货币或其替代物的生产中对劳动需求的增加，不过它将导致非货币生产及相应的劳动力需求的减少。因此，凯恩斯认为，没有货币的经济体系会自动实现充分就业均衡。也就是说，新古典理论会自动成立（克雷格尔，1985）。

凯恩斯的这些观点被后凯恩斯主义者进一步发展、深化，他们强调不确定性，货币工资的中心地位既作为价格水平的主要决定因素，又作为经济稳定或不稳定的主要决定因素，以及资本积累过程的存量-流量关系。戴维森运用《货币论》和《通论》中的马歇尔框架来分析不确定性环境下生产和货币经济的运行和发展，其中马歇尔提出的"理性行为人"追求尽他们的努力做到最好这一目标。在积累理论中，马歇尔使用凯恩斯关于现货市场和期货市场的理论，将投资支出的流量和资本存量联系起来。戴维森和克雷格尔（1983）使用现货和期货市场，以及它们的价格对比来阐明《通论》第 17 章的分析，认为在《通论》第 17 章中，与积累相联系的真实力量和决定利率的货币力量联系到一起了，其中的关键就在于货币的特殊属性和基本性质（即灵活性），正是由于这个性质，非充分就业均衡才有可能存在。这是因为货币的生产弹性和替代弹性问题变得微不足道，将需求从商品转换到货币不一定创造充分就业。戴维森（1980）进一步发展了凯恩斯（1936）货币与货币工资关系的认识，强调货币的灵活性升高的作用，因为合同是以货币形式固定的，货币工资通常是十分稳定的。正是货币的灵活性使得工资以货币的形式，而不是其他商品的形式固定下来，而且货币工资相对稳定的事实，为货币经济的继续存在提供了必要的基础。

明斯基（1975，1978，1982）的金融不稳定性理论是对《通论》思想的发展，他发展和强调了供给侧（资本主义经济中投资和资本积累是本质）和货币金融（融资变化对投资及两者相互影响是经济波动的关键因素）对经济波动的根本性影响。该理论中的关键假设涉及一个关于经济周期波动的内生理论。明斯基（1975）认为，这种波动是真实因素和货币因素相互作用的结果：当企业对所承担的财务履约义务（即资产负债表的负债一方，它们是根据其初始预期而发生的）含义做出反应时，预期的现金流量不能实现就会造成过度的真实运动。而利润流量在资本主义经济中的关键性和必要性，正是引起大量债务的原因。在明斯基看来，在债务-通货的紧缩过程中，两者是不平衡的，因为通货的紧缩将导致现金流量的减少（即价格或销量的下降）和现金履约义务（债务）的增加。因此，债务-通货紧缩过程使生产单位（企业）在融资方面更加无力，更容易破产。

4.1.3　有效需求原理

几乎所有后凯恩斯主义经济学家都承认"有效需求原理"是《通论》的关键。对于原教旨凯恩斯主义者来说，凯恩斯的有效需求原理的主张与时间和货币密切相关。其中，马歇尔对《通论》的结构产生了实际的影响。首先，凯恩斯深化了马歇尔的"时间"观念，"时间几乎处于每个经济问题的中心"，时间是不可逆转的，因此"人在期初和期末是不同的"（马歇尔，1920）。在这种不确定的世界里，经济行为人因不完全的信息和未来的不可了解性，不可避免地会犯错，而这种错误不可能毫无代价地消除。在经济波动时期，具有完全流动性的资产（即货币）的存在，使得经济行为人推迟购买特定的可生产商品（尤其是投资品）。凯恩斯特别强调研究有效需求中的投资部分及其促使其发生变化的主要动机的因素。其次，马歇尔认为对劳动力的需求源于对由劳动力生产的产品的需求；凯恩斯的有效需求原理在总量层次上对此做了一般化分析，并得出劳动市场未必出清的结论。再次，《通论》中应用了许多局部均衡的方法，而不是瓦尔拉斯一般均衡所有经济问题依次解决的办法；凯恩斯以局部均衡方法阐述动态理论（即移动均衡分析），试图证明均衡是存在的，失业可能持续下去，凯恩斯将马歇尔的观点向前推动了一大步，获得了宏观层面理论。最后，马歇尔虽然保留了新古典的两分法，但削弱了它的价值理论，做法是使用供给和需求的长期力量解释长期状况和与之相关的长期正常价格；凯恩斯虽然驳斥了新古典经济学的主要信条，但是在《通论》中，他并没有把自己完全从价格的供求理论中解放出来，这与他在《货币论》中关于部门价格水平的理论，即货币工资水平和利润差额分别成为价格水平的主要决定因素的观点相比倒退了一大步，因此《通论》的价值和分配理论的基础是薄弱的。

在《通论》中，有效需求是与货币联系在一起的。后凯恩斯主义者认为，在凯恩斯笔下的各种自变量，即消费倾向、资本边际效率、灵活偏好和银行系统的货币政策等都相互作用，决定有效需求。消费倾向表明，企业家若不想亏损，就必须按照收入增加时收入与支出之间缺口的大小来增加投资；而货币生产经济中，资本边际效率和灵活偏好则揭示了与资本边际效率有关的利率的基本特性，使得投资率很有可能严格按照这一缺口的大小进行调整。由于企业家追求货币利润最大化，而不是就业或实物产出最大化，所以就没有理由认为他们的投资决策必然导致充分就业下的均衡。凯恩斯关于就业水平限度的论述，使得任一水平，包括充分就业，都可视为稳定均衡。因此，凯恩斯经济学是比经典经济学的萨伊定律更为普遍的理论，因为在萨伊定律中，只有劳动市场达到规定的充分就业限度，才能实现唯一的稳定均衡。此外，凯恩斯不同意小企业总是接受既定价格的观点，他认为小企业总是在不确定性条件下开展经营的。因此，他强调有效需求对企业的意义：总需求可能会自发地发生变化，因为投资不仅取决于长期预期，还取决于银行货币政策。其中的关键是银行无须在先有储蓄的情况下创造货币，这就逆转了储蓄和投资之间的因果关系。

　　另一方面，新李嘉图主义者也接受凯恩斯的有效需求理论，主张随着收入水平的变化，储蓄应当等于意愿的投资。但是他们认为那是或应该是一个关于收入和就业的长期水平（意为持久力量作用的最后结果）的理论。因此，他们主张将有效需求原理与古典的价值和分配理论——由斯密、李嘉图、马克思，特别是斯拉法（1960）重新表述的劳动价值论结合在一起，以寻求一种长期均衡。与之相联系，新李嘉图主义者一直不满意凯恩斯经济学中出现的"马歇尔的影子"，如供给和需求决定价格的理论，以及新古典主义在凯恩斯的投资分析中的应用，这些应用主要出现在《通论》第 7 章中讨论向下倾斜的资本（和投资）边际效率表、对资产的需求表中（米尔盖特，1977）。他们认为，凯恩斯的所有这些建树与后来"剑桥资本争论"中发现的资本倒转是不一致的。例如，既没有假定资本边际效率表向下倾斜，也没有假定投资边际效率表向下倾斜；更有甚者，在《通论》第 17 章的论证中，凯恩斯利用利息率的灵活偏好理论使货币利息率成为关键，这是使用新古典"不完全性"的一个例子，而在长期理论中是不能这样使用的。新李嘉图主义者认为，凯恩斯基于灵活偏好的利息率理论并不是一种长期理论，其中的一个理由是，由于实际余额效应，在假设工资率和价格完全可变的情况下，利息率的变动会使经济调整到充分就业水平（米尔盖特，1977；盖尔加尼，1978、1979）。因此，与之相对应，他们特别强调有效需求原理与利润率的联系，认为使用外生给定的利润率假设，在有效需求的作用下（假设资本家不消费），产出和就业将被决定，凯恩斯经济学的长期理论回归到古典经济学（米尔盖特，1982）。

第 2 节 内生货币供给理论

4.2.1 货币-信用经济中货币的特性

在凯恩斯的《货币论》和《通论》提出的货币经济的分析框架上，后凯恩斯主义提出了内生货币供给理论，这个理论实际上是在货币-信用经济的框架内发展的。后凯恩斯主义认为，货币是"特殊的"。"对于现代资本主义的任何理论分析，如果不考虑货币的特殊性，以及货币在时间上赖以发生作用的金融机构，那么这种理论就必然是干枯的"（罗希斯，1986）。

后凯恩斯主义的货币理论的基本假设是"历史时间中的不确定性"。后凯恩斯主义认为，在一个不确定的世界和历史时期，决策是事先做出的，结果是事后得到的。正是资本主义对不确定性的反应造就了货币的特殊属性。货币的第一个特性是财富或价值的贮藏手段，它来自利息率未来趋势的不确定性。货币的第二个特性是缺乏通常意义上的生产功能。后凯恩斯主义货币理论与货币数量论的分歧，可以从对金融资产和不动产加以区分的做法上反映出来。不动产不具有流动性，不能作为财富的贮藏手段，也不存在很高的替代弹性。因此，货币和准货币的这种特性，使得货币供给的收入流通速度成为经济运行中的关键因素；金融创新，使得"一般流动性"状况，而非狭义的货币供给概念，成为经济波动的一个关键因素。因此，对于货币供给，不管如何下定义，其必定是内生的。货币的第三个特性是它使货币债务成为可能。金融合同不同于涉及产品和投入价格的远期合同，它把债权人与债务人联系在一起。明斯基（1982）将企业、家庭和政府对融资的态度分成三种类型：套头交易（Hedge）、投机（Speculative）和负融资（Ponzi）。简而言之，债权人放弃了以货币形式的潜在购买力换取或许能（或不能）在将来实现的收入流量。这样产生的债务的信用状况，取决于借款人是否有足够的现金流量来保证金融承诺的有效性。每一类借款人都有一种主要的现金来源，对家庭来说是工资收入，对政府来说是税收，对非金融公司来说是预期总利润所产生的现金流量，而对金融公司而言则是"从所拥有的合同中得到的现金"。建立在债务基础上的货币经济的稳定性，决定了这三种融资类型的混合状况和融资方法沿这一融资"光谱"移动的状况。例如，为了抑制物价的普遍上涨，中央银行将货币政策目标由控制利率（联邦基金）

转向控制货币基础（非借入准备金），这就可能导致各种利率的大幅度上涨，进而导致套头交易融资转入投机融资，投机融资转入负债融资。或者如果来自体系外部的重大冲击（如石油危机）诱发了严重的衰退，即使利率不变，预期利润率的急剧下降也可能导致同样的后果。不管在何种情况下，由于总的支付义务超过了预期的总的现金流量，经济的整个债务结构是难以维持的，随之而来的将是普遍的债务导致的经济紧缩，而这又将导致企业破产和银行倒闭现象的大量涌现。据此，"货币提供一种特殊的债券，能够在生产不确定条件下使供求双方达到双重吻合"（明斯基，1982）。

与此相对照，新古典理论所研究的实质上是在确定性条件下运行的物物交换经济。如果有货币的话，货币也是事后引进的，就像弗里德曼所说的"从直升机上撒下来的"，或者以作为计价物的某种商品或以金属货币的形式出现。对于货币商品来说，存在着一个货币生产函数，它对需求增长的反应取决于其以产品计的供给弹性的性质。新古典理论并没有提出一个与经济的真实部门相互作用的货币体系。货币的引入往往是以货币数量论的形式出现的。在这个理论中，货币供应量是由中央银行外生地决定的。从长期来看，货币供应量被认为仅仅能够影响物价水平，而对实际产出和就业并不能产生持久的作用——充分就业均衡状态下，它们是静止的。而在货币-信用经济中，货币不具有生产意义上的供给函数，存在于某一时点上的货币供应量主要取决于银行贷款的净额。货币并不是中性的，在不确定条件下运行的经济中尤其如此。不仅如此，企业家和家庭是根据以货币标记的契约承担义务的。因此，货币制度在信用经济的运行中起着关键性的作用。理解货币-信用经济的运转，对于分析现代资本主义很关键。

4.2.2　货币内生性

主流经济学的货币理论都假定货币供应量是中央银行外生地决定和控制的，因此，其货币供给函数，即 $Ms=M0$。货币供给机制只是基于基础货币（H）的机械的货币乘数（m）作用过程，即货币存量 $M=m×H$。因此，主流凯恩斯主义和货币主义的分歧仅仅在于应该如何控制货币供给、通过什么工具控制货币供给——自有准备金还是借入准备金？

与此相反，后凯恩斯主义学者认为，在现代信用经济中，货币供给是内生的。他们认为，货币供给"调整自身以符合商业要求"（卡尔多，1970），即以这种或那种方式和在较大或较小的程度上，在一定限度内，不管中央银行做什么，终将满足商业对货币的需要。在其最极端的表述形式中，它是对萨伊定律的反映。某些后凯恩斯主义者已近乎认为，由于作为最后贷款人的中央银行将会满足社会的货币需求，在货币领域，需求能够自动和充分地创造自己的供给。如果中央银行只是部分地满足了某些增加的货币需求——这是更有可能的情况，那么通过调动闲置货币和节约交易货币，将发生沿着流通速度曲线的运动。然而，通过金融创新的中介作用，随着利息率的上升，又将发生流通速度曲线的移动。

后凯恩斯主义货币经济学反对主流货币理论，"主要表现为主流货币理论对货币数量论中的因果关系箭头的颠倒：货币供应被看作名义收入的函数而不是相反"（罗斯艾斯，1986）。因此，后凯恩斯主义货币经济学对货币与支出的因果关系的理解，与正统货币主义者的观点正好相反。罗斯艾斯认为，一个充分发展了的内生货币供给理论需要在三个方面直截了当地拒绝货币数量论：①拒绝资本主义经济自然趋于长期充分就业均衡的概念；②拒绝关于货币的收入流通速度是稳定的且独立于利息率（即货币需求是人均实际收入或一般物价水平的稳定函数）的论点；③拒绝货币数量论中由货币供应量到名义收入或一般物价水平的因果链的箭头。

4.2.3 历史渊源

后凯恩斯主义的货币分析框架是由明斯基（1975，1978）、戴维森（1978）和罗西姆（1981）建立的，强调货币-信贷流量从银行体系向经济中的企业部门流动；或者同传统教科书的表述相反，因果关系是从银行业的资产-负债表中的资产方指向负债方，即银行首先发放信贷，在这样的过程中，它们便在资产负债表的右端自动创造了活期存款。罗斯艾斯（1986）认为，"这种观点同凯恩斯的《货币论》而不是《通论》中阐述流动偏好理论的证券-资产法更为一致。"实际上，这种货币的内生性观点由来已久，可追溯到 19 世纪上半叶的反金块本位主义者和银行学派（奥布赖恩，1975），他们强调"真实票据原则"（此观点由戴维森复兴，1989）及与数量论相反的因果关系。

米尔达尔于 1939 年出版的《货币均衡论》中清楚地复活了银行的"银行学派原则"，并明确改变因果关系箭头方向。其贡献主要是认为 V 是变化的，因果关系由 P（或 Y）指向 M；处于时间中的信贷合同是任何物价水平理论的中心，因为"信贷构成了支付手段总量的主要部分，或至少决定了流通速度"；明确提出货币的需求函数与供给函数的相互依赖性，进而否认后者的外生性。拉德克利夫报告中"一般流动性"命题（1959）的提出，格利和肖（1960），以及托宾的"新观点"（1967）被认为是内生货币思想复兴的开始（宁咏，1999）。拉德克利夫委员会（1959）和卡尔多在英国议会的证词表明，货币供应量在很大程度上已变得不甚重要，只有对经济的一般流动性加以控制，才能获得一种有效的货币政策。格利和肖（1960）[①]、托宾（1967）则提供了相反的材料，力图证明政府等外生力量对货币供给的控制是极为有限的，货币供给主要是独立于外在控制的经济过程内部活动的结果。

格利和肖的突出贡献在于揭示了非银行金融机构在信用创造中的作用。他们认为，第二次世界大战后经济情况的根本变化之一就是金融当局直接统治之外的非货币金融中介机构的急速成长，货币机构或非货币的金融中介机构，都能创造金融债权，它们都可以根据持有的某类资产创造出成倍的特定负债，创造可贷资金，引起超额货币量，并产生大于事先储蓄的超额事先投资。货币当局对非银行金融机构的信用创造不能进行有效控制，而非银行金融机构的存在和发展弱化了货币当局对信用（从而对货币供给）的控制能力（格利，1960；格利和肖，1979）。

托宾（1967）继承和发展了拉德克利夫委员会、格利和肖的观点，认为在现代金融制度下，货币资产和非货币资产、商业银行和其他金融机构之间不存在显著的区别，货币和其他资产之间存在着可替代性，单纯的货币数量变动或货币流通速度的变动不可能成为影响国民经济变动的主要因素，更不可能是唯一因素，人们的注意力已从货币的数量和货币流通速度转向全部资产的供求上；同时，人们也从单纯重视商业银行的作用转向重视所有金融机构在货币供给过程中的作用。托宾认为，"包括商业银行在内的所有金融中介机构的主要作用是同时满足两类个人或厂商的资产偏好，一类是借入方，他们不受其净财富数量限制地扩展包括存款、房地产、机器和设备在内的实物资产的规模；另一类是借出方，他们希望能够将其财富以货币价值稳定、拖欠风险小的资产形式保存起来。"对于公众来说，银行和非银行金融机构的存款创造取决于公众的资产偏好和资产选择结构，货币的供求不仅取决于货币的成本和收益，还取决于其他资产的成本和收益。也就是说，人们对于任何资产（包括对货币）的需求，不仅仅取决于一种利息率，而且取决于多种利息率及其比较，也就是取决于相对利息率，即各种资产的相对收益率。托宾认为，公众的资产偏好和资产选择结

[①] 格利和肖（1960）最早使用了"内部货币"和"外部货币"的概念。

构在很大程度上受社会经济活动和经济环境的影响，因此不能单纯地从中央银行角度研究货币数量。也就是说，如果要对货币的需求产生影响，或者说，如果要对利息率的变动产生影响，那么不能仅仅着眼于对货币数量进行调节，这也不仅仅是银行机构的任务。重要的是，应当把货币问题同价值理论结合在一起考察，进而研究资本理论，研究金融部门与生产部门之间的关系，把货币理论的研究扩展为金融部门与生产部门之间关系的一般均衡理论的研究。基于以上认识，托宾批判了主流经济学的货币乘数理论，认为将这种存款创造过程描述为一个拘泥于银行准备金的机械的乘数过程并不能反映真正的存款创造过程。真正的存款创造过程应该是一个反映银行与其他私人单位的经济行为的内生过程。托宾考察了存款-准备比率和存款-通货比率的变动情况，指出这两个比率是由经济过程内生决定的，货币乘数由此具有内生性。

4.2.4 主要观点和分析结构

1. 收入到货币的"反因果关系"

对于观察到的货币存量与货币收入的紧密统计关系，后凯恩斯主义把它置于复杂的银行-金融体系中，以货币供给的内生性来解释。其指出，货币供给的变化先于货币收入变化的事实丝毫无助于建立货币主义者所指出的因果关系。后凯恩斯主义者强调，如果要有计划地增加支出，就必须得到资金支持。这种"预备性的商业行为"标志着事先希望从银行系统获得贷款，而且，只有银行创造出必需的信用数量，这些行为才能得以实施。银行部门可以主动满足或挫败私人部门的支出计划。凯恩斯在引入"融资动机"概念时就意识到了这一点（戴维森，1965）。卡莱斯基在讨论经济周期时也意识到了，他强调建立灵活的银行系统，因为任何投资都会带来利润，从而值得为此借债。这就产生了一种产生收入的融资过程，通过此过程，计划支出通过银行信用转化为实际的支出。摩尔（1979b）将后凯恩斯主义观点总结如下："有证据与以下因果关系明显一致：因果链是由商业银行贷款到货币存量再到货币基础，这反过来清楚地说明了倍受瞩目的货币与收入的经验关系主要反映了由收入到货币的'反因果关系'。"

2. 工资-物价定理

凯恩斯认为，关于物价上涨的原因，从长期来看，取决于货币工资的增长是否超过劳动生产率的增长，所以货币数量论的结论是错误的。戴维森从凯恩斯关于货币工资既是成本又决定有效需求的观点出发，提出名义工资的增加既有"成本推进"的作用，还有"需求拉动"的作用（即工资增加引起需求增加，从而使物价上涨）。温特劳布（1978）进一步把凯恩斯关于货币工资和物价的关系用"工资成本加成方程式"（Wage cost mark-up formula）来说明：

$$P = kW / A$$

其中，P 代表一般物价水平，k 代表整个经济中单位劳动成本或总边际利润上的平均加成，W 代表平均货币工资，A 代表平均劳动生产率。温特劳布认为，除非国民收入分配中有"革命性的变化"，否则 k 是特别稳定的，"在经济学的所有比率中，k 最稳定，多年来在美国企业总产值中，$k \approx 1.9$"。这样，在考虑 P 的变化时可以忽视 k 的变化，"从因果关系来说，侧重点放在方程式 $P = kW / A$ 的右边，平均工资与劳动生产率的变化在物价水平波动时起主要的作用"[①]（温特劳布，1978）。因此，物价上涨是由于货币工资的上升超过了劳动生产率的上升，即

$$P = W - A$$

温特劳布实际上提出了一个与货币数量论方程式（$M=kPQ$）完全对立的观点。卡尔多（1970）也曾指出，决定货币供给变化的两个主要因素是货币收入变化率与工资膨胀率。于是，后凯恩斯主义认为货币存量的增长是"通货膨胀的结果，而不是起因"（索耶，1991）。摩尔（1979a）也曾清楚地说明这一点，他认为，货币供给增长使工资和价格上涨有了充分的依据，但不是原因，"后凯恩斯主义认为货币存量内生地对信用需求的变化做出反应，并把货币工资变化率看作主要的外生变量，价格和货币存量都对它做出调整"。

3. 货币供给是工资率的函数，货币需求是名义收入的函数

许多后凯恩斯主义者把货币供给看作工资率的函数。他们认为，工资的增加将迫使企业向银行告贷，以满足其增加了的流动资金需求；这些银行在中央银行的充分支持下将自动地满足这种需求。这种论点实际上是主张对于任何给定的利息率水平（中央银行通过其公开市场业务可以决定利息率[②]），货币供给的弹性是无限的，即对应于给定的利息率，货币供给曲线是一条水平直线。

卡尔多（1980，1981，1982）比较系统地阐述了后凯恩斯主义的内生货币理论。卡尔多（1982）认为，在货币-信用经济中，任何时候货币供给量都是由货币需求决定的，即货币供给直接随着公众对现金和银行存款的需求变化而变化；而货币需求是名义收入的函数，货币需求的变化是利息率变化所导致的生

[①] 从工资成本加成方程式导出的推论，即后凯恩斯主义用"收入政策"来稳定物价。

[②] 一种观点认为，利息率是由中央银行外生决定的，其中的一个理由认为货币供给与需求相互依存，故利率只能作为外生变量；另一种观点认为，利率是加成的，理由是金融体系尤其是银行垄断。

产和收入水平变化的结果。换言之，利息率对"持有货币的愿望"没有直接影响，只有因收入水平的变化所引致的间接影响。因此，货币政策的目标是确定利息率而不是货币存量；对于货币存量，中央银行在任何情况下都是没有控制能力的，货币需求的任何增加都由作为最后贷款人的中央银行予以充分满足；在既定的利率水平上，货币供给曲线的弹性是无限大或水平的。明斯基（1982）、摩尔（1988a）也从中央银行保持金融秩序稳定的职能出发，强调中央银行"最后贷款人"的身份。

摩尔（1988a）在温特劳布-卡尔多内生货币理论的基础上进一步提出了"水平主义"内生货币理论。摩尔认为，在"利率（Y轴）-货币量（X轴）"二维坐标系中，传统的货币外生性理论将货币供给曲线表示为一条与X轴相垂直的直线，可以在货币当局的操纵下进行任意的水平移动，故称之为"垂直主义"；与此相反，他认为货币供给曲线完全是一条平行于X轴的直线，在既定的利率水平下，货币供给完全是适应性的，可以根据需要无限量地创造或收缩。此外，他还系统批判了数量论的"货币基础-乘数"分析方法，指出中央银行在现代复杂和国际化的金融环境中根本不可能控制基础货币。另外，货币乘数也只是一个经验意义上的比值，并不能反映创造货币的因素和货币创造的过程。在这里，摩尔引用"古德哈特定理"[①]，认为只要政府运用观察到的货币乘数进行调控和管理，基础货币和货币供给量之间的关系也会中断。此外，摩尔（1988b）用计量方法检验了真实经济变量对货币数量的影响、信贷对储蓄的重要影响，同时验证了工商企业的信贷量是由工资、原材料成本、税收支出等变量决定的，从而从经验上支持了内生货币供给的观点。摩尔等后凯恩斯主义者认为，需要将中央银行的支持职能和控制职能分离。虽然货币供给受到政策控制，但在一个复杂的货币信用经济中，真正的控制是很难实现的，供给在相当程度上是内生的（德赛，1987）。摩尔强调了货币当局面临的困境：要么满足交易需要（包括工资推进的压力），要么加剧失业，采用不妥协的货币紧缩政策。这一困境的产生是由于银行系统无法辨别哪些是有意识的商业行为（"真实票据"）引起的私人投资需求，而哪些是由增加的货币工资（"通货膨胀票据"）引起的私人投资需求[②]。正如戴维森（1989）所指出的，任何能满足交易需求的健康的银行机制

---

① 古德哈特定理原意是：原有的相关关系一旦被用作控制目的，马上就会失去相关性。

② 后凯恩斯主义关于货币供给内生性的观点，加强了其把收入政策作为可持续的充分就业策略的基础的主张。这样，在对真实交易需求做出反应时，无须担心受到以后的货币紧缩的威胁，银行系统将处于一个更安全的地位。

可能被反过来用于创造"通货膨胀票据"式的弹性货币，而不是"真实票据"；任何旨在限制银行系统发行"通货膨胀票据"能力的政策，都同时限制其为维持充分就业提供充足的"真实票据"的能力。

4. 金融创新与货币的内生性

后凯恩斯主义者很早就认识到金融创新对货币供给的影响，认为这种创新与内生货币供给过程是一致的。明斯克（1957）提出了金融创新将进一步缩小银行和非银行金融机构之间的差异，从而弱化中央银行的货币控制能力的命题。随着 20 世纪 60 年代美国金融业开始大规模地进行金融创新，众多后凯恩斯主义者都对金融创新和金融制度的演变趋势进行了分析，如罗斯艾斯（1986，1989）、摩尔（1986，1988b）、雷伊（1990，1992）等。摩尔（1986，1988b）、雷伊（1990，1992）等人指出了商业银行经营从传统的资产管理向负债管理的转变，商业银行可以直接在金融市场上筹措资金，而无须等待中央银行基础货币的注入，减轻了商业银行对基础货币的依赖性，从而弱化了中央银行传统的数量控制手段的力度；商业银行的主要资金来源已由原来的吸收存款，转变为直接在金融市场发行融资工具，后者几乎不受中央银行控制。"货币内生性的含义绝不是说中央银行是无能或被动的，必定是适应性的，只是说中央银行的控制工具是价格而非数量"（摩尔，1988b）。这个价格即利率、汇率等，而数量是指货币存量、贷款数量、银行准备和基础货币等。

罗斯艾斯（1986，1989）则认为，拉德克利夫委员会的一般流动性命题间接提出了"货币供给"的内生性问题，虽然没有提出这个概念本身，但却反复强调了信贷结构的弹性，以及由金融创新导致的 $V(i)$ 曲线的移动，这种金融创新使正统货币主义的货币政策（在美国）中的公开市场处于无效状态。

4.2.5　供给主义学派和结构主义学派的争论

综上所述，后凯恩斯主义内生货币供给理论事实上有两种区别较大的观点，并在二者之间展开了争论：一边是所谓的"供给主义学派"，以卡尔多和摩尔为代表。他们认为，因为中央银行希望维持金融体系的正常秩序，所以它就必须满足商业银行对准备金的需求；货币供给是水平的，利率由中央银行外生决定，故又称为"水平主义"。另一边是"结构主义学派"，以温特劳布（1978）、罗斯艾斯和珀林（1991，1993）为代表。他们认为中央银行可以对准备金的使用实施有效的数量管制。为了获得准备金，银行被迫通过发行负债来借款，如发行大额可转让存单，以改变它们的资产负债表的构成；在自发地寻找准备金的过程中，银行倾向于提高利率，以便把资产持有者吸引到流动性较差的非存款性金融工具上来。因此，尽管存在内生性，货币供给曲线在利率-货币区间仍然是向上倾斜的。

结构主义的观点即向上倾斜的货币供给曲线，目前在后凯恩斯主义者中得到了较多的支持，因为它表明中央银行可以对银行准备金和货币供给施加数量的限制。这个学派的共同特征是强调金融创新的重要性。罗斯艾斯（1986）强调货币流通速率，以及银行和其他金融机构进行金融创新的重要性，在他看来，货币需求的增加不需要完全由中央银行提供，而是可以通过利用个人所持有的闲散资金余额、交易差额的节省和银行方面的金融创新来满足。他认为，银行不必自动满足客户的贷款需求，而是定量提供贷款；不应该过分强调透支，因为透支倾向于保持"未用"状态。他强调货币流通速度的变化对于内生货币供给的重要性。部分地产生于利用交易资金和动员闲置资金的经济活动所导致的货币流通速度的上升，部分地由中央银行所支持的金融创新，整体上形成了一个向上倾斜的货币供给曲线。珀林（1991，1993）则强调了金融创新在决定货币供给曲线向上倾斜中的作用。他认为，当银行寻求准备金时，金融体系的组织结构会发生改变，如果这种改变是成功的，它会提高金融资产的流动性，因此银行就可以在不必提高利率的情况下找到准备金。珀林（1993）区别了两种可能性：第一，金融创新使得货币供给曲线保持水平，直到金融创新的作用消失且利率上升为止；第二，金融创新导致货币供给曲线斜率逐渐降低，趋向于水平的位置。这两种观点中哪一种正确基本上是个实证问题，并且取决于金融创新的成功。珀林进一步指出，准备金的自发产生不会完全成功，在这种情况下可能出现流动性危机，而且金融危机也有可能出现。在珀林看来，结构主义方法最重要的一点就是它自然而然地承认了金融危机的可能性。雷伊（1990）也持有向上倾斜的供给曲线的观点，与水平主义者 [如摩尔（1988a）[①]] 不同，他强调流动性偏好的重要性。雷伊认为，在经济扩张期间，企业的资产负债表变动越来越缺乏流动性，在一段时间内中央银行不可能提供所要求的流动性，这使得供给曲线暂时垂直；然而如果要维持金融稳定性，中央银行最终将提供必要的储备，但却是在更高的利率水平下提供的，因此货币供给曲线的斜率将慢慢向下倾斜。道（1996）在文章中也反对水平的货币供给曲线，其理由是在

---

① 摩尔认为，通过贷款创造出来的存款逐渐被某些人持有，在这种情况下，流动性偏好的概念不是一个重要的概念。

经济周期的下降阶段，银行会系统地合理使用信贷；而随着信贷风险逐渐增加，会迫使银行增加流动性偏好。[①]

概括而言，结构主义和供给主义方法的区别主要在于中央银行可以在多大程度上独立地确定利率。在回击珀林（1991）的批评时，摩尔（1991a）指出，"利率是一个有自主权的政策工具，它的水平取决于中央银行采取什么样的应对措施，因此可以没有经济周期或者经济增长的一般理论"[②]。基于摩尔关于利率是外生性的论断，在固定汇率和没有资本管制的情况下，中央银行独立确定利率的能力是极其有限的，因此当中央银行必须保卫它的外汇储备时，所谓的利率自主性就被严格地限制了；如果汇率是可以浮动的，中央银行就会有相当大的独立确定利率的能力（摩尔，1988a）。

实际上，摩尔关于利率是外生性的论断有局限性，它只适合小国模型；而且即使对发达国家来说，只要汇率不是无限制地浮动的，中央银行独立确定利率的能力就再一次被限制了。从 20 世纪 80 年代中期开始，绝大多数经济学学者都不再把准备金看作一个应该严格控制的货币政策工具。古德哈特（1975）最先提出的关于对中央银行提供的准备金进行控制的想法将导致利率大幅度波动的论点，即"古德哈特定律"，得到了普遍的认同。从经验的角度来看，从 20 世纪 80 年代中期开始，货币的收入流通速度已经不再是稳定的了（弗里德曼，1988）。最后，中央银行所拥有的影响经济的"真实"部门和"货币"部门最重要的政策工具是短期利率的观点现已被普遍地接受。虽然假设的利率政策运行模式完全不支持摩尔的分析，但是论据表明，由于中央银行决定的利率的变化会影响商业银行的盈利能力，并因此影响商业银行的信贷供给数量的限制；在主流分析的 IS-LM 模型中，商业银行的信贷配给是货币政策的"传导机制"（伯南克和布林德，1988；弗里德曼，1995；泰勒，1995）。由此，后凯恩斯主义内生货币供给理论和新古典的"新货币经济学"一起，被称为 20 世纪 80 年代最具革命性的两个货币学派（斯密森，1994）。

---

① 道（1996）强调他的观点较主流经济学的分析更依赖"凯恩斯主义"的基础；而主流分析虽然同样强调银行的信贷配给，但却建立在银行与客户的信息不对称的基础上。

② 摩尔（1991a）强烈表示，珀林的经济计量检验不是结论性的，它需深入地考察信用货币和利率在资本主义实际积累过程中的作用。

第 3 节　融资动机：凯恩斯货币需求理论的关键发展

　　面对俄林等对凯恩斯的灵活偏好利率理论和乘数理论的批评文章①，凯恩斯（1937a，1937b）提出了融资动机（Finance motive）的概念："发生在实际投资进行之前的，对货币的暂时性需求"。他认为融资动机同计划的投资有关，因为在"进行投资之前"，须有相应的财务准备金（Financial provision）或资金供给，融资动机是"当前的投资决策所需要的，一笔预先提供的现金"，这是传统的交易货币的需求之外的一种货币需求。而与融资动机有关的计划投资是企业通过内部资金（积累的折旧基金和未分配利润）加以解决的投资的超出部分。在关于融资动机的文章中（1937a），凯恩斯强调了融资动机的重要性——"我现在认为，当初我在分析货币需求的各种源泉时，如果能更加强调这一点就好了"。

　　后凯恩斯主义强调在企业家筹措资金和实际投资之间，存在着一个空位期，在这个空位期，存在着对流动性的额外需求，但是却不存在着它的额外供应。凯恩斯认为这种可以被称为货币资本的资金是一种"转动资金"（Revolving fund），随着投资的平稳进行，"当前的事前投资所需的新资金流量是由当前的事后投资所释放的资金流量提供的"。但是，如果事前投资大大超过事后投资流量，那么融资问题就会充分表现出来。在短期的空位期内，"资金完全是由银行提供的，而且正是因为这一事实，使得银行的政策在决定新投资到底能以多快的速度进行方面具有如此重要的作用"。由于中央银行决定了银行所能提供的资金量，中央银行的政策在决定投资速度方面起着关键作用。"在从较低经济活动水平到较高经济活动水平的过渡过程中，银行系统的作用是关键性的。"如果不能充分满足对事前资金的要求，"在短期借贷市场"上就会出现壅塞，投资速度就会受到严重影响。与融资动机相对应的货币具有流量货币的性质，这与《通论》的存量货币形式有较大的差别。因此，罗伯特森（1940）认为，凯恩斯提出"融资动机"实际上是向可贷基金的流量货币形式妥协，认为可贷基金利率决定模型和灵活偏好利率决定模型分析是等价的。蒋硕杰（1987）总结："（融资性需求）具有投资的流量决策引起的流量特性。正如凯恩斯（1937）在给俄

---

　　① 俄林发表的题为《对斯德哥尔摩学派储蓄与投资理论的某些说明》的文章中指出，斯德哥尔摩学派在很多重要方面领先于凯恩斯的理论，并提出了一个关键的问题，那就是乘数理论如何运作，从而协调储蓄和投资的关系。

林的回信中所述，融资是一种周转性资金，只要它被用于现时支出，流动性的缺乏便会自动得到补偿，短期处于缺少流动性情况的打算便是再度可行的，这实际上是对传统的货币循环流动观念的再次肯定，这一观念也是可贷基金理论家从一开始就一再强调的，而凯恩斯本人却因过分强调资产现金配置中整个货币数量是人们自愿持有而最终忽视了它。"

后凯恩斯主义者（如戴维森，1965）强调货币需求的"融资动机"，并称之为"第四种货币需求"，认为在融资性需求中，货币具有资本的性质，它是生产组织的手段，而不是简单的交易媒介或价值储藏，因此它是内生货币理论的基础；但另一方面，在如何协调灵活偏好理论与"融资动机"问题上，后凯恩斯主义者之间存在着分歧。在灵活偏好理论中加入融资性需求，意味着在存量货币中加入流量货币，这样就必然导致存量和流量的矛盾。戴维森认为，在"融资动机"存在的情况下，IS-LM 模型是不稳定的。由于"融资动机"的存在，投资增加必然导致货币需求的增加。也就是说，商品市场与货币市场是相互联系的，IS 曲线和 LM 曲线也是相互影响的，当融资动机导致 IS 曲线移动时，LM 曲线也随之移动（宁咏，2000）。有些后凯恩斯主义经济学家（如摩尔，1988b）认为，应该抛弃灵活偏好理论。[1]罗斯艾斯（1989）明确提出，在后凯恩斯主义的理论框架内摆脱 IS-LM 模型困境的一条出路是，把强调的重点由流动偏好理论转移到信贷货币理论和银行的作用上，即把卡莱斯基的加成定价理论应用于银行对银行信贷所索取的贷款利率。而雷伊（1992）则认为灵活偏好理论能够与内生货币供给（即融资性需求）相协调，从而建立一个包含灵活偏好的货币需求理论。

罗斯艾斯（1989）认为，融资动机主要在经济迅速扩张并导致有计划的投资出现不同寻常的增加时才起作用。在正常情况下和长期条件下，融资动机终究不是货币需求的重要部分。尽管它确实存在，但它只是一种一旦所需储蓄得以实现就会消失的"临时性"需求；如果中央银行货币紧缩政策所导致的金融创新造成了货币收入流通速度的增加，或者如果中央银行充分满足了对货币的需求，这种"临时性"需求也会随之消失。从另一方面讲，罗斯艾斯（1989）认为凯恩斯并没有充分利用他的融资动机概念所提供的机会。他在《通论》中的流动偏好理论是他在《货币论》中对货币需求分析的倒退。流动偏好理论实质上是一个债券-货币模型，在这里，对货币的需求是一种对于可带来收入的资

---

① 奥地利学派经济学家拉沃（1985）也持有相同的观点。

产的需求。然而，融资动机所强调的是对企业信贷流量而不是对作为资产存量的需求的货币需求，它所关心的是工业部门通过投资和资本积累过程对利润的追逐。在分析资本主义制度时，最重要的不是货币需求，而是流入工业部门的信贷货币流量。但是，在分析投资过程时应注意不要夸大银行的作用，银行体系影响投资速度能力只是一种在特殊情况下才会发生的短期现象，正常情况下，对资本的大部分事前需求将通过公司内部融资与多余的银行流动性的某种结合而得到满足。由于计划投资得到了实现，对交易货币的需求的增加（这是投资对经济活动水平的乘数作用所造成的）须由与较高的收入水平相联系的增加了的储蓄来满足，不足的部分则要由中央银行，或在较高的利率水平上由货币的流通速度的变化来补足，这是通过调动闲置资金或金融创新来实现的。

罗斯艾斯（1986）对一些后凯恩斯主义者，如温特劳布和卡尔多把货币内生性理论作为弗里德曼货币外生性理论的对立面的做法提出了批评。他认为，他们这样做显然未能充分审视凯恩斯的一般流动性理论及其债券-货币模型中的局限性。内生性模型可以同凯恩斯的融资动机联系起来，货币需求主要是企业部门对金融信贷的需求，而不是一般公众对资产的需求。由于坚持后者，《通论》倒退成了一个流动偏好模型。把货币需求同投资融资和资本积累问题联系起来，能提供远比只限于把内生性命题作为敲打弗里德曼和新古典凯恩斯主义者的"棍子"更为诱人的理论前景。他认为，在信用-货币经济中，投资有不可忽视的金融内涵。《通论》中的流动性偏好理论应被抛弃，以便使一种从信用需求而非资产需求角度加以阐述的理论得到发展。在这种理论中，1937年的融资动机将能得到更好的表达。

第4节　后凯恩斯主义货币理论：小结

外生的货币供给是主流经济学货币理论的基础，即货币数量及利息率都是由中央银行决定的。正是从这一点出发，后凯恩斯主义经济学家的批评是重要的，特别是在通货膨胀问题上（卡尔多，1982；戴维森，1994），新古典综合派的货币政策，即试图通过中央银行来控制货币数量和利息率，在实践中是失败的，这一点与货币的内生性是紧密联系在一起的。信用货币、银行作为企业和内生的货币供给是后凯恩斯主义货币理论的基础（卡尔多，1982；奇克，1983；摩尔，1988a、1988b；罗斯艾斯，1989；考特瑞尔，1994）。然而，这一货币理论的基础并没有得到很好的说明，并由此引发出一些问题。其一，这种货币理论与凯恩斯的流动偏好和投机需求理论的关系是什么？这一问题一直不能被说明，如果凯恩斯的流动偏好理论被放弃，又该如何看待凯恩斯的其他理论（如利息理论），以及把凯恩斯的理论作为一个整体？例如，戴维森认为，凯恩斯货币利息理论主要依赖于货币的生产弹性和替代弹性，但货币的生产弹性和替代弹性是以外生的货币供给为基础的，当货币供给成为内生的，凯恩斯的流动偏好理论与货币的生产弹性和替代弹性之间是什么关系没有被说明。其二，什么是内生的货币供给的限制？如果货币供给不受约束而完全反映企业的货币需求，稳定状态的货币供应量又是如何决定的？其三，当一些后凯恩斯主义者强调信用货币和内生的货币供给时，货币与资本存量的关系或存量与流量的联系往往被忽视，而这是内生的货币理论的关键所在。

　　关于上述问题，我们在前文的分析中实际上已经给出了答案，这里不再赘述。需要表明的是，以上关于内生货币供给的讨论涉及凯恩斯关于外生的货币供给的假设及其整个货币理论。凯恩斯的货币理论与主流经济学货币理论对立的关键不是内生还是外生货币供给的假设，而是"货币数量论"与"货币的价值理论"的对立，即是否存在一种实物的总量生产函数，而一旦这种总量生产函数不存在，就不存在名义变量与实际变量的划分，那么货币量值将独立于任何技术关系，所有以货币量值计量的国民收入核算体系中的变量将独立于技术关系而被决定。由于所有的名义变量的决定都取决于货币供应量，内生的货币供给将是决定这些变量的基础。后凯恩斯主义经济学关于内生的货币供给的分析正是因为没有抓住这一根本点，其所表明的内生的货币供给理论只是局限在枝节问题上，如商业银行准备金和货币流通速度的变动都可以视为内生的货币供给，因而一旦存在实际变量，则内生的货币供给只能用于讨论价格水平的变动，或对实际变量造成冲击与扰乱。

　　显然，内生的货币供给并不能单独支撑货币理论的基础，在主流经济学中也有许多关于内生的货币供给的论述，如托宾、格利和肖、麦金农等都对货币的内生性进行过讨论，一个典型的例子是哈耶克的自由银行制度，其中货币供给完全是内生的。罗伯特森的可贷资金理论中的货币供给也具有内生的性质，但它们与凯恩斯的货币理论是对立的。在货币理论史上一直存在通货学派和银行学派之间的争论，还有关于信用周期理论的争论，这些争论都涉及货币的内生性问题，但这些争论在本质上依然被货币数量论所支配，因而货币数量的变动只能影响价格水平，即使加入凯恩斯效应或被迫储蓄等，货币只是对由生产函数所决定的实际变量的扰动,即在短期影响产出与就业,长期将只影响价格水平,这种新古典货币理论或货币数量论的基本命题是难以被打破的。同样,关于货币中性与非中性的讨论也是如此,只要这种争论建立在两分法的基础上,货币的非中性也只能是短期的,长期就只能影响价格水平。

在凯恩斯的《通论》发表之后,表明金融市场货币供求的资产选择理论被建立和发展起来,这种资产选择理论的发展把货币与资本存量的价值联系起来,以表明收入流量和资本存量之间的关系及其变动,由此可以把货币理论的分析扩展到金融市场。然而,在这些研究中,凯恩斯的"货币价值理论"被主流经济学完全抛弃了,而代之以货币数量论的两分法,这使得凯恩斯的货币理论失去了基础。一方面,凯恩斯灵活偏好货币理论的要点是,货币市场与资本存量市场是不可分离的,通过由货币供求决定的利息率促使资本存量和收入流量联系起来,当货币连接起存量和流量,货币流通速度的变动不仅表明货币需求的变动,而且表明货币供给的变动。另一方面,凯恩斯所使用的外生货币供给的假设来自中央银行控制货币供给的经验。应该提到的是,前文关于内生的货币供给和银行的分析所强调的是,货币是一种信用关系,并作为最直接的资产抵押,而在现实的资本主义经济关系中,这种信用关系是与政府和中央银行联系在一起的。换句话说,政府和中央银行在现实中扮演着重要的信用关系或"资产抵押"的角色,是货币经济制度的重要组成部分。因此,假设中央银行控制货币供给对于讨论现实的金融市场是重要的,从而内生的货币供给将反映在货币流通速度的变化上。同样,对于中央银行控制利率也是如此,虽然这对货币供求有很大的影响,但它并不能完全决定货币供给和名义变量。由此可见,无论是主流经济学家,还是后凯恩斯主义经济学家,对凯恩斯关于外生货币供给的假设都存在着误解。一旦实际变量以新古典生产函数为基础,结论只能是数量论的实际余额效应,失业只能归咎于价格刚性。后凯恩斯主义的批评正是集中在这一点上,即中央银行货币供给和贴现率的变动将影响相对价格和收入分配,进而影响内生的货币供给而导致主流经济学货币政策的失败。但后凯恩斯主义经济学家并不能阐明长期内生性货币供给的决定,特别是国民收入核算体系中各种变量比例的决定,而这一点正是我们所表述的内生的货币供给的核心所在。

05 第5讲

后凯恩斯主义货币经济学：明斯基投融资与金融不稳定理论

本讲资料来源：以兰德尔·雷（Randall Wray）为代表的后凯恩斯主义经济学的经典现代货币理论；明斯基关于资本主义融资-投资理论；美国列维研究所保罗·戴维森、赫德森及巴利（Pali）等学者的最新研究；张凤林的《后凯恩斯经济学新进展追踪评析》。

本讲核心内容：后凯恩斯主义货币经济学的贡献在于揭示了社会化大生产经济的具体实现机制是抵押、雇佣关系基础上的货币金融关系，需要货币金融系统实现这种经济关系，这就出现了所谓的价值-价格转换问题，揭示了货币金融创造的内生性特征，尽管政府征税权是以法币及一切货币金融信用创造的价值尺度和制度基础，但并不意味着政府可以无限负债。确实存在戈德利所说的社会资产-负债关系基础上的存量-流量关系。值得讨论的是，理论上存在兰德尔·雷所说的政府净债务等于私人净实际财富的这种极端情况，但戈德利和兰德尔·雷在考察资本主义经济波动时，提出解决资本主义总需求不足的政策就是政府可以扩大债务，这个结论是存在问题的。他们没有考察资本积累规律在短期受收入分配关系决定的总需求水平约束，在长期受到社会资源承载能力的束缚，所以政府负债并不是可无限扩大的。

本讲主要介绍后凯恩斯学派货币理论的基本内容及其近年来的若干新进展，主要包括关于利率决定的两种新理论方法，对于主流新共识的理论和政策的批判，以及对明斯基金融不稳定性假说模型化的新进展。

本讲我们将介绍海曼·明斯基关于现代资本主义中的投资融资理论。2007年美国次贷危机引起的金融危机让我们看到明斯基的观点正适用于分析宏观的金融资本主义问题。在这种经济中，为资产头寸融资的方法对于理论和现实世界都是至关重要的。在第二节中，我们将介绍由约翰·梅纳德·凯恩斯创建的经济周期的理论，并介绍明斯基投资金融理论的扩展。明斯基所分析的现代资本主义经济向脆弱性的演变，便是众所周知的金融不稳定假说。在后文中，我们将对资产定价和银行业发展进行更详细的研究，以更新明斯基的方法。在最后一节中，我们将简要地回顾这种方法可以为全球金融危机提供哪些帮助。

第 1 节　金融不稳定思想

在本节中，我们将阐述在资本主义经济中的投资融资理论。我们的解释将紧密遵循最重要的贡献者海曼·明斯基建立的研究方法。海曼·明斯基自 20 世纪 50 年代开始进行理论研究，而后不断完善他的理论，直至 1996 年去世。他的研究长期被学界主流忽视，即使其模型中的一些结论与新共识的相关观点相似（Lavoie，2008；Weise 和 Barbera，2008）。明斯基受到后凯恩斯主义经济学家和华尔街从业人员的长期拥护，其成就是广为人知的，一些传统的经济学家（包括诺贝尔得奖者）都曾受到他的观点的影响。

5.1.1　金融不稳定性假说

明斯基的金融不稳定性假说（Financial instability hypothesis）是后凯恩斯信用货币理论在金融领域中的延伸，也是后凯恩斯学派货币理论的重要组成部分。明斯基认为，资本主义经济系统呈现为复杂的金融制度的信用货币经济，是一种由各种现金流和相互依存的各种资产负债表构成的动力系统。在这个系统中，决定经济运行的关键因素是货币和金融，关键人物是银行家和他们的公司客户。按照企业现金流的未来表现，一般可以将企业现金流的财务状况分成以下三种类型。

第一类，套利融资，或称对冲融资（Hedge finance）。此时，投资者负担少量负债，偿还资本与利息支出均无问题。套利融资单位可以通过其现金流满足所有合约要求的偿付义务。在负债结构中，权益融资的分量越重，该单位成为套利融资单位的可能性越大。第二类，投机融资（Speculative finance）。此时，投资者扩展其金融规模，以至于只能负担利息支出，无法偿还本金。投机融资单位能在其负债方的"收入账户"上满足偿付承诺，即通过发行新债来满足偿还到期的债务。诸如发行债务的政府及发行融资融券的公司、银行，都是典型的投机融资单位。第三类，庞兹融资（Ponzi finance）。此时，投资者的债务水平需要借助于不断上涨的价格水平才能维持平衡。对于采用庞兹融资的机构来说，来自运营的现金流不足以满足偿付本金及到期利息的要求，因此可以卖掉资产或者通过借贷，采用庞兹融资方式将使机构降低其提供给债权人的安全边际。

金融不稳定性假说的第一定理是经济系统在一些融资机制下是稳定的，在另一些融资机制下是不稳定的。金融不稳定性假说的第二定理是，经过一段长时间的繁荣，经济会从有助于稳定系统的金融关系转向导致不稳定系统的金融关系。例如，在经济上升时期，投机融资和庞兹融资的比例会内生地增大，而投机融资和庞兹融资的比例越大，金融体系就越脆弱。因此，经济上升本身就埋下了经济衰退的种子，高消费水平、高投资水平、乐观的预期和下降的流动性偏好都为融资动机从套利融资转化为投机融资，再转化为庞兹融资创造了条件。更有甚者，如果有庞兹融资的投机类金融机构又处于通胀状态，并且货币当局试图通过货币紧缩来驱走通胀，那么投机融资机构将变成庞兹融资机构，以前的庞兹融资机构的净价值将很快蒸发，后果是现金流不足的机构将被迫试图通过出售头寸来建立头寸，这可能会引发资产价值的崩溃。

5.1.2　有效市场假说与金融不稳定性假说

事实上，2007 年肇始于美国次级抵押贷款市场崩溃的全球金融危机提供了一个令人信服的证据，再次揭示了金融资本主义运行方式带来的金融不稳定。

但应注意，我们所介绍的是从 20 世纪 70 年代早期发展起来的基于"有效市场假说"的标准方法的替代方法。在主流教科书的宏观经济原则中，根据新古典理论假设"货币中性"的概念，至少从长期来看，货币只决定名义价格。在短期内，货币被认为会对相对价格、实际产出、就业水平及产出构成产生"真实"的影响。然而，市场会消除非中性影响，因为市场主体会寻求好恶和技术一致，进而趋向于市场出清的均衡。当然阻碍市场出清的主要因素是政府。有效市场假说扩展了对金融活动替代方法的研究。尽管米尔顿·弗里德曼曾提出

第
5
讲

著名的论点，即好的新古典主义分析可以假设"货币是从直升机上掉下来的"，但正统的金融理论试图证明，放弃这一假设不会有什么不同。无论生产活动是由留存收益、债务还是股权融资产生的，都与在所谓理论上的"严格"假设基础上得出的"真实"结果不相关。正如一位正统（新凯恩斯主义）的经济学家所说的那样："在引入信息不对称之前，该框架类似于一个简单的真实经济周期模型；金融结构是无关紧要的。"（Getler，1988）

明斯基极力否认了这种理论，认为在现代资本主义经济中，长期资本资产起着至关重要的作用，长期资本资产积累过程是复杂和昂贵的，所以在这种经济中货币永远不可能是中性的，在短期内也常常不是中性的。为资产头寸融资的方法对于理论及现实中的结果同样重要。特别是，债务的使用构成了一系列为保持偿付能力而必须履行的义务。问题是，在做出承诺时，协议的任何一方都不能确保未来支付的合同将得到满足。此外，一方未能履行合同付款可能会给期望收到付款的一方造成财务危机。因此，一次违约会产生大量违约，因为持有坏账的债权人无法偿还自己的债务。随着违约行为蔓延，金融资产的价值下跌，因为每项金融资产都代表着相关资产出售的现金流或预期现金。这样一来，各金融资产的价值取决于预期付款，而如果没有兑现，则会导致资产价值下降。

因此，如果不受约束的违约普遍影响到资产价格，那么欧文·费雪所说的"债务紧缩"就会成立。费雪和明斯基认为这一过程发生在 20 世纪 30 年代，这也是导致"大萧条"如此严重的原因。必须强调的是，主流的理论排除了这种过程的存在，并认为在任何情况下，通货紧缩都可以通过增加实际余额来恢复经济。正如古德哈特和索莫科斯（Goodhart 和 Tsomocos，2007）所说，"严谨"的主流理论认为，违约从不会发生，这意味着当债务人发现名义价格和收入下降导致债务的实际负担上升时，通货紧缩不能产生金融危机。但是明斯基和费雪认为正是这样的原因使得"大萧条"如此严重。通过忽略违约，弗里德曼等主流经济学家认为金融危机仅是政策错误，而不是任何在现代经济中运作的基本力量造成的。出于这个原因，明斯基认为，如果将主流理论应用于我们实际生活的世界，其是无法解释危机的，甚至是误导性的。

在下一节中，我们将介绍凯恩斯提出的经济周期理论，后来由明斯基对投资金融理论进行扩展，进而分析现代资本主义经济的演变。事实上，投资金融理论在明斯基关于金融复杂的经济体趋于脆弱的假说（即众所周知的金融不稳定假说）中起到了至关重要的作用。在随后的章节中，我们将对资产定价和银行业发展进行更详细的研究来更新明斯基的方法。在本讲最后一节中，我们将简要回顾这种方法，以为全球金融危机提供深刻的分析见解。

第 2 节　投资周期理论与明斯基投资金融理论

凯恩斯（Keynes）在《通论》中提到，在确定有效需求的总体水平时，投资决策发挥了核心作用，反过来说，有效需求又是使就业和产出水平实现均衡的主要因素。正如曼昆在《宏观经济学》中所说的那样，投资通过乘数来建立总收入的驱动变量。乘数的大小机械地计算为边际储蓄倾向的倒数，更复杂的论述可以考虑到进口和关税的流失①，因此投资的增加产生收入，从而导致消费上升，直到储蓄上升到与新的投资水平相等为止。投资水平是资本的边际效率（本质上是未来利润折现）与市场利率的函数，市场利率使货币供求达到平衡。当资本边际效率高于市场利率时，投资就会进行，随之通过支出乘数提高收入、产出和就业。这个过程会持续到资本边际效率下降、利率上升，或以两者的某种组合消除差距。只要资本的边际效率等于利率，投资就不会有优势，经济会恢复平衡。

虽然可以在凯恩斯的著作中发现这样的论述，但是这并不足以描述凯恩斯的投资理论。要真正了解凯恩斯的理论，就必须回到《通论》的第十七章。在这一章中，投资决定被纳入凯恩斯的资产价格流动性偏好理论，即他的"自有利率"理论中。他认为"对于每一个耐用消费品，究其本身，都存在一个利率——小麦的利率、铜的利率、房子的利率，甚至是钢铁厂的利率"（凯恩斯，2007）。这些消费品自身的利率都可以用货币来表示，货币通常具有"最高的汇率"，因此"统治"是因为货币本身具有特殊的性质（凯恩斯，2007）②。以货币计算的任何持有资产的预期回报是 $q-c+l+a$，其中 q 为该资产的预期收益率，c 是持有成本，l 是流动性，a 是预期价格升值（或贬值）。总回报率是用来计算每项资产（包括货币）的边际效率。收益的构成因资产而异，非流动资产（如

---

① 更正式的公式应写为 $\Delta Y / \Delta I = l / \left[l - b(l-t) + j \right]$，其中 Y 是国民收入水平，I 是投资水平，b 是边际消费率，t 是税收水平，j 是边际进口水平。

② 根据凯恩斯的理论，货币有三个特殊属性。首先它有接近零的替代弹性，这意味着当货币需求上升，很少会投入其他资产。其次就是接近零的生产弹性，这意味着当货币需求上升，劳动力将不会投入其他生产（因为货币创造既不像开采金属，也不像种植作物，不需要投入劳动）。最后，资金的账面成本可以忽略不计，货币不会被破坏（如食品），也不会贬值（如机器），回避并不会带来巨大的存储成本。由于这些原因，货币需求的增加可能会成为"蓄电池"。

资本）的大部分回报由 $q-c$ 表示，而持有流动资产的大部分回报由（主观评价）l 表示。最后，不断变化的预期会差异化地影响不同种类资产的边际效率，这取决于收益的组成。对未来经济表现的信心增强将提高资本资产的 q，同时降低分配给流动性的主观价值（因此 l 下降），所以相对于从 l 获得大部分回报的资产而言，资本的边际效率上升。在这种情况下，将会产生资本资产（投资增加，引发"乘数"影响），并且所有资产价格都会调整。因此，对未来的期望将会确定产出和就业的均衡水平。

例如，如果企业家未来对小器具的需求更高，他们可能会期望在这一行业中获得更多的利润，这就提高了小器具制造机器的边际效率，如果其超过了所有其他可以持有的资产的预期回报，他们当下更愿意订购小器具制造机器用于生产。当机器出售后，制造配件的机器的生产将为工人提供工资，为企业提供收入。反过来，工人将支出其收入，对总需求产生"乘数"影响，从而增加就业。产生的一些额外收入将用于购买配件，从而验证对制造配件的机器的生产的预期。当然，其他种类产品的消耗也将增加，这可能会提高其他业务领域的利润预期，从而对其他类型机器产生更多投资。从逻辑上讲，在此过程中，投资、就业、产出和消费可以继续增长，直到所有类型的机器的边际效率都不超过流动性金融资产的预期收益为止。最后，我们可以看到，如果资本资产的预期收益（如上所述，$q-c+a$）下降或流动资产收益（上文描述的 l）上升，则整个增长过程可以逆转。

因此，我们可以看到凯恩斯的资产价格流动性偏好理论与乘数理论和有效需求理论有着千丝万缕的联系。只有可以通过劳动生产的某些资产（厂房、资本设备、商业和住宅建筑物、私人基础设施）的边际效率超过货币的边际效率，人们才会进行投资[①]。然后，通过乘数提高了有效需求。当所有利率都等于货币收益所设定的标准时，会达到有效需求（就业、收入和产出）的新平衡[②]。

[①] 凯恩斯正统学派将此简单地表述为"利率"与资本边际效率之间的关系。凯恩斯坚持认为，有多少资产就有多少"自有利率"。因此，比较不仅仅是在一种资本回报和一种利率之间进行，而是在整个资产预期回报范围内进行，不同的组成部分（$q-c+l+a$）构成了回报。

[②] 我们在这里想强调的是，凯恩斯的均衡概念与正统分析不同。对于凯恩斯来说，均衡意味着一种"休息状态"，在这种状态下，没有诱因去进一步改变一个人的行为（在这种情况下，企业对投资水平、就业和生产水平都感到满意）；但也并不意味着所有市场都已出清。最重要的是，凯恩斯的均衡概念并不意味着劳动力资源的充分就业，而正统学派因为假设排除了非自愿失业，认为充分就业是所有市场同时出清的均衡的关键含义。此外，要注意，对于凯恩斯来说，均衡是一种用于分析决定收入、就业和产出总水平，以及资产价格的力量的工具。预期在决定资产价格（因此也决定有效需求）方面发挥关键作用，而且这些预期容易令人失望。因此，即使我们曾经达到让每个经济体都对其资产组合感到满意的水平，那也只是瞬间。调整投资组合的尝试会导致资产价格发生变化，从而导致支出和就业从一个部门转移到另一个部门，同时也会影响支出和就业的总水平（克雷格尔，1976、1986）。

　　明斯基认为，凯恩斯的周期投资理论是不完整的，因为它没有真正分析当某些资本资产的边际效率超过货币的边际效率时如何为投资筹集资金。在《通论》中似乎有一个隐含的假设，即投资项目将获得资金。尽管凯恩斯在 1936 年之后的几部出版物中都对此进行了更为详细的论述，但他的大部分努力都用于解释为什么储蓄不能成为资金来源。因此，明斯基最重要的贡献是在凯恩斯的"周期投资理论"中增加了"投资金融理论"。图 5.1 提供了明斯基理论的图形说明，主要构成要素是"两个价格体系"和"贷方和借方的风险"。继凯恩斯之后，明斯基区分了当前产出的价格体系和资产价格的体系。当前产出价格可以由"成本加成"确定，只要可以维持适当的销售价格和管理价格，该价格就可以产生利润。当前产出包括消费品和服务、投资品和服务、出口及政府购买的商品和服务。

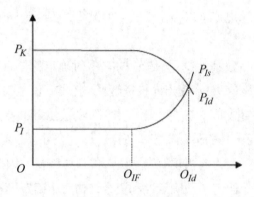

图 5.1　投资水平的决定

　　就投资商品而言，当前的产出价格实际上是资本的供给价格，该价格足以诱使供应商提供新的资本资产（ P_I ）。然而，这种简化的分析仅适用于可以从内部资金中融资的资本购买（如持续经营产生的销售收入）。如果需要外部（借入）资金，则资本的供给价格还包括明确的融资成本，最重要的是利率，但也包括所有其他费用和成本。也就是说，由于借款资金的财务费用所涵盖的"贷款人风险"，总供给价格（图 5.1 中 P_{Is} ）上升至超过供应商管理的价格（ P_I ）。在图 5.1 中，一旦投资预期需要外部资金， P_I 曲线就会呈现上升趋势。预期将使用内部资金购买的投资商品数量为从原点到 O_{IF} 的距离，而外部资金等于从 O_{IF} 到 O_{Id} 的距离。可以持有一段时间的资产有第二种价格系统。资产包括资本资产、金融资产和货币，本质上是可以随时间作为名义财富存储而持有的任何资产。除了货币（最具流动性的资产），这些资产预计会产生收入流和可能的资本利得[1]。这里，明斯基遵循了凯恩斯在《通论》第十七章中的处理。重点是预期收入流无法确定，因此它取决于主观期望。通过以之前的资本性资产（P_K）的价格作为参考点，我们得到了一个新的资本资产需求价格（P_{Id}）。

但是，这又太简单了，因为它忽略了融资安排。明斯基认为，一个人愿意支付的价格取决于所需的对外融资数量，借贷的增加使买方面临更高的破产风险。这就是"借款者的风险"也必须纳入需求价格的原因。不同于贷方的风险，此"成本"仅由主观决定，不会写入任何合同。人们可以将其视为一种"安全边际"：如果人们期望一项资产产生一系列折现价值等于一百万美元的回报，那么将不愿意为该资产支付超过 75 万美元的价格。安全边际提供了缓冲（在该情况下为 25 万元美元），以保证即使收入低于预期，也可以偿还为资产头寸提供融资的债务。这样的话，除非安全边际过小，否则人们将不会破产。很明显，没有适当的安全边际规则可以控制借款人的风险，因为无法准确地计算出借款人未来的风险。

购买的投资商品数量（O_{Id}）是在 $P_{Id} = P_{Is}$ 时确定的，而不是在 $P_K = P_I$[2]时确定的，后者是托宾（1969）提出的投资解释。托宾 q 值是现有资本资产（P_K）的市场价值与其重置成本（P_I）之比。如果 $q>1$，公司购买新的资本资产会更便宜（即投资），而不是购买现有资本资产（通过合并、收购或其他方式）。如果 $q<1$，投资减少是因为购买现有资本资产的成本降低，因此公司不会订购新资本。然而，托宾 q 假定了不确定性和资金结构对于确定投资的重要性。需要注意的是，在明斯基版本中，需求价格随投资需求水平下降，而供给价格随投资水平上升。这是由卡莱斯基增加风险的原则所致，该原则指出，鉴于预期的内部资金和适当的杠杆比率的惯例，企业家和银行家认为，随着预期的外部资金水平不断增加，投资的风险越来越大。因此，随着投资水平增加到高于 O_{IF}，企业家变得越来越不愿意投资（需求价格随着借款人风险的增加而下降），而银行家则对贷款要求越来越严格（供给价格随着贷方风险的增加而增加）。

仅当需求价格（针对借款人的风险进行调整）超过资本资产的供给价格（针

---

① 货币不支付利息，因此不会产生任何 q。其他形式的货币，包括银行活期存款，可能需要支付少量利率（因此，$q>0$）。重要的是，与各种非流动性资产（如公司债券或资本资产）相比，各种资产（如各种货币）的预期收益率更低。因此，对于该分析而言，我们在货币和其他类型的资产之间做确切的划分意义不大。我们可以想到一系列流动性，一端为货币，另一端为机械工厂。

② 请注意，如果这两条曲线是水平的（没有贷方或借方的风险），除非它们相互重叠，否则就没有交点。对于所有其他情况，投资将是无限的或不存在的。

对贷方的风险进行调整）时，投资才能继续进行。因为这些价格包括安全边际，所以会受到有关未知结果的预期的影响。在从严重衰退中恢复的初期，由于悲观的预期，这一边际很高；随着时间的流逝，如果扩张产生的收益超过了预期，那么这些边际被证明比必要的更大，这会降低预期的借方风险和贷方风险，从而产生更平缓的 P_{Id} 和 P_{Is} 曲线，增加对投资商品的需求。反之，鉴于内部资金的预期流动，银行家和企业家期望并接受更高比例的外部资金和更大的投资。因此，边际将减少至市场认为项目成功概率较高时所需的最低水平。

　　明斯基创建了著名的对投资企业融资概况的分类：对冲（预期收入流将以安全保证金覆盖利息和本金）、投机（短期收入流将仅覆盖利息，尽管预计财务成本将下降，收入流将增加或以后可以更高价格出售资产，在这种情况下，收入将足以支付本金）、庞氏（短期收入不足以支付利息，导致债务增加，从而通过借款来支付利息）。在扩张过程中，融资的立场从对冲发展到投机（包括比例不断上升）甚至庞氏头寸。一些庞氏头寸是自愿的（例如，由于期望可以以更优惠的条件为债务再融资，或者可以通过资产价格上涨实现大量资本收益），一些是欺诈性的（"金字塔"计划就是一个例子，骗子欺骗越来越多的人为自己提供资金，以支付给最早的参与者），还有一些导致了令人失望的结果（收入低于预期或财务成本意外上升）。

　　试图提高杠杆率并转向更多投机性头寸的尝试可能（至少暂时）会受挫：如果证明结果比预期要好，则尝试投机性融资的投资者可能会继续套期保值，因为已实现的收入大于预期。当总投资增加，会对有效需求产生乘数影响，从而使销售量超出预期。后来，明斯基明确加入了截断模型中卡莱斯基的结果，其中总利润等于投资加政府的赤字①。因此，在投资热潮中，利润将随着投资而增加，这有助于证实预期，并鼓励人们进行更多的投资。

　　在 20 世纪 60 年代早期，明斯基认为政府资产负债表的立场会对私营部门资产负债表产生影响。在私营部门资产负债表没有变得脆弱的情况下，政府赤字扩张会增加私人投资组合中的安全国债，虽然也提高了利润（卡莱斯基方程

---

　　① 国民经济核算恒等式：$W+H+T=C+I+G+X-J$。其中，H 为公司税后毛利润，W 为工人可支配收入，T 为税收，C 为消费水平（资本家及工人），I 为投资水平，G 为政府支出，X 为出口，J 为进口，双边减去 W 和 T，并定义 Cc 为资本家消费水平（消费水平分为资本家消费水平和工人消费水平 Cw，可以得到 $H=Cc-Sw+I+DEF+NX$。其中，Sw 为工人储蓄水平，DEF 为政府财政赤字，NX 为净出口，卡莱斯基得出因果关系，H 不取决于公司控制，等式右边依赖于任意选择）。

的扩展版本），并通过"政府支出乘数"①增加了收入和就业，但是强劲的扩张势必会导致累进所得税的收入增长速度快于私营部门的收入，因此政府预算将"改善"（转向盈余），而私营部门的余额将"恶化"（转向赤字）。一旦他在解释中加入了卡莱斯基方程，还可以解释预算的反周期运动如何自发地稳定利润，即限制了繁荣时期的上升空间（预算赤字不断下降挤压了利润）和衰退时期的下降空间（预算赤字的增加促进了利润增长）。

此外，在将卡莱斯基关于利润的观点纳入其周期投资理论的同时，明斯基认为，只有在预期未来会有投资时，"今天"才会有投资，这是因为未来的投资将决定未来的利润。由于"今天"的投资产生的利润用于验证"昨天"所做的投资决策，因此对"明天"的预期会影响企业履行"昨天"融资承诺的能力。换句话说，企业需要"今天"获得足够的利润，以满足其过去投资时的预期，并确保未来的融资能力。然而，如果企业现在不投资（可能是因为它们对未来感到悲观），"今天"的利润将较低。因此，为了验证过去所做的决定，我们"今天"需要投资，而投资又取决于对"明天"的期望。因此，明斯基的投资方法涉及一个复杂的时间关系，很容易受到干扰。通过将这一点与上文所述的"两个价格"的方法联系起来，明斯基明确指出，任何降低预期未来盈利能力的做法都可能使"今天"的资本需求价格低于供应价格，从而减少投资和"今天"的利润，使其低于验证以前预期的必要水平，而"过去"的预期是在执行先前的资本项目时以需求价格为基础的。这意味着借款人和贷款人的风险安全边际可能不足，从而需要对未来的安全边际进行调整。由于预期未能实现，安全边际上升，导致资产的需求价格下降至低于供应价格（经过风险调整后）。这会导致投资减少，并通过乘数降低产出和就业率，经济可能会持续下行，陷入日益严重的衰退。

明斯基认识到美联储试图控制货币供应的努力是徒劳的，因此不断改进其对于银行和金融机构的理论认识。这是因为银行将试图避免和逃避美联储施加的限制，以便从向企业提供的资金中获得可用的利润。他还扩大了分析范围，将所有经济主体视为银行，认为它们通过发行负债来获得资产。他认为，任何人都可以创造货币，问题是要让它被接受（明斯基，1986）。他认为美联储的建立是为了充当最后贷款人，使企业债务具有流动性（通过向其借贷），但美联储不再对票据进行贴现（明斯基，1986）。实际上，美联储提供的大多数储备都是

---

① 政府支出乘数与投资支出乘数完全相似。

通过公开市场操作来进行的，这极大地限制了美联储通过决定接受哪种抵押品，以及密切关注借款人的资产负债表来确保系统安全性和稳健性的能力。相反，在 20 世纪 70 年代末到 20 世纪 80 年代的大部分时间里，美联储开始依赖弗里德曼简化的货币主义观点，即美联储的主要作用是"控制"货币供应，从而控制整个经济[1]。之所以不能这样做，是因为限制储备的尝试只会引发创新的银行操作，并鼓励扩大"非银行"资金来源，最终需要贷款人采取最后手段，甚至要求纾困以验证风险较大的操作（明斯基，1986）。明斯基认为这样的干预是必要的，但是他随后鼓励更多的创新，这反而增加了金融体系的脆弱性。最后贷款人政策与反周期赤字相结合，不仅防止了深度衰退，而且使得市场参与者对投机热潮产生了长期偏见，他们相信政府的干预将永远为他们纾困。

第 3 节　明斯基理论扩展：资产价格与金融

资产价格在确定投资水平方面起着至关重要的作用，因为后者依赖于双重套利。一方面，根据《通论》第十七章的逻辑，假定资本家在所有类型的资产（金融和资本资产）之间套利，以便在考虑流动性、到期日和风险因素下获得最大的货币收益。但是，与货币主义观点相反，这并不意味着所有资产都是完全可替代的，总替代公理不成立，资本主义和不确定性的逻辑对货币及其紧密替代品产生了偏好，因为它们具有流动性。如前所述，资本主义产生的高收益回报的经济活动和高度的不确定性降低了 q 并提高了 l [2]。另一方面，旧资本资产（即现有资本设备）和新资本资产（即新生产的投资货物）之间存在套利，这些现有资产很重要，因为现有资产的低价格会抑制新资产的生产。

现有资本设备的价格间接由其拥有的公司股票和债券的市场报价，以及并购达成的价格决定。除了在边际生产率理论和流动性偏好理论方面有所区别以外，还可以根据个人的假定行为对资产定价文献进行分类。根据个人假定行为

---

[1] 弗里德曼认为，货币是名义产出的主要驱动变量。如果中央银行保持货币增长不变，那么名义 GDP 增长也将稳定，由此产生了他著名的货币法则：目标货币的增长处于较低且稳定的速度（例如，每年 4%），而中央银行可以通过限制银行准备金的增长来实现名义 GDP 的稳定增长。

[2] 根据新古典理论，资本获得的回报等于其边际生产率——一种由技术决定的有形产出。凯恩斯和明斯基拒绝这种关系，认为在资本主义经济中重要的是货币收益，即由拥有和经营资本资产产生的预期货币利润。凯恩斯认为，资产定价的生产率理论只适用于合作经济。正如凯恩斯所说，这是货币可能存在的经济，但这并不重要。

的分类意味着在资产定价的理性、非理性和常规方法之间进行区分，其中前两个方法被大多数分析师采用，而第三个方法与凯恩斯和明斯基的观点更为一致。一些学者认为，q、c、l 和 a 由使用先验基础指导的"理性"个体确定。该理论与有效市场理论紧密相关，要求存在信息问题（信息不对称、计算能力不足或其他问题），以解释泡沫和过度投资现象的出现。否则，根据理性观点，信息将得到最优利用，因此资产价格始终处于其基本价值，投资水平始终处于其最佳价值："资本市场的主要作用是分配经济体资本存量的所有权，这是价格可以为资源分配提供准确信号的市场"（Fama，1970）。非理性的方法认为，资产定价主要是由个人完成的，它们对现有的先验基础几乎不关心。对于这种方法的某些追随者（行为金融阵营）而言，这是一种异常行为，但对于其他人（如 J. K. 加尔布雷斯）而言，这是一种正常行为（尽管不合理）。在任何情况下，人们都认为非理性行为会引起恐慌和泡沫浪潮，从而导致过度投资和投资不足。理性和非理性的方法已在主流文献中广泛使用（大多与资产定价的生产率理论结合使用），虽然确实提供了一些见解，但遗漏了凯恩斯《通论》第十二章中提到的一些要点。

正如凯恩斯所指出的那样，资产定价取决于"常规估值"〔"这种常规估值是由大量无知个体的大众心理所决定的""这种行为不是错误倾向的结果"（凯恩斯，2007）〕。在第三种资产定价理论（惯例理论）中，没有先验基础，资产价格将不可避免地趋向于某种社会普遍接受的"常规估值"水平。个人是"无知"的，不是因为他们不懂得如何理性行事，而是因为未来不是一成不变的。为了减少对未知未来的"无知"，可以通过社交互动来创建基础知识，以证明当前的决策是合理的。其中有两个主要的影响。第一，在非理性模式下，存在自我实现过程。社会基本价值易贴合现有资产价格，无论高低，个体因所处社会环境形成的认知，潜意识会视其为自然合理。这是由于社会价值观念深植个体认知，让个体面对价格时自动接受现状，不去质疑合理性。第二，当下决定易使惯例中的未来设想成真，形成自我实现闭环。惯例无形却有力，深刻影响着个体的行为。个体遵循惯例行事，又推动未来走向预期。

凯恩斯的理论为经济学研究提供了重要视角，其在《通论》第 12 章阐述的惯例方法及第 17 章提出的资产价格的流动性偏好理论，备受关注。明斯基在此基础上进行了深入探究，将凯恩斯的惯例方法应用于资产价格的流动性偏好理论中。明斯基指出，在充满不确定性的世界里，传统行为与流动性偏好呈现出相辅相成的关系，二者在货币积累可获奖励但前景不明朗的环境中共同发挥作用。与之相对，托宾在 1958 年提出的关于资产价格流动性偏好理论的理性方法，其适用范围仅局限于不存在不确定性的世界；而加尔布雷斯在 1961 年提出的对同一理论的非理性方法，仅在市场处于疯狂和恐慌的特殊时期才具有适用性。这清晰地展现出不同学者针对资产价格流动性偏好理论，在不同情境下所提出观点的差异性与各自的局限性，以及明斯基理论在复杂经济环境下的独特阐释。人们可能会想知道，资产价格流动性偏好理论的惯例方法是什么样的。由 q、c、l 和 a 确定的资产市场价格与正常价格进行比较，后者为经济单位提供了锚定。正常价格是由社会中的模仿过程决定的，这种模仿不是遵循个人的先前行为，而是基于对适当市场价格的平均观点的预测。因此，正常价格的惯例为确定价格变动的预期提供了一种替代"固有"基本面的方法。如果市场中的个体预期结构性变化创造了一个比"正常价格"更高的市场环境（就像它们在 20 世纪 90 年代末新经济繁荣期间对纳斯达克股票所做的那样，或者在 21 世纪初繁荣期间对房地产所做的那样），那么随之而来的是投机性繁荣。

除资产定价理论外，20 世纪 80 年代和 90 年代金融体系的发展也必须纳入投资金融理论中。明斯基对其理论的设想主要是在一个分割的金融体系中进行的，在该体系中，银行遵循银行业务的承诺模型。在银行内部，有两个明确定义的业务，即贷款业务（其任务是判断潜在借款人提议的项目质量并降低潜在借款人的乐观情绪）和融资业务（其任务是为银行收取的资产头寸融资和再融资）。在承诺模型中，银行的重点是根据信任和定期贷款协议与借款人建立长期关系，并根据银行支付的存款利率与银行赚取的贷款利率之间的利差来赚钱。现在，该模型已被原始和分布式银行模型所取代，明斯基指出，现在存在"没有信贷业务的银行"（Minsky，1981）。正如下一节将讨论的，银行只产生贷款，然后打包和出售，大多数获利活动已经转移到了融资业务中。事实上，现在银行的大部分利润都来自结构化金融工具的出售和服务（抵押支持证券、抵押债务义务等），而不是利差。银行不再寻求与经常性借款人的长期个性化关系，虽然这种关系是客观的，并能在几分钟内通过信用评分方法进行判断（Kregel，2008）。

这种新的银行模式在安全边际中增加了两个额外的新元素。第一，金融脆弱性的发展正在加速，因为银行和信用评级机构有动机高估信用度，以刺激结构性金融工具的分配。由于他们不会持有贷款，违约风险将转移给金融工具的购买者，因此存在明显的激励问题。第二，尽管它是基于垃圾资产构建的，但是信贷增强技术（如信用从属、超额利差和过度抵押）会使结构化金融工具（如抵押贷款支持证券）获得 AAA 信用评级（Adelson，2006）。因此，从经济扩张之初就可能存在较高比例的庞氏融资；也就是说，长期的扩张不再是安全边际动态的原因，所有这一切所需要的是庞氏融资过程中资产价格的有利趋势。如下所述，房地产市场的最新发展为这种动态提供了一个清晰的例子。

第 4 节　投资金融理论与学术争论

凯恩斯在《通论》第二十四章指出了资本主义体系的两个根本缺陷——无法实现充分就业和过度不平等。明斯基则指出凯恩斯理论的第三个缺陷：现代金融资本主义中不稳定是正常结果（明斯基，1986）。此外，即使采用适当的政策，也无法维持稳定性，因为该政策会改变行为方式，从而促进脆弱性的发展。出于这个原因，明斯基拒绝"凯恩斯主义"促进"微调"经济的政策。即使政策确实实现了暂时的稳定，也会再次引发经济不稳定。因此，"政策问题在于设计制度结构和措施，以在不增加严重萧条的可能性的情况下，缓解通货膨胀、失业和生活水平改善缓慢的压力"（明斯基，1986）。然而，这并不代表会一直成功，政策必须适应不断变化的环境。

明斯基认为，第二次世界大战以后的相对稳定促进了现代货币管理资本主义的发展，这是现代资本主义更加不稳定的"版本"。在 1987 年发表的论文中，明斯基预测了 2007 年美国次贷危机的爆发。事实上，他是了解证券化真正潜力（也就是上述所谓的"原始和分布式"模型）的少数评论者之一。银行不持有抵押（和其他类型的贷款），而只是简单地发放贷款，然后将抵押物出售给投资者。原则上，可以将所有抵押贷款打包成各种风险类别，并采用差别定价来覆盖风险。投资者可以选择所需的风险收益进行权衡。储蓄机构和其他受监管的金融机构通过发放贷款、评估风险及进行抵押服务而获得费用收入。20 年后，明斯基的预言实现了，因为证券化已远远超出抵押贷款范围，包括学生贷款、信用卡债务、汽车贷款和租赁，以及一系列其他债务。到 2008 年中期，许多市场的违约率上升，远超过人们的预期。

明斯基（2008）曾认为证券化是由两个因素的发展导致的。第一，由于金融全球化、证券化创造了出售给外国投资者的金融资产，而这些投资者无法直接获得美国的有形资产。明斯基认为第二次世界大战之后漫长的无萧条时期造成了全球寻求收益的管理资金过剩（在第二次世界大战之前，萧条伴随着债务通缩，消灭了金融财富）。全球投资者青睐那些由信誉良好的评级机构评定并赋予风险权重的打包证券，以此来实现其美元计价资产的配置目标。当美国次级抵押贷款出现问题时，金融危机迅速蔓延至世界其他地区，因为这些次级抵押贷款已被包含在许多全球投资组合中。

第二，第二次世界大战后，银行（狭义上接受存款和贷款的金融机构）的重要性迅速削弱，有利于金融市场的发展（银行在所有金融资产中的份额从20世纪50年代的50%左右下降到20世纪90年代的25%左右）。这种发展是受到货币主义实验的鼓舞（1979—1982年监管银行和储蓄机构消失，部分部门支持相对不受管制的"市场"，其中大多是大型华尔街投资银行），但它也受规则、法规和传统银行金融领域持续侵蚀的刺激。银行业务的竞争加剧（如非银行金融机构提供的可支付市场利率的支票存款）和允许公司绕过商业银行的商业票据市场的兴起，使得公司可以绕过商业银行，从而挤压了银行的盈利空间。明斯基（2008）观察到，银行资产赚取的利率减去负债支付的利率，利差约为450个基点。其中包括正常的资本回报率，加上对银行规定的准备金"税"（准备金是非收益资产），以及为客户提供服务的成本。

金融市场的利差可以低得多，因为它们不受准备金率、资本标准和银行的大部分成本的限制。同时，金融市场在新政法规下更加自由。这不仅意味着金融业在法规下会更加自由，来自"市场"的竞争更会迫使决策者放松对银行的监管。随着银行竞争力受损，企业会直接转向管理资金来进行融资活动。养老金和对冲基金所拥有的管理资金受到的监管要少得多，并且不适用相同的监管。此外，管理的基金以更高的杠杆比率运作（银行通常可以利用约为自身10倍的权益杠杆，而对冲基金的杠杆比率为30倍，有时甚至更高；这意味着它们使用1美元的自有资金，并借入29美元，以增加投注的规模）。所有这些都大大增加了金融的脆弱性。在正常的扩张中，较高的利润意味着公司可以更多地依赖相对安全的内部资金来支持其活动。然而，在20世纪90年代到21世纪初的扩张中，企业大大增加了外部资金的使用率，促使债务比率上升。尽管20世纪80年代流行杠杆收购和"垃圾债券"，但在2005年后的乔治·W.布什扩张期间，发行的"垃圾债券"数量实际上远远超过了20世纪80年代的水平。

在20世纪90年代中期到2007年美国房地产的繁荣时期，"商业银行"和"投资银行"不再有任何本质的区别。明斯基（1986）认为，与房地产融资有关的新政改革是由一种共同信念推动的，即短期抵押贷款（通常需要大笔还款）导致了大萧条；讽刺的是，导致投机热潮的住房抵押贷款融资的"创新"在很大程度上重新创造了经济过热的条件，使美国的住房部门像一个巨大的全球赌场一样运转。

如前所述，美国金融业仍处于危机之中，并在全球范围内蔓延，许多评论家称这场危机为"明斯基时刻"，质疑美国是否已成为"庞氏国家"（Whalen，2008）。在这一点上，我们可以推测，过去 10 年的金融创新极大地扩展了信贷的可利用性，从而推高了资产价格。这不仅反过来鼓励了进一步的创新，以获取利润，而且助长了债务狂潮并起到了更大的杠杆作用。格林斯潘的"放贷"（相信美联储将不允许发生坏事，从挽救长期资本管理计划及互联网泡沫破灭后利率迅速降低可以得到证据），加上美联储采用了新的操作程序（新货币共识），包括渐进主义、透明度和期望管理（意味着没有意外），使市场情绪从恐惧转向了贪婪。经过 20 世纪 90 年代中期的繁荣和 2001 年的经济衰退，克林顿修正了对增长的看法，根据这种观点，如果没有通货膨胀，扩张可能会更加强劲，而衰退将是短暂且相对没有痛苦的。所有这些都增加了风险偏好，降低了风险溢价，并鼓励了更多的杠杆。繁荣时期进行的许多乐观分析都是基于现代正统的金融理论，并根据过去的经验纳入了复杂的市场行为模型。这些模型似乎表明风险已得到系统的降低，并转移到最有能力承担风险的人手中。但现在看来，可以说风险既没有转移，也没有减少。

许多分析家回顾明斯基的著作，以了解当前危机的性质，现在人们经常提到明斯基的金融不稳定假说。我们也很容易发现，评论家指责主流有效市场理论的自满情绪导致过去 10 年系统性地低估了风险。我们甚至发现主流经济学家宣称"稳定正在破坏稳定"这一说法与整个新古典经济学潮流相反，后者强调了市场经济所谓的寻求均衡的本质。明斯基认为，可能存在某种形式的资本主义将趋于稳定的平衡，但他坚持认为，具有复杂且昂贵的资本设备的现代金融资本主义将趋向于脆弱，并具有不稳定的倾向。为了理解我们的资本主义形式，有必要认识投资是如何筹集资金的，以及投资如何产生周期性行为的，这种行为可能会演变为债务紧缩、缺乏政府干预和适当政策的大萧条。

第 6 讲

后凯恩斯主义存量流量一致模型综述：
原理与方法

本讲资料来源：张凤林、戈德利等学者的经典文献，张云、李宝伟等发表的关于存量流量一致模型研究的论文。

本讲主要内容：2007 年美国次贷危机之后，存量流量一致模型在预测危机方面的成功使其重回宏观经济分析的主流地位。本讲首先阐述了存量流量一致模型的基本原理，运用模型的资产负债表矩阵和交易流量矩阵详细分析了其会计一致性的原理；然后进一步探讨了存量流量一致模型的闭合、行为设定及均衡求解方法；最后从模型构建的基本思路、行为设定及均衡求解技术方面比较分析了存量流量一致模型与动态随机一般均衡模型。笔者认为，后凯恩斯学派的存量流量一致模型在货币、信贷、财富、生产和分配方面提供了一体化的处理方法，能够将实体经济与货币、金融市场有机衔接，从而能够更好地分析现实经济体系中的货币政策、金融化、杠杆和收入分配等现实问题。未来对于存量流量一致模型的研究需要借鉴马克思关于资本配置、总劳动配置及社会再生产正常进行的理论分析，挖掘存量流量一致模型背后的深层次根基，以更好地反映现代宏观经济的运行规律。

2007 年美国次贷危机爆发之后，后凯恩斯学派创立的存量流量一致（Stock-Flow-Consistent，SFC）模型受到了越来越多的关注，这种关注不仅来自学术界[1]，新闻界也对其产生广泛兴趣，如《金融时报》的沃尔夫[2]、《纽约时报》的斯科夫[3]等都针对存量流量一致模型撰写了评述文章。存量流量一致模型在2008 年全球金融危机之后受到关注和开始流行的主要原因是现有主流新古典宏观经济学的动态随机一般均衡（Dynamic Stochastic General Equilibrium，DSGE）模型存在缺陷，而后凯恩斯学派的存量流量一致模型正好弥补了动态随机一般均衡模型的缺陷。总体来看，新古典宏观经济学的动态随机一般均衡模型强调供给侧，通过抽象假设，模型中实体经济和货币金融方面的联系被天然地分开了，而后凯恩斯学派的存量流量一致模型在货币、信贷、财富、生产和分配方面提供了一体化的处理方法，能够将实体经济和货币金融方面进行有机衔接，从而更好地分析当代现实经济体系中的金融化、杠杆、货币政策效果、经济增长的可持续性、收支失衡、财政政策溢出及环境政策等经济问题[4]。

存量流量一致模型的最初发展可以追溯到 20 世纪 70 年代，有两个主要代表人物：一个是剑桥大学的戈德利（Wynne Godley），另一个是耶鲁大学的托宾（James Tobin）。戈德利在剑桥大学组建了经济政策讨论小组，与讨论小组中的克瑞普斯（Francis T. Cripps）合作撰写了很多论文[5]，这些论文构建了存量流量一致模型的基本原理和方法。与此同时，美国的托宾和布莱奈德（William Brainard）合作提出了"陷阱"模型[6]，并指出由于资产选择存在调整成本，任何金融资产在短期内的需求与其长期需求水平不同，而且从整体上来看，所有金融市场的各项资产需求是一般均衡地联系在一起的；他们运用动态一般均衡

---

① Bezemer Dirk J. Understanding Financial Crisis through Accounting Models[J]. Accounting, Organizations and Society, 2010, 35 (7): 676-688.

② Wolf Martin. The Balance Sheet Recession in the US[N]. Financial Times, 2012-07-19.

③ Schlefer Jonathan. Embracing Wynne Godley: an Economist Who Modeled the Crisis[N]. The New York Times, 2013-09-10.

④ Francis T Cripps, Marc Lavoie, Wynne Godley. The Palgrave Companion to Cambridge Economics[M]. UK: Palgrave Macmillan, 2017.

⑤ Wynne Godley, Francis T Cripps. Demand, Inflation and Economic Policy[J]. London and Cambridge Economic Bulletin, 1974, 84(1): 22-23; Francis T Cripps, Wynne Godley. A Formal Analysis of the Cambridge Economic Policy Group Model[J]. Economica, 1976, 43(172): 335-348; Francis T. Cripps, Wynne Godley. Control of Imports as a Means to Full Employment and the Expansion of World Trade: The UK's Case[J]. Cambridge Journal of Economics, 1978, 2(3): 327-334.

⑥ William Brainard, James Tobin. Pitfalls in Financial Model Building[J]. The American Economic Review, 1968, 58(2): 99-122.

模型首先求得金融资产价格和存量水平，进而通过计算金融资产持有的变动间接得到资金流量，这是一个典型的存量流量一致分析框架。上述是存量流量一致模型早期研究的代表，存量流量一致模型正式形成的标志是戈德利和拉沃（Marc Lavoie）在 2007 年出版的《货币经济学：一个信用、货币、收入、生产和财富的综合框架》[①]。

从国内的研究状况来看，张凤林[②]对国内 2013 年之前的后凯恩斯学派研究进行了系统梳理。2013 年以后，赵峰、马慎萧和冯志轩[③]，李黎力[④]，张云、李宝伟和葛文欣[⑤]等对后凯恩斯学派的理论进行了一些模型探讨、历史分析和实证研究。由于后凯恩斯学派是一个非主流学派，研究学者和相关文献均较少；而存量流量一致模型是后凯恩斯学派研究的前沿，所以这个方向的研究在国内更是稀缺，目前国内关于存量流量一致模型的研究从知网上能够查询到的只有两篇公开文献：一篇是刘元生、刘硕、王有贵[⑥]使用最基本的存量流量一致模型对货币流通速度进行的研究；另一篇是柳欣、吕元祥、赵雷[⑦]对存量流量一致模型的主要特征及运用此模型对金融危机的分析进行了综述研究。总体来看，存量流量一致模型的研究在国内刚刚起步。

本讲结构如下：第一节分析存量流量一致模型的基本原理及基础构建；第二节解析存量流量一致模型的闭合、行为设定和均衡求解思路；第三节对后凯恩斯学派的存量流量一致模型与新古典宏观经济学的动态随机一般均衡模型进

第
6
讲

---

① Wynne Godley, Marc Lavoie. Monetary Economics: An Integrated Approach to Credit, Money, Income, Production and Wealth[M]. London: Palgrave MacMillan, 2007. 该书是戈德利在 1994 年到达美国后凯恩斯学派研究的大本营巴德学院列德学院列维经济研究所（Levy Economics Institute of Bard College）后长期研究存量流量一致模型的成果集大成之作，这期间戈德利为了将其创立的存量流量一致模型用于政策分析，创造了后凯恩斯学派中著名的列维宏观经济模型（Levy Macroeconomic Model），后凯恩斯学派运用该模型成功预测了美国 2001 年的经济衰退及美国 2007 年的次贷危机。这种预测的成功，以及戈德利和拉沃这一著作的出版使得越来越多的学者采用存量流量一致模型来研究各种问题。

② 张凤林. 后凯恩斯经济学新进展跟踪评析[M]. 北京：商务印书馆，2013.

③ 赵峰，马慎萧，冯志轩. 金融化与资本主义危机：后凯恩斯主义金融化理论述评[J]. 当代经济研究，2013（1）.

④ 李黎力. "大衰退"以来明斯基思潮之动向——一个批判性评述[J]. 经济评论，2014（1）；李黎力. 明斯基金融不稳定性假说评析[J]. 国际金融研究，2017（6）.

⑤ 张云，李宝伟，葛文欣. 明斯基融资类型、金融不稳定和经济增长——基于中国省际数据的实证分析[J]. 政治经济学评论，2017（5）.

⑥ 刘元生，刘硕，王有贵. 存量流量一致性模型中的货币流通速度[J]. International Conference on Applied Social Science, 2011: 526-531.

⑦ 柳欣，吕元祥，赵雷. 宏观经济学中存量流量一致模型研究述评[J]. 经济学动态，2013（12）. 这篇论文见刊之时柳欣教授已经去世。柳欣教授生前建立的宏观经济模型实际上是一个总量的存量流量一致模型，具体模型情况可以参考其于 2006 年在人民出版社出版的著作《经济学与中国经济》。

行比较分析；最后一节对全讲进行总结，并就存量流量一致模型未来如何借鉴马克思基本理论进行研究，以及如何弥补其现有研究的不足进行了分析。

第 1 节 存量流量一致模型的基本原理及模型的构建

存量流量一致模型建立的理论基础主要是后凯恩斯学派的理论[①]，后凯恩斯学派理论框架指出，如果没有考虑货币、信贷和资本市场，实体经济的行为和运行实际上是难以理解的。存量流量一致模型正是后凯恩斯学派为了体现其核心理念而发展出来的一套能够严谨分析和考察当代现实经济运行的模型和方法。[②]

存量流量一致模型有两个非常典型的特征：第一个特征是模型的建立非常注重会计核算一致性。会计核算一致性指的是存量流量一致模型中核心变量的关系必须符合国民账户核算的准则。[③]新古典宏观经济学认为，总量会计恒等式在经济分析中有效信息较少，必须通过假设、建模和行为优化推理解释宏观经济运行的机制[④]，而后凯恩斯学派认为，分析现实经济问题时会计核算一致性是最基本的前提，因为"确保会计核算正确经常是打击经济分析伪逻辑的最佳方式，严密的会计核算本身就可以得出一些有意义的经济结论"[⑤]，这主要源于会计核算等式对整体模型施加了一些限制，从而降低了模型的自由度。第二个特征就是后凯恩斯主义模型认为充分就业不是经济现实的常态，所以存量流量一致模型采用典型的后凯恩斯学派模型闭合方式，即有效需求决定产出[⑥]。在这两点基础之上，戈德利等学者建立了一个完整包含实体经济和金融市场及其相互依存关系的存量流量一致模型。本节首先阐述存量流量一致模型的基本原理，

---

① Wynne Godley, Francis T Cripps. Macroeconomics[M]. New York: Oxford University Press, 1974.

② 值得指出的是，由于存量流量一致模型完整包含实体经济和金融市场，从而此模型能够非常自然地验证明斯基提出的融资模式、实体经济与金融脆弱性的关系，存量流量一致模型研究中很多文献都是分析和规范了明斯基的金融体系内生脆弱性观点。具体可以参考 Caverzasi, Eugenio, Antoine Godin. Post-Keynesian Stock-Flow-Consistent Modelling: A Survey, Cambridge Journal of Economics[J]. 2015, 39(1): 157-187.

③ 这一特点主要是由于戈德利受到了国民核算账户创立者斯通（Richard Stone）的影响。斯通是先于戈德利的前任剑桥大学应用经济系主任，其创立的社会核算矩阵（Social Accounting Matrix，SAM）对戈德利有非常大的影响。

④ 罗伯特·卢卡斯. 经济周期模型[M]. 姚志勇，鲁刚，译. 北京：中国人民大学出版社，2014.

⑤ Taylor Lance. Reconstructing Macroeconomics: Structuralist Proposals and Critiques of the Mainstream[M]. MA: Harvard University Press, 2004.

⑥ 约翰·梅纳德·凯恩斯. 就业、利息和货币通论[M]. 徐毓枬，译. 南京：译林出版社，2011.

并分析模型的具体构建情况。此部分内容综合了戈德利和拉沃撰写的《货币经济学：一个信用、货币、收入、生产和财富的综合框架》中的基础模型，以及尼克福斯（Michalis Nikiforos）和佐若（Gennaro Zezza）的最新综述内容[1]。

存量流量一致模型的一个主要特点就是模型的建立必须符合国民收入核算的会计恒等式。具体来说，存量流量一致模型在会计核算一致性方面有三个主要原理。

第一，模型遵循流量一致性。这是指存量流量一致模型中每一个货币流量来自某个地方并进入某个地方，所以模型系统中没有传导机制的"黑洞"[2]。例如，一个家庭的收入必定是某一家公司的支出，一个国家的出口必定是另一个国家的进口。在国民收入核算体系的术语中，家庭-企业这种部门之间的流量一致性被认为是"横向"一致性。还有一种流量一致性是"纵向"一致性，即存量流量一致模型中每个交易都涉及每个单位中至少两个条目，通常称为"借记"和"贷记"。例如，当一个家庭获得收入的时候，其存款将会被贷记相同的金额。

第二，模型遵循存量一致性。这是指在存量流量一致模型中，代理人或部门的金融资产是其他代理人或部门的金融负债。例如，一笔存款是家庭的资产，同时也是银行的负债；一笔国债是政府的负债，同时也是持有单位的资产，因此，整个模型系统的金融净财富整体为零。[3]

第三，模型遵循存量流量一致性。这是指模型中任一流量的变化意味着一个或多个存量的变化，因此期末存量是通过相关流量积累并考虑到资本收益而获得的。存量流量一致性的正式表达式是 $S_t = S_{t-1} + F_t + CG_t$，其中 S_t 是 t 时期期末存量的货币价值，F_t 为相关流量，CG_t 为净资本收益。因此，存量流量一致性意味着当其他条件不变时，正的净储蓄流量导致净资产存量增加，反之亦然。例如，当一个家庭的净储蓄为正时，其一项或多项资产增加（一项或多项负债减少），净资产也会增加。该方程可以重写为 $\Delta S_t = F_t + CG_t$，其中 Δ 是差分算子。从这个角度来看，存量的变化本身就是流量，等于相关流量和资本收益。

---

① Michalis Nikiforos, Gennaro Zezza. Stock-flow Consistent Macroeconomic Models: A Survey[J]. Levy Economics Institute of Bard College Working Paper, 2017, 1547: 1-71.

② Bernanke B S, Gertler M. Inside the Black Box: The Credit Channel of Monetary Transimission[J]. Journal of Economic Perspective, 1995, 9(4): 27-48.

③ 前面这两个原理意味着存量流量一致模型中每笔记录的交易实际上都涉及会计中的四式入账。例如，当家庭从公司购买产品时，会计登记了企业的收入和家庭支出的增加，同时家庭减少了至少一项资产（或增加负债），相应的，企业至少增加了一项资产。四式记账法是由柯布兰德（Morris Copeland）于 1947 年引入会计核算的，现在是国民收入核算的基本会计制度。

因此，存量流量一致性是"纵向"流量一致性的逻辑推论。在实际统计中，资金流量表（Flow of funds）账户通常针对金融资产的流量（ΔS_t）和存量（S_t）水平有独立的表格①。

在会计一致性原理之上，存量流量一致模型的结构主要体现在以下两个矩阵中：第一个是如表 6.1 所示的资产负债表矩阵，第二个是如表 6.2 所示的交易流量矩阵。

表 6.1　资产负债表矩阵

资产	（1）家庭	（2）生产企业	（3）政府	（4）中央银行	（5）其他银行	（6）总计
（A）物质资本		$+PK$				$+PK$
（B）存货		$+IN$				$+IN$
（C）高能货币	$+H_h$			$-H_{cb}$		0
（D）存款	$+D_h$				$-D_b$	0
（E）贷款	$-L_h$	$-L_c$			$+L_b$	0
（F）国库券	$+B_h$		$-B_g$	$+B_{cb}$	$+B_b$	0
（G）长期国债	$+p_{bl}BL_h$		$-p_{bl}BL_g$	$+p_{bl}BL_{cb}$	$+p_{bl}BL_b$	0
（H）股票	$+p_eE_h$	$-p_eE_c$			$+p_eE_b$	0
（I）余额	$-V_h$	$-V_c$	$-V_g$	$-V_{cb}$	$-V_b$	$-(PK+IN)$
（J）总计	0	0	0	0	0	0

资料来源：根据戈德利和拉沃撰写的《货币经济学：一个信用、货币、收入、生产和财富的综合框架》中基础模型编制。

注：+ 表示资产，− 表示负债，PK 表示企业的物质资本，IN 表示存货，H_h、H_{cb} 分别表示家庭和中央银行持有的高能货币，D_h、D_b 分别表示家庭和银行的存款，L_h、L_c 分别表示家庭、企业的贷款，L_b 表示银行发放的贷款，B_h、B_{cb}、B_b 分别表示家庭、中央银行、银行持有的国库券，B_g 表示政府发放的国库券，p_{bl} 表示长期国债价格，BL_h、BL_{cb}、BL_b 分别表示家庭、中央银行、银行持有的长期国债量，BL_g 表示政府发放的长期国债，p_e 表示股票价格，E_h、E_b 分别表示家庭、银行持有的股票量，E_c 表示企业发行的股票量，V_h、V_c、V_g、V_{cb}、V_b 分别表示家庭、企业、政府、中央银行、银行的净财富。

表 6.1 列出了封闭经济的资产负债表矩阵，模型分为五个部门：家庭、企业、政府、中央银行和商业银行。模型中假设存在六种金融资产：高能货币②、

---

① 在美国，资金流量表由美联储公布；在欧元区国家，资金流量账户通常称为"金融账户"，由各国中央银行和欧盟统计局公布。

② 高能货币是指传统货币银行学中的基础货币，即中央银行能够控制的货币供应量，包括流通中的现金及商业银行放在中央银行的准备金。

存款、贷款、国库券、长期国债和股票。这些资产的差异主要是由其收益率的异质性来体现的：一方面，高能货币的名义回报率为零，而存款、贷款和国库券的名义回报率等于它们各自的利率；另一方面，长期国债和股票的总体回报率不仅包括其收益回报（分别为利息和股息），也包括可能的资本收益。表 6.1 中正号（＋）表示资产，负号（－）表示负债；下标表示相关工具的持有人。例如，国库券（B_g）是政府的负债，在模型中也是家庭（B_h）、银行（B_b）和中央银行（B_{cb}）的资产。存量一致性原理通过在矩阵中金融资产每一行总和等于零体现，具体到国库券，即为 $B_g = B_h + B_b + B_{cb}$。表 6.1 中的有形资产是企业的物质资本（PK）和存货（IN）。由于遵循存量一致性，最终模型中所有的金融资产和金融负债都会抵消，因此模型中整体经济净财富等于有形资产，即物质资本和存货。实际建立存量流量一致模型时需要决定模型中总共涵盖多少资产，涵盖的资产种类越多，模型越现实，实际经济的真实特征就越能被模型捕捉到。[1]然而，这是以模型求解的复杂性为代价的。

存量流量一致模型中第二个表是交易流量矩阵，交易流量矩阵记录一定时间内（通常是一年）各部门之间发生的交易行为，如表 6.2 所示。交易流量矩阵一般记录三部分：第一部分记录实体经济中的产品和服务交易，第二部分记录工资、税收、利息收支及利润分配的金融交易，第三部分记录由市场价格变化和资产组合重新配置引起的资产价值重估的变化。交易流量矩阵中资金来源以加号（＋）表示，资金使用以减号（－）表示。纵向流量一致性要求资金来源与资金的使用总和为零，从表 6.2 中的第（2）列可以看出，账户经常被分解为总消费（PC）、总投资（$PI + \Delta IN$）和政府支出（PG），在收入方面分为工资（W）和利润（Π）；横向流量一致性要求对于每个类别的交易，其资金的流入和使用总和为零。从表 6.2 的（E）行中可以看出，工资是公司对资金的使用，但对于家庭而言是资金来源。同理，从第（1）列可以看出，家庭的其他收入来源是分配的利润（$\Pi_{c,d}$ 和 Π_b）及其持有的各种资产的利息收入（如存款利息 $r_{d-1}D_{h-1}$、国库券利息 $r_{b-1}B_{h-1}$ 和长期国债利息 $r_{bl-1}BL_{h-1}$）；另一方面，家庭的资金主要用途是购买消费品（PC）、缴税（T_h）及偿还贷款利息（$r_{l-1}L_{h-1}$）。

---

[1] 一般而言，存量流量模型不会将现实中所有的资产都涵盖在模型中。例如，表 6.1 中住宅资本被忽略。此外，在现实中，每个部门都拥有几乎每种资产，但在建立模型时一般选择每种资产的某些持有人，以使模型尽可能简单，这些都必须根据所研究的问题进行确定。

表 6.2 交易流量矩阵

资金流向	(1) 家庭	(2) 非金融企业		(3) 政府	(4) 中央银行	(5) 银行	(6) 总计
		经常账户	资本账户				
交易							
(A) 消费	$-PC$	$+PC$					0
(B) 投资		$+(PI+\Delta IN)$	$-(PI+\Delta IN)$				0
(C) 政府支出		$+PG$		$-PG$			0
(D) [产出]		$[PY]$					
(E) 工资	$+W$	$-W$					
(F) 存货融资成本			$-\eta_{-1}IN_{-1}$			$+r_{l-1}IN_{-1}$	0
(G) 企业利润	$+\Pi_{c,d}$	$-\Pi_c$	$+\Pi_{c,r}$				0
(H) 税收	$-T_h$		$-T_c$	$+T$		$-T_b$	0
(I) 银行利润	$+\Pi_b$			$+\Pi_{cb}$	$-\Pi_{cb}$	$-\Pi_b$	0
(J) 存款利息	$+r_{d-1}D_{h-1}$					$-r_{d-1}D_{b-1}$	0
(K) 贷款利息	$-r_{l-1}L_{h-1}$		$-r_{l-1}L_{c-1}$			$+r_{l-1}L_{b-1}$	0
(L) 国库券利息	$+r_{b-1}B_{h-1}$			$-r_{b-1}B_g$	$+r_{b-1}B_{cb-1}$	$+r_{b-1}B_{b-1}$	0
(M) 长期国债利息	$+r_{bl-1}BL_{h-1}$			$-r_{bl-1}BL_g$	$+r_{bl-1}BL_{cb-1}$	$+r_{bl-1}BL_{b-1}$	0
资金流							
(N) [净借出]	$[NL_h]$		$[NL_c]$	$[NL_g]$	$[NL_{cb}]$	$[NL_b]$	0
(O) 高能货币变化	$-\Delta HC$				$+\Delta H$		0
(P) 存款变化	$-\Delta D_h$					$+\Delta D_b$	0
(Q) 贷款变化	$+\Delta L_h$		$+\Delta L_c$			$-\Delta L_b$	0
(R) 国库券变化	$-\Delta B_h$			$+\Delta B_g$	$-\Delta B_{cb}$	$-\Delta B_b$	0
(S) 长期国债变化	$-p_{bl}\Delta BL_h$			$+p_{bl}\Delta BL_g$	$-p_{bl}\Delta BL_{cb}$	$-p_{bl}\Delta BL_b$	0
(T) 股票变化	$-p_e\Delta E_h$		$+p_e\Delta E_c$			$-p_e\Delta E_b$	0
(U) 总计	0	0	0	0	0	0	0

资料来源：根据戈德利和拉沃撰写的《货币经济学：一个信用、货币、收入、生产和财富的综合框架》中基础模型编制。

注：+表示资金来源，−表示资金使用，PC 表示总消费，PI 表示非存货投资，ΔIN 表示存货投资变动，$(PI+\Delta IN)$ 表示总投资，PG 表示政府支出，$[PY]$ 表示总产出，W 表示工资，$\Pi_{c,d}$ 表示家庭从企业总利润中分配到的利润，Π_c 表示企业产生的利润总额，$\Pi_{c,r}$ 表示企业留存的利润（归结在其资本账户中），T_h、T_c、T_b 分别表示家庭、企业、银行缴纳的税费，T 表示政府收的总税费，Π_{cb} 表示央行利润，Π_b 表示银行利润，IN_{-1} 表示上一期存货，r_{d-1} 表示上一期存款利率，D_{h-1} 表示家庭的贷款存量，r_{l-1} 表示上一期贷款利率，L_{h-1}、L_{c-1} 分别表示家庭、企业上一期的贷款存量，L_{b-1} 表示银行上一期发放的贷款存量，r_{b-1} 表示上一期国库券利率，B_{h-1}、B_{cb-1}、B_{b-1} 分别表示家庭、央行、银行持有的上一期国库券存量，B_g 表示政府发行的国库券数量，r_{bl-1} 表示上一期长期国债利率，BL_{h-1}、BL_{cb-1}、BL_{bl-1} 分别表示家庭、央行、银行上一期持有的长期国债存量，BL_g 表示政府发行的债券量，$[NL_h]$、$[NL_c]$、$[NL_g]$、$[NL_{cb}]$、$[NL_b]$ 分别表示家庭、企业、政府、央行、银行的净借出，ΔHC、ΔH 分别表示家庭和央行的高能货币的变化量，ΔD_h 表示家庭存款量的变化，ΔD_b 表示银行吸收存款量的变化，ΔL_h、ΔL_c 分别表示家庭和企业贷款量的变化，ΔL_b 表示银行发放贷款量的变化，ΔB_h、ΔB_{cb}、ΔB_b 分别表示家庭、央行、银行持有国库券量的变化，ΔB_g 表示政府发放国库券量的变化，p_{bl} 表示长期国债价格，ΔBL_h、ΔBL_{cb}、ΔBL_b 分别表示家庭、央行、银行持有长期国债量的变化，ΔBL_g 表示政府发行长期国债量的变化，p_e 表示股票价格，ΔE_h、ΔE_b 表示家庭和银行持有股票量的变化，ΔE_c 表示企业发行股票量的变化。

在表 6.2 中，资金的总体来源和用途之间的差额等于该部门的净借出额[如表 6.2 中（ N ）行所示] ，纵向流量一致性要求表中每列的总和必须等于零。①具体到家庭部门净借出额如下：

$$NL_h = \left[W + \Pi_{c,d} + \Pi_b + r_{d-1}D_{h-1} + r_{b-1}B_{h-1} + r_{bl-1}BL_{h-1} \right] \\ -\left[PC + T_h + r_{l-1}L_{h-1} \right] \tag{6.1}$$

表 6.2 第（1）列的底部为家庭持有的净借出额，家庭的净借出额是指其持有的各种金融资产增加或贷款减少，一般在模型中单列一个资本账户来记录这种净借出额的变化，即家庭将其净借出额转入资本账户，然后这个资本账户记录资产和负债的变动。为了简化整体模型布局，表 6.2 中家庭、政府、中央银行和银行的资本账户都合并进了一个账户。但企业部门不能这样简化处理，因为总投资（ $PI + \Delta IN$ ）是在企业部门内进行的交易，一些企业从生产商品的其他公司购买投资品；同理，扣除税款和利息支出的留存利润（ $\Pi_{c,r} = \Pi_c - T_c - r_{l-1}L_{h-1} - r_{l-1}IN_{-1}$ ）也是在行业内企业发生的收入"转移"。为了更加清晰地刻画企业部门间的交易，模型在第（3）列中特意列出了企业的资本账户，可以看到企业的净借款是通过发行新股权或承担更多贷款来实现的。

$$NL_c = \Pi_{c,r} - \left(PI + \Delta IN \right) = \Delta L_C + p_e \Delta E \tag{6.2}$$

观察表 6.1 和表 6.2 可以发现，存量流量一致模型中，资产负债表矩阵（表 6.1 ）中资产的期末价值等于其期初的价值加上期间的价值变动和可能的资本收益（表 6.2 下半部分）。从这个意义来看，交易流量矩阵的下半部分提供了资产负债表矩阵和交易流量之间的动态联系。例如，就贷款存量而言（假定没有价格变化，因此不涉及资本收益），其期末价值表示为

$$L_h = L_{h-1} + \Delta L_h \tag{6.3}$$

式（6.3）的后一项来自交易流量表。在资产具有明确价格的情况下，期末存量需要考虑资本收益。因此，股票期末存量表示为

$$p_e E = p_{e-1} \times E_{-1} + p_e \Delta E + \Delta p_e \times E_{-1} \tag{6.4}$$

其中，最后一项（ $\Delta p_e \times E_{-1}$ ）表示资本收益，这相当于上一期（ E_{-1} ）期末由资产价格变动（ Δp_e ）而导致股票存量价值的改变。最后，会计核算一致性闭合的另一个重要推论是模型中各系统各部门的净借出额总额等于零，公式如下：

---

① 交易流量矩阵的其余部分可以以类似的方式解读，由于篇幅限制，本书并没有详细介绍每行每列的闭合。横向流量一致性也适用于交易流量矩阵，如银行贷款增加等于家庭和企业贷款增加；因此，系统的存量一致性仍然存在，意味着交易流量矩阵每一行的总和也为零。

$$NL_h + NL_c + NL_g + NL_b + NL_{cb} = 0 \qquad (6.5)$$

式（6.5）是 20 世纪 70 年代末由戈德利提出的，虽然这是一个简单的会计恒等式，但它对宏观经济分析具有深远的影响。式（6.5）表明，负的净借出额代表着一个部门将倾向于增大其债务与收入的比例。例如，假设式（6.5）中所有银行部门的净借出额为零，政府的盈余为正值，那么私营部门（家庭和企业）必须出现赤字，在其他条件不变的情况下，这一定会导致该部门负债的增加，用明斯基的术语来说，这种情况会导致私营部门从套期融资转向投机融资，再转变为庞氏融资，进而产生危机。

第 2 节　存量流量一致模型的 闭合、行为设定和均衡求解思路

本节分析存量流量一致模型的闭合、行为设定及均衡求解思路。任何一个宏观经济模型的最后结论与其模型的闭合有密切的关系，因为闭合决定了模型中宏观经济变量之间的因果关系。存量流量一致模型延续了后凯恩斯学派的传统，认为总需求既在短期也在长期内决定整体经济运行，所以存量流量一致模型总体上是从需求面进行模型的闭合，这与新古典宏观经济学中模型仅研究供给侧是完全不同的[①]。与此同时，模型的闭合还必须为模型中各代理人和部门的决策行为进行设定。从模型求解技术的角度来看，如果整个模型体系中有 n 个内生变量，其会计一致性框架提供了 m 个独立的会计恒等式，那么需要 $n-m$ 个方程来解整体模型，这些余下的方程就是由模型中各代理人和部门的行为设定来提供的。一般来说，存量流量一致模型中有五大类的行为假设需要做出设定。[②]

第一，需要指明代理人如何确定其支出。具体到表 6.2 的模型，需要指定消费函数、投资函数和政府支出函数[③]。消费函数最一般的设定如下：

---

① 新古典宏观经济学中，经典增长模型索洛模型仅研究经济中的供给面，是因为其认为供给决定需求，是萨伊定律在发挥作用。具体请参考 Solow R M. A Contribution to the Theory of Economic Growth[J]. The Quarterly Journal of Economics, 1956, 70(1): 65-94.

② 这也是存量流量一致模型中代理人行为设定的五个标准步骤，具体细节可以参考戈德利和拉沃撰写的《货币经济学：一个信用、货币、收入、生产和财富的综合框架》一书的第十章。

③ 政府支出函数通常被认为是由政府相机抉择的政策工具。

$$C_h = \alpha_1 Y_{h,d} + \alpha_2 \left(\frac{V_{h-1}}{P_{-1}} \right) \qquad (6.6)$$

其中，$Y_{h,d} = Y_h - T_h$，是家庭的名义可支配收入，α_1 和 α_2 是正的常数。换句话说，假设实际消费是实际可支配收入（$Y_{h,d}$）和滞后的实际财富 $\left(\dfrac{V_{h-1}}{P_{-1}} \right)$ 的函数。

投资函数的设定通常如下：

$$g = \frac{I}{K} = \beta_0 + \beta_1 \frac{\Pi_{c,r-1}}{(PK)_{-1}} - \beta_2 \frac{L_{c-1}}{(PK)_{-1}} + \beta_3 \frac{L_{c-1} + p_{e-1}E_{c-1}}{(PK)_{-1}} + \beta_4 \frac{Y_{-1}}{K_{-1}} \qquad (6.7)$$

投资是留存利润 $\left(\dfrac{\Pi_{c,r-1}}{(PK)_{-1}} \right)$、债务程度 $\left(\dfrac{L_{c-1}}{(PK)_{-1}} \right)$、估值比率

$\left(q = \dfrac{L_{c-1} + p_{e-1}E_{c-1}}{(PK)_{-1}} \right)$ 和产能利用率 $\left(\dfrac{Y_{-1}}{K_{-1}} \right)$ 的函数。[1] 上述消费和投资设定的一个

重要特征是它们依赖于资产和负债上一期的存量价值（财富、贷款、资本等的存量）。换句话说，在每个期间，上一期末的存量决定下一期间的流量，下一期间的流量又决定了下一期末的存量。这使得模型能够动态化，并且系统在每个时间段的位置由其历史路径决定。

　　第二，代理人需要确定如何为其支出和净借款头寸融资。在表 6.2 中，政府需要决定如何发行国库券和长期国债来弥补其赤字，家庭需要决定贷款多少来支持其消费。在存量流量模型中，一般将这组决策行为设定为线性函数。例如，设定家庭的贷款需求是其收入的不变比例，或者设定企业发行新股票的融资额也是其新增投资的一个固定比例。[2]

　　第三，代理人（特别是家庭）如何配置金融资产。从表 6.1 和表 6.2 中可以发现，一个家庭关于消费和借款的决定实际上意味着其储蓄多少，这又与前一期的财富存量和可能的投资资本收益一起决定了期末财富存量的价值。其中

---

　　① 投资函数的设定比较有争议，但这是凯恩斯框架内从需求层面闭合模型必须要设定的。式（6.7）建立在最近的后凯恩斯主义研究（Bhaduri 和 Marglin，1990）和托宾（Tobin，1969）提出的 q 投资理论之上。详见 Bhaduri A, Marglin S. Unemployment and the Real Wage: the Economic Basis for Contesting Political Ideologies, Cambridge Journal of Economics, 1990, 14(4): 375-339; James Tobin. A General Equilibrium Approach To Monetary Theory[J]. Journal of Money, Credit and Banking, 1969, 1(1): 15-29.

　　② 更复杂的非线性设定是可能的，但这增加了模型求解的复杂度。

的核心问题是家庭如何将其储蓄分配在各种可能的金融资产之间。[①]存量流量一致模型中，代理人对金融资产的配置通常按照"托宾资产组合"的原理进行配置。具体来讲，模型中将家庭对各种金融资产的需求设定为：

$$a = \lambda_0 + \Lambda R + \lambda_m \left(Y_{d,h} \middle/ V_h \right) \tag{6.8}$$

其中，a 是家庭对 m 种资产的需求占总财产的向量，λ_0 是常数的向量，R 是各种金融资产的（预期）实际收益率的向量，Λ 是关于每个资产回报率对该资产需求及对其他资产需求的影响的方阵（矩阵的主对角线刻画了每个资产的回报率对自身需求的影响），λ_m 是一个刻画可支配收入对资产需求影响的矩阵，向量 Λ 的秩是 m。每个金融资产的实际回报率由其收益率（利息或股息）和经通胀率修正后得到的资本收益组成。在式（6.8）中，还有一些对参数的基本约束条件[②]，如 λ_0 列向量元素的总和等于 1，这意味着每种资产的份额总和等于 1；同时还要设定 Λ 每列之和及 λ_m 列向量的元素之和都等于 0，这意味着由资产收益率或可支配收入的变化导致的资产需求增加与一个或多个其他资产需求的下降相对应。

第四，关于模型中生产率、工资和通货膨胀率的设定。目前存量流量一致模型研究中没有特别关注生产率，模型中一般设置生产率是恒定的，或者以一个外生给定的速度增长。延续后凯恩斯学派的传统，存量流量一致模型中，通货膨胀被认为是工人和企业家之间冲突和协调的结果：工人（或工会）对真实工资有一定期望标准，真实工资（w）一般取决于劳动生产率（pr）及整体劳动力市场的供求状况（ER）：

$$w = a_0 + a_1 pr + a_3 ER \tag{6.9}$$

在此基础上，名义工资被设定为通过特定的参数对目标工资与实际工资之间的差距做出反应，进而产品价格水平（p）被设置为企业主在正常历史情况下单位生产成本（$NHUC$）加成定价（φ 为加成比率），设定形式如下：

$$p = (1+\varphi) \times NHUC \tag{6.10}$$

第五，设定金融系统的行为。具体是指设定商业银行及中央银行的行为。

---

① 如果有 S 种可能的资产，则需要具体说明其中 $S-1$ 种的需求，对最后一种资产的需求则是被动剩余需求。

② Wynne Godley. Money and Credit in a Keynesian Model of Income Determination[J]. Cambridge Journal of Economics, 1999, 23(4): 393-411.

存量流量一致模型中对中央银行行为的一个普遍设定就是其购买所有私人部门不需要的政府债券（包括国库券和长期国债），中央银行在市场上提供等于这些政府债券的高能货币，这种设定体现了后凯恩斯学派中关于货币数量内生的认知。在存量流量一致模型中，一般外生设定利率，而将货币数量变得内生①。在商业银行行为设定方面，模型中需要指定其他部门发行的资产，商业银行选择持有这些资产的数量及其如何提供信贷，后凯恩斯学派一般认为商业银行会满足所有有需求的贷款。

上述五个方面的行为假设，加上会计一致性框架和由需求导向的模型总闭合，使得存量流量一致模型可以对金融资产存量和流量进行清晰的处理，从而可以对实体经济和金融市场进行全面和一致的分析。这种模型与新古典宏观经济学中的动态随机一般均衡模型完全不同，因为在动态随机一般均衡模型中，实际变量与货币金融变量基本无关。而在存量流量一致模型中，经济中的行为主体对债券、信贷、资产和负债的分配做出决定，这对实际变量有确定影响，反之，模型中实际变量变化也会影响金融变量。近年来，资本主义国家的金融化②及金融危机使得这一特征非常明显，因此存量流量一致模型是更贴近现代资本主义经济的模型。

存量流量一致模型在均衡求解方面的主要特点是其模型的长期均衡定义③，SFC 模型中长期均衡被定义为存量流量比率稳定的状态。换句话说，存量流量一致模型在稳态（Steady state）时，存量和流量以相同的速度增长。SFC 动态模型系统通过一系列短期均衡调整并收敛于该长期均衡。例如，模型在短期内，金融市场中资产需求和供给通过价格调整达到"均衡"，产出调整保证总储蓄等于投资，然而这种短期"均衡"不是稳定的，因为推动支出和投资组合决策的期望值可能没有实现，这表明经济中至少一种存量的期末值没有达到目标水平，而这种差异会影响下一个时期的决定。这种均衡求解的思路遵循后凯恩斯学派的卡莱斯基提出的"长期趋势是一连串短期运行状态中一个缓慢变化的组成部分，它没有独立的实体"④。存量流量一致模型之所以发生调整，是因为

第
6
讲

---

① 这是对中央银行能够外生决定货币数量这一新古典货币数量理论的反对。

② Greta R Krippner. The Financialization of American Economy[J]. Socio-Economic Review, 2005, 3(2): 173-208.

③ 宏观经济模型求解的第一个问题就是寻找整个模型体系的稳定状态。

④ Michal Kalecki. Selected Essays on the Dynamics of the Capitalist Economy[M]. UK: Cambridge University Press, 1971.

存量流量比率与代理人的决定相关，如使用恒等式 $\Delta V = PY_{h,d} - PC_h$，可以将消费函数式（6.6）重写为如下形式：

$$\frac{\Delta V_h}{P} = \alpha_2\left[\alpha_3 Y_{h,d} - \left(\frac{V_{h-1}}{P_{-1}}\right)\right] \tag{6.11}$$

其中，$\alpha_3 = (1-\alpha_1)/\alpha_2$，是家庭财富与收入的目标比率（存量流量比率）[①]，财富和消费的变化是对这一目标比率与实际比率差异的反应。当（滞后）财富与收入的比率低于目标比率时（方括号中的项为正），家庭将相应调整其行为以接近目标，在长期均衡中家庭财富与收入的目标比率得以实现。这样定义的长期均衡除了政策分析中的理论意义外，还可以作为经济实践中分析的基准，因为一个存量流量比率不增加（或减少）的状况可能是不可持续的[②]。

第3节 存量流量一致模型与动态随机一般均衡模型的比较分析

前文详细介绍了存量流量一致模型的构建、闭合及模型的均衡求解思路，本节将其与现代主流新古典宏观经济学的动态随机一般均衡模型进行比较分析，希望通过逻辑的比较分析来凸显存量流量一致模型的优点。下面将具体从模型构建的基本思路、行为设定及模型均衡求解等方面对这两类模型进行全面的比较分析。

6.3.1 模型构建基本思路的区别

存量流量一致模型建立的基础是现实经济中会计核算的一致性，这种会计核算的一致性能够将实体经济（如消费、投资、产出、就业等）和金融（如各类金融资产、债务、货币、信贷等）天然地结合在一起，而且这种结合允许模

---

① 这也是模型中长期稳态时候的比率，因为此模型在求解长期稳态时实际财富变化 $\frac{\Delta V_h}{P} = 0$，从而

$\alpha_3 Y_{h,d} - \left(\frac{V_{h-1}}{P_{-1}}\right) = 0$，所以家庭实际财富 $\frac{V_h}{P}$（存量）和收入 Y_h（流量）的稳态比率为 α_3。

② 例如，戈德利（1999）之所以将美国经济的配置视为不可持续的，是因为私人部门的净借款高会导致其负债收入比持续上升。详见 Wynne Godley. Seven Unsustainable Process: Medium-term Prospects and Policies for the United States and the World[M]. Levy Economics Institute of Bard College Special Report, 1999: 1-28.

型可以考察代理人关于其实体变量的决策如何影响资产负债表中金融资产的持有，以及这些金融资产变量变化如何反馈到其"真实"决定中，因此资产负债表矩阵（表 6.1）和交易流量矩阵（表 6.2）是分析当代货币经济不可缺少的工具①。其次，存量流量一致模型的另一个重要特征是模型闭合是后凯恩斯主义的，存量流量一致模型不认为短期内萨伊定律和充分就业成立，或者中长期内经济会趋于这样的状态。这是真正意义上凯恩斯主义的闭合②，凯恩斯在其著作《就业、利息和货币通论》中指出，资本主义经济的一般状态不是充分就业，而且经济体系没有向充分就业靠近的趋势，其指出了货币经济状态下的结论和实物交换经济状态下存在根本的区别。新古典宏观经济学动态随机一般均衡模型中设定的充分就业只是一个特例。整个经济体系由需求驱动的模型闭合方式使得模型可以将实体经济和金融部门联合在一起进行分析，因为需求和金融资产、债务、信贷、杠杆及股票市场等都有联系，这一点也更加符合现实经济。

　　新古典宏观经济学动态随机一般均衡方法建立的模型在本质上是基于供给侧的充分就业模型，模型中设定的经济状态一般由供给侧决定，并具有充分就业（或存在自然失业率）的特征。虽然引入价格刚性③会使得动态随机一般均衡模型在短期内得出一些凯恩斯主义的结论④，但在中长期，这个模型会回到充分就业的状态。基本上，在现有的动态随机一般均衡模型中，需求效应都会在短期内消失，经济体系恢复到完全由供给侧决定的均衡。因此，在此类模型中，经济波动主要是由生产率冲击或其他一些冲击（如偏好冲击、投资专有技术冲击、风险冲击），保罗·罗默在《宏观经济学的困境》⑤一文中称之为"假想的冲击"（Imaginary shock）。基于供给侧的动态随机一般均衡模型的闭合方式使得模型中金融的作用非常小，这也是新古典经济学货币中性定理、莫迪里安尼·米勒融资定理的延续，在动态随机一般均衡模型中，金融只是"面纱"，可以影响名义变量，但难以影响实际变量，这是模型在实体经济和金融方面之间

第
6
讲

---

　　① 托宾关于"陷阱模型"的论文也已明确指出了"现有金融模型构建的主要缺陷是没有清晰地模型化'金融市场中被决定的价格和利率及其所涉及的数量与实体经济相互影响'这一特征"，但这一论点并没有被后来的新古典学派研究人员所重视，反而是其在论文中提出的资产组合研究方法受到了广泛的关注。

　　② Paul Davidson. Money, Portfolio Balance, Capital Accumulation, and Economic Growth[J]. Econometrica, 1968, 36(2): 291-321.

　　③ Calvo Guillermo A. Temporary Stabilization: Predetermined Exchange Rates[J]. Journal of Political Economy, 1986, 94(6): 1319-1329.

　　④ 如短期内货币存在真实效应，详见 Jordi Gali. Monetary Policy, Inflation, and the Business Cycle: An Introduction to the New Keynesian Framework and Its Applications[J]. Princeton University Press, 2015.

　　⑤ Paul Romer. The Trouble with Macroeconomics[J]. The American Economist, 2017.

所谓的二分法。在动态随机一般均衡模型中，打破这种二分法的唯一方法是引入一些金融摩擦①，这些摩擦主要是通过金融加速器机制②、抵押品约束机制③和银行资本机制④来进行建模。这些摩擦的引入能够有效地放大模型中外生冲击对产出的影响，从而在数据上拟合出经济危机性质的产出波动程度。但是这种过程在模型中是非常短暂的，经济还是会在中长期恢复到由供给决定的充分就业均衡，货币和金融在长期没有任何作用。

因此，从模型构建的基本思路来说，由于其假设，动态随机一般均衡模型中实体经济和金融被天然地分割了；而后凯恩斯存量流量一致模型建立的目的正好相反，其将实体经济和金融市场整合在一起，从而为考察货币、信贷、财富、生产和分配提供了一体化的处理方法。

6.3.2　模型行为设定方面的区别

新古典宏观经济学的动态随机一般均衡模型后来取代了凯恩斯主义的模型，主要的一个原因就是其行为设定方面。卢卡斯在其论文《预期和货币中性》⑤中指出了凯恩斯总量模型设定方面的重要问题——凯恩斯的总量函数，如消费函数和投资函数并非建立在代理人最优化行为之上，而且考虑到预期之后代理人的行为会和政策函数之间形成互动，凯恩斯形式总量函数中的参数是会随着代理人的预期改变而变化的，这就是著名的"卢卡斯批判"。在这个逻辑批判基础之上，建立在代表性行为主体之上的动态随机一般均衡模型开始流行，因为其中有代理人的优化行为，能够避免凯恩斯总量函数设定方面的缺陷。从这个角度来看，现代新古典宏观经济学仍然认为存量流量一致模型是缺乏行为基础的，因为似乎代理人行为仍然是凯恩斯总量模型的设定。为了解决这个问题，近期的存量流量一致模型研究中大规模引进了代理人行为的最优设定方法，但这种设定并非像动态随机一般均衡模型中基于效用最大化或预期利润

①　2010 年之后在动态随机一般均衡模型中植入金融因素的模型大量出现，可以参考如下书籍：马勇. DSGE 宏观金融建模及政策模拟分析[M]. 北京：中国金融出版，2017.

②　Bernanke Ben S, Mark Gertler, Simon Gilchrist. The Financial Accelerator in a Quantitative Business Cycle Framework[J]. Handbook of Macroeconomics, 1999, (1): 1341-1393.

③　Kiyotaki Nobuhiro, John Moore. Credit Cycles[J]. Journal of Political Economy, 1997, 105(2): 211-248.

④　Christiano Lawrence J, Roberto Motto, Massimo Rostagno. Financial Factors in Economic Fluctuations[J]. ECB Working Paper, 2010: 1192.

⑤　Robert Lucas. Expectations and the Neutrality of Money[J]. Journal of Economic Theory, 1972, 4(2): 103-124.

最大化的代表性行为者的最优化设定[①]。桑托斯（Santos）[②]曾经指出，动态随机一般均衡模型似乎为代理人提供了行为基础，但这种行为基础需要的理性条件和信息条件都极为不现实，所以其认为新古典宏观经济学这种行为基础建模实际上是一种假象。目前存量流量一致模型中代理人的行为设定基础采用的是基于行为个体的建模方式（Agent-Based Modelling，ABM）[③]，这种基于行为个体建模方式的最大好处是可以在模型中设置异质性的行为主体。

目前在基于行动者建模的存量流量一致模型中，一般设定交易流量矩阵的每个部门有多个代理人，如存在 n 个家庭、m 个企业和 k 个银行，政府和中央银行通常各被视为一个代理人。这个时候模型不是对每个部门整体设定行为准则，而是必须制定部门中各个具体代理人的行为规则及代理人之间的匹配准则。例如，不仅需要设定不同的家庭如何在不同的公司中选择购买消费品，还需要设定企业和家庭如何在众多的银行中选择去哪家银行存款，以及去哪家银行贷款。

目前基于行动者建模（ABM）编程的主要语言是 Java，塞派克（Seppecher）于 2012 年开发了一个免费的建模软件 Jamel，其程序的核心就是存量流量一致模型（SFC）和基于行动者建模（ABM）的组合，塞派克在其系列论文[④]中分别讨论了后凯恩斯主义理论中的货币生产理论、通货紧缩螺旋及企业的杠杆行为。目前 SFC 和 ABM 组合起来的宏观经济模型已经可以模拟重现一些重要的微

---

① 标准 DSGE 模型可以简单描述为：在一个完全竞争和无货币的经济中，在资源禀赋和技术水平给定下，代表性家庭选择能够实现永久性效用水平最大化的消费、储蓄和劳动供给水平，厂商选择能够实现利润最大化的资本需求水平和劳动需求水平，进而通过家庭和厂商的最优决策方程及资源约束等条件来描述理性经济主体的决策如何随着时间演变，进而解释经济的总量波动。DSGE 模型的具体设定可以参考：卡尔·瓦什. 货币理论和政策（第三版）[M]. 彭兴韵，曾刚，译. 北京：格致出版社，2012.

② Dos Santos. Keynesian Theorising during Hard Times: Stock-Flow Consistent Models as an Unexplored "Frontier" of Keynesian Macroeconomics[J]. Cambridge Journal of Economics, 2006, 30(4): 541-565.

③ 奈吉尔·吉尔伯特. 基于行动者的模型[M]. 盛智明，译. 北京：格致出版社，2012. 基于行动者模型建模的基本思想如下：现代经济体系是一个复杂的代理人相互作用的系统，从而可以通过精确地研究其复杂性来理解这一系统。

④ Seppecher Pascal. Monnaie Endogène et Agents Hétérogènes Dans Un Modèle Stock-Flux Cohérent, HAL Archives Working Paper hal-01071391[M]. Lyon: Centre Pour la Communication Scientifique Directe, 2014; Seppecher, Pascal, Isabelle Salle. Deleveraging Crises and Deep Recessions: A Behavioural Approach[J]. Applied Economics, 2015, 47(34-35): 3771-3790; Seppecher Pascal, Isabelle Salle, Dany Lang. Is the Market Really a Good Teacher: Market Selection, Collective Adaptation and Financial Instability[R]. 20th Conference of the Research Network Macroeconomics and Macroeconomic Policies—Towards Pluralism in Macroeconomics, Berlin, October 20-22 (2016).

观和宏观的特征化事实。[①] 2016 年，卡安诺（Caiani）等[②]构建了基于行动建模的存量流量一致模型的一个简单示意图（见图 6.1），可以发现此类模型既包含了实体经济，也包含了金融部门，并且各种金融资产都得到了体现，这种模型应该是新一代的更加现实的宏观经济模型。总之，基于行动者建模的存量流量一致模型已经为 SFC 模型奠定了坚实的行为基础，有效地避开了卢卡斯批判，并将实体经济和金融市场融合在整体系统中进行分析。

图 6.1　基于行动者建模的存量流量一致模型示意图

注：箭头从支付部门指向接收部门，企业 *K* 是资本品生产企业，企业 *C* 是消费品生产企业。示意图来源为 Caianietal（2016）。

① Riccetti, Luca, Alberto Russo, Mauro Gallegati. An Agent Based Decentralized Matching Macroeconomic Model[J]. Journal of Economic Interaction and Coordination, 2015, 10(2): 305-332; Carvalho, Laura, Corrado Di Guilmi. Income Inequality and Macroeconomic Instability: A Stock-Flow Consistent Approach with Heterogeneous Agents[M]. Canberra: Centre for Applied Macroeconomic Analysis, Australian National University, 2014.

② A Caiani, A Godin, Eugenio Caverzasi, Mauro Gallegati, Stephen Kinsella, Joseph E Stighlitz. Agent Based-Stock Flow Consistent Macroeconomics: Towards a Benchmark Model[J]. Journal of Economic Dynamics and Control, 2016, 69(8): 375-408.

6.3.3　模型均衡求解方面的区别

SFC 模型和 DSGE 模型在均衡求解方面存在较大的差异。SFC 模型的长期均衡是指存量流量比率稳定的状态，也就是说，SFC 模型长期均衡稳态时，存量和流量以相同的速度增长。而 DSGE 模型均衡求解主要是先将模型中深层次参数进行校准赋值，然后求解模型中各个变量的稳定状态，存在稳态值的必须是 DSGE 模型开始设定时就包含的变量，这种稳定状态是模型中这些变量长期必须收敛的均衡状态，关键问题是在 DSGE 模型中长期金融资产和金融负债相互抵消，金融变量，如债券变量稳态的值为零，这和 SFC 模型中最后求解出各个金融资产存量占财富稳态比率的均衡存在根本区别。

下面再来对比分析一下两种模型的求解技术。新古典宏观经济学动态随机一般均衡模型的求解技术被称为"新古典宏观经济学的顶峰难度"[1]。之所以有这种说法，主要是因为 DSGE 模型由包含理性预期的家庭和厂商的最优决策行为方程、政府行为方程和市场出清条件等构成的差分方程组来描述，其模型求解实质上是消去期望算子并得到内生变量随着时间变化的动态路径，即将内生变量表示成上期变量和当期外生冲击的函数形式。其中最大的难度在于如何在随机差分方程组中消去期望算子。实际上，这种随机差分方程的求解方法直到20 世纪 80 年代才由布兰查德（Blanchard）和卡恩（Kahn）[2]提出的 BK 方法得到。但即使 BK 解法原则提出之后，在计算机数值求解技术没有突破的情况下，编程求解仍然很麻烦。

一般而言，描述 DSGE 模型的差分方程组往往包含非线性方程，导致得到模型的解析解非常困难，甚至模型没有解析解，需要借助数值计算方法得到模型的数值解。目前 DSGE 模型的数值求解方法主要分为两类：一类是直接对非线性方程组进行求解，适用范围广，得到的解精确度高，但是求解非常耗时，有些大型模型甚至花费数小时才能完成模型的求解，主要包括投影法、值函数迭代和政策函数迭代三种方法，可参考德龙（Delong Dave）的著作[3]；另一类则对模型的差分方程组进行对数变换，并在其稳态附近进行泰勒级数展开，得到模型的近似线性系统。当对模型变量的一阶矩感兴趣时，可以对模型进行一

①　伍德福德. 利息与价格：货币政策理论基础[M]. 刘凤良，等译. 北京：中国人民大学出版社，2010.

②　Olivier Blanchard, Charles M Kahn. The Solution of Linear Difference Models under Rational Expectations[J]. Econometrica, 1980, 48(5): 1305-1311.

③　戴维·德容. 结构宏观计量经济学[M]. 龚关，许玲丽，译. 上海：上海财经大学出版社，2010.

阶近似，该方法被称为对数线性化方法，求解方法主要是尤里格（Uhlig）等[1]提出的待定系数方法、西蒙（Sims）等[2]的 QZ 分解法和克莱因（Klein）等[3]的广义舒尔（Schur）分解法。因此，DSGE 模型的求解方法确实是比较复杂的，随着计算机数值计算能力的提高才得到普及。

与 DSGE 模型的求解方法相比，SFC 模型的求解技术比较简单。因为 SFC 模型依据后凯恩斯主义的观点，一般将代理人的预期方式设定为适应性预期，从而有效地在整个 SFC 模型体系中避开了附加期望算子的内生变量。因此，即使在 SFC 模型中有资产负债表矩阵及交易流量矩阵，最后整个 SFC 模型系统需要列出很多方程式，但其本质上属于联立方程组模型[4]，由于矩阵方程求解方法比较成熟，整个模型的求解技术并不是很复杂。

从模型求解角度来讲，SFC 模型的求解技术比 DSGE 模型要简单，但模型的正确性和合理性并不是由模型求解技术的复杂性体现的。因此，即使 SFC 求解模型的技术比较简单，但这种简化的联立方程组模型完整地包含了实体经济和金融市场，更好地拟合了真实世界的经济体系，从而能够有效地研究宏观经济运行规律。

第 4 节　结论与研究展望

自凯恩斯创立宏观经济学以来，宏观经济分析方法已经经历了两轮整合：在 20 世纪 70 年代以前，凯恩斯的总量宏观模型是分析主流；而 20 世纪 70 年代发达国家经济滞胀及卢卡斯理性预期批判之后，动态随机一般均衡模型成为宏观经济分析绝对主流的研究范式。在 2007 年美国次贷危机之后，以凯恩斯正统理论自居的后凯恩斯学派推崇的存量流量一致模型正在重新回到宏观经济分析主流的道路上。本讲具体分析了后凯恩斯存量流量一致模型构建的基本原理，

---

① Beetsma, Roel, Harald Uhlig. An Analysis of the Stability and Growth Pact[J]. The Economic Journal, 1999, 109(458): 546-571.

② Sims, Christopher A. Solving Linear Rational Expectations Models[J]. Computational Economics, 2002, 20(1): 1-20.

③ Klein, Paul. Using the Generalized Schur Form to Solve A Multivariate Linear Rational Expectations Model[J]. Journal of Economic Dynamics and Control, 2000, 24(10): 1405-1423.

④ 所以很多学者，甚至戈德利自己也认为存量流量一致模型延续了考尔斯经济委员会联立方程组模型的传统。

探讨了 SFC 模型的闭合、行为设定和均衡求解思路，并在此基础上着力将存量流量一致模型和新古典宏观经济学的动态随机一般均衡模型进行了对比分析。我们认为，宏观经济分析模型的背后主要是世界观和方法论的差异，在新古典动态随机一般均衡模型之外，存量流量一致模型实质上提供了一种全新考察宏观经济运行的思路，这种模型能够从资产负债和交易流量角度显化货币、金融市场及实体经济相互影响的机制，故从 SFC 模型考察宏观经济运行具有重要的理论意义和现实意义。

在后凯恩斯存量流量一致模型及新古典动态随机一般均衡模型背后，两大学派真正的分歧是如何看待货币和金融。在新古典的传统经典理论——货币数量学说中，货币仅仅是交易的媒介，从长期来看，它对经济过程没有影响，无论是价格决定还是利润和利息决定都与货币数量无关，它们是由偏好和技术等实际变量决定的，货币被视为中性的。新古典学派仅仅将货币看作交换的媒介，所以新古典宏观经济学的动态随机一般均衡模型在长期稳态中一定要体现货币中性的思路，即所有实际变量的稳态解必须与货币等名义变量无关。而凯恩斯理论的诞生对货币数量理论提出了挑战，其将货币市场与产品市场联系起来，认为货币在实际经济运行中发挥作用，货币不仅仅是一种交易媒介，还是价值储藏手段，是一种流动性资产，需要纳入广泛的资产选择之中，货币不再是中性的，它的多少会影响利息率，进而影响消费和投资，从而影响总需求和整个经济过程。所以后凯恩斯的存量流量一致模型在创建的时候就将货币、信贷和金融资产都包含在内了。

实际上，在 2008 年全球金融危机之后，新古典宏观经济学的动态随机一般均衡模型受到了广泛的抨击，最著名的是保罗·罗默撰写的《宏观经济学的困境》一文，其将动态随机一般均衡模型称为"后真实模型"，因为这种模型本质上认为货币政策变动对总产出的影响很小，其模型设定一定能够推导出波动是由模型的外生技术冲击引起的。保罗·罗默抨击这种"负技术冲击"是现代动态随机一般均衡研究者假想出来的，并指出随着动态随机一般均衡模型的发展，这种模型正在被引入越来越多的假想冲击，进而从动态随机一般均衡模型的识别问题、科学准则等方面对 DSGE 进行了全方位的批判。正是在这种情况之下，后凯恩斯的存量流量一致模型由于预测危机方面巨大的优势而重回宏观经济研究人员的视野。

但实际上，即使是保罗·罗默如此全方位的批判，在后凯恩斯学派看来也没有揭示真正的问题。在 20 世纪 50～80 年代发生的"剑桥资本争论"中，后凯恩斯学派学者罗宾逊[1]早就指出了新古典总量生产函数中的资本加总问题[2]。剑桥资本争论揭示了新古典宏观经济学中的矛盾，但在现实中，其由于罗宾逊、卡尔多和斯拉法等后凯恩斯主义代表人物的故去而被主流新古典宏观经济学"刻意"地忽略和遗忘了。在我们看来，后凯恩斯学派指出的新古典宏观经济学中总量生产函数加总问题，至少是和卢卡斯对凯恩斯总量函数设定的批判是一个等级的，卢卡斯的批判导致动态随机一般均衡模型的盛行，而剑桥资本争论中对新古典总量生产函数的批判却在学术历史中逐渐消失了。按照上述分析可以得出，新古典宏观经济学的动态随机一般均衡模型是在存有逻辑矛盾问题下发展的，现在如果转回到后凯恩斯存量流量一致模型，只不过是宏观经济分析重回正确轨道而已。

目前现有的经济学研究体系探讨的往往是某些经济学理论和实证数据之间的关系问题，一般很少探讨经济学理论体系内部的逻辑矛盾。因为按照弗里德曼（Friedman，1953）[3]关于经济学方法论的主张，"理论的正确性不在于其假设，而在于其与实证所体现的样本数据是否符合"，这也是新古典宏观经济学目前所提倡的。但问题是宏观经济分析中最后被新古典宏观经济学抽象出来的产出、消费、就业等一些变量样本的方差、协方差及其之间的相关系数是否真能体现经济体系中变量的特征？可以这么说，在任何一个科学体系中，很少出现存在逻辑起点问题还能向前发展的理论，因为按照波普（Popper）[4]的证伪观点，逻辑起点的问题会在实际中遇到越来越多的证伪反例，从而证明其非科学性，似乎目前动态随机一般均衡模型受到冲击就是由于其不能预测金融危机，但在现实中，危机确实发生了。但是库恩（Kuhn）[5]的科学范式革命理论告诉我们，即使现有的范式所预测的结果在现实中存在反例，所谓的科学家也不会认为其范式有问题；只有当可替代现有范式的新科学范式出现，并且反例达到了一定的数量，现有科学范式才可能被证伪，科学革命才会发生。库恩还指出，能够加速这种科学范式革命的方法就是对旧有的科学范式进行逻辑的批判分析，其认为对一种科学范式进行逻辑批判，既是否定逻辑，也是发现逻辑。本讲正是基于上述考虑，将后凯恩斯存量流量一致模型和新古典宏观经济学的动

① 罗宾逊. 生产函数与资本理论[M]// 经济学论文集：第 2 卷. 北京：商务印书馆，1988.

② 柳欣. 剑桥资本争论之谜——实物还是货币、技术关系还是社会关系[J]. 学术月刊，2012（10）.

③ Friedman Milton. The Methodology of Positive Economics[M]. Chicago: University of Chicago Press, 1953.

④ Popper K. Objective Knowledge[M]. Oxford: Oxford University Press, 1962.

⑤ Kuhn T S. The Structure of Scientific Revolution[M]. Chicago: University of Chicago Press, 1962.

态随机一般均衡模型进行了详细的比较分析，通过比较分析得出后凯恩斯存量流量一致模型的优点，从而加深对后凯恩斯经济学的理解。

当然，后凯恩斯存量流量一致模型在目前发展中也存在一些不足，我们认为 SFC 模型在未来研究中要充分吸收和借鉴马克思理论来弥补其短板。整体来看，马克思理论对后凯恩斯学派的经济增长理论、分配理论和货币理论的影响非常大①，但目前在 SFC 模型构建和分析中尚未完全体现。具体来说，有如下两点需要改进。

第一，存量流量一致模型构建了一个包括货币、金融市场和实体经济的整体系统，并建立了递归动态联立方程组来刻画现实经济的运行，这个模型能够有效地分析货币、金融资产及实体经济变量从哪来、到哪去的问题，但问题是 SFC 模型没有给出整个经济系统中货币和金融循环的逻辑起点，在这一点上寻求答案必须回到马克思理论的基本原理之中。因为马克思理论指出了市场经济整个体系中本质的关系②，这种关系就是马克思提出的市场经济资源配置理论中总劳动配置问题③，马克思认为总劳动配置在市场经济商品价值决定理论中起着决定性的作用。马克思指出，当资本达到均衡配置的时候，总劳动配置也完成了，这个过程也是经济体系中均衡利润率形成、相对价格形成及资源配置形成的过程。所以未来存量流量一致模型研究必须从资本配置和总劳动配置角度出发，进一步寻找 SFC 模型中货币、金融运行及实体经济运转的基础动力，进一步明晰宏观经济运行的原动力。

第二，存量流量一致模型中长期均衡被定义为存量流量比率稳定的状态，问题是 SFC 模型没有给出存量流量稳定比率会导致经济体系稳定的深层次原因，至少没有给出充分的解释。我们认为，解释这个问题也需要充分借鉴马克思的基本理论。马克思在研究资本积累和社会再生产④的时候，指出社会扩大再生产的正常进行要求各部门按照比例进行生产，这种按照比例进行就蕴含了经济体系要想稳定运行，其中一些存量和流量比率必须稳定的观点。国内经济学家宋则行⑤对上述问题进行了深入的研究。

第
6
讲

---

① 张凤林. 马克思经济学对后凯恩斯学派的影响[J]. 马克思主义研究，2008（12）.

② 一种理论如果揭示的经济运行规律足够本质，这种理论就不会过时。马克思理论就是这样的理论，其指出的运行规律将伴随市场经济发展始终，不论现代宏观经济学多么复杂、专业术语多么晦涩难懂。

③ 马克思在《资本论》第三卷中提出了社会必要劳动时间的第二重含义，并指出了总劳动配置问题。具体参考马克思. 资本论（第三卷）[M]. 北京：人民出版社，2004.

④ 马克思. 资本论（第二卷）[M]. 北京：人民出版社，2004.

⑤ 宋则行. 马克思经济理论再认识[M]. 北京：经济科学出版社，1997.

综上所述，在未来存量流量一致模型研究中，需要充分借鉴马克思的基本理论来弥补其模型认知和分析中的一些短板，从马克思的资本配置、总劳动配置及社会再生产正常进行的分析中挖掘存量流量一致模型背后的深层次含义，从而更好地刻画现代宏观经济的运行。

第 7 讲

新古典范式货币经济学简介和分析

本讲资料来源：加利（Gali）等关于新凯恩斯货币经济理论综述《货币政策的科学性：新凯恩斯主义观点》等经典文献。

本讲核心内容：加利等率先提出了一个深入剖析货币政策设计机制的基础理论框架，并以此为基础，对一系列现实经济问题进行了细致分析。加利等认为，一个理想的货币政策应当隐含明确的通货膨胀目标。在对抗通胀的过程中，中央银行制定并坚守可信的承诺，能够为其带来显著的益处。这一观点与传统理论形成鲜明对比，特别是当中央银行试图将产出提升至自然水平之上时，依然能通过制定并维持可信的承诺来获取正面效果。此外，加利等还强调了在政策实施过程中，必须充分考虑如不完全信息等外部因素对政策效果可能产生的潜在影响。

第 1 节　对新凯恩斯货币经济理论综述的介绍

一直以来，关于货币政策的制定与执行问题再度引发了社会各界的高度关注。这不仅体现在大量相关学术论文的涌现和专业研讨会的频繁召开上，更体现在众多知名宏观经济学家过去几十年间不断提出的具体政策规则上。其中约翰·泰勒（John Taylor）提出的泰勒公式，作为设定利率的权威指导原则，堪称经典之作。而本·伯南克（Ben Bernanke）和弗雷德里克（Frederic）提出的支持通胀目标制的理论，在经济学界引起了广泛讨论和认可。

人们重新关注利率基于以下两个因素：第一，长期以来，人们主要聚焦于非货币政策对经济的影响，但自 20 世纪 80 年代后期起，一系列的实证研究说明货币政策在短期内对经济有显著影响。另外，货币政策选择对经济活动的重要影响已逐渐达成广泛共识。第二，政策分析的理论框架经历了显著的改进与提升。本讲引入了一般动态均衡理论作为分析现实商业周期的理论基石，尤其是考虑到名义价格刚性，这一框架更加适用于评估货币政策的效果。然而，值得注意的是，这一理论框架在某些方面可能偏离了我们后续将探讨的真实商业周期理论。

加利等的综述性文章总结了新凯恩斯货币经济学家们在近期货币政策研究中取得的理论进展及尚未解决的问题。学者们利用简单的理论模型说明货币政策设计机制。一方面，借助模型刻画了实现最优政策管理的基本公理，并引入现实问题。另一方面，他们着重考虑了预期在现实世界中如何影响货币政策的制定过程，进一步提升了理论模型的实用性和前瞻性。

这些学者始终聚焦于基于大量宏观经济框架所展现的实证结果。本·麦克莱默（Ben McCallum）强调，政策制定的主要障碍在于对宏观经济运作方式的认知局限。尽管这些实证结果高度依赖于模型化，但在实际应用中的效果却相对有限。加利等的文章提出了一系列关于最优政策的原则，具有广泛的适用性和实践价值。

本讲建立在暂时名义价格刚性产生货币政策非中性的基础上，这一设定在大量研究中得到了广泛应用。然而，本讲的核心观点是要么拒绝名义价格刚性的假设，要么关注其他名义刚性的类型。正是出于这一考量，本讲选择以"新凯恩斯主义"作为研究标题，采纳了凯恩斯主义关于名义价格刚性的核心观点，同时也融入了最新宏观经济模型在方法论上的进步，因此可以被归类为"新凯恩斯主义"。

本讲第二节列举了一系列正式的政策问题，并建立了基础的理论模型，明确了政策目标。描述了政策规则的基本轮廓，这一模型从基本原理出发，逐步演化和发展。尽管模型设计得相对简洁，但它依然囊括了政策分析框架所需的核心要素。在此模型框架下，货币政策工具是短期利率。货币政策设计机制的核心在于如何根据当前的经济环境，精准地调整利率水平，以实现政策目标。

私人部门的行为深受对货币政策及其当前走向的预期影响，这使得货币政策的可信度成为至关重要的一环，大量的当代文献也都强调这一观点。关于通过正式承诺政策规则或引入某些制度安排来增强信誉度能否带来实际收益，学界仍存在着激烈的讨论。因此，本节探讨了在存在或不存在明确承诺的两种条件下最优政策的制定问题。

第三节探讨了不存在明确承诺下的最优政策规则，这一情境更贴近现实，因为鲜有中央银行会盲目地对未来货币政策做出承诺。从这一实际出发，得出了诸多重要结论：将通货膨胀目标融入最优政策中，意味着中央银行需要逐步将通货膨胀率调整至最优水平。政策的核心在于，中央银行应通过调节名义短期利率来影响实际利率水平，从而抵消预期通货膨胀率变动带来的影响。当面临产出扰动时，央行应怎样调节利率以应对冲击主要取决于扰动因素的性质及特点——应当抵消需求冲击，容纳供给冲击。

第四节探讨了存在明确承诺下的最优政策规则。众多文献资料都指出，在没有承诺的环境下，若中央银行意图将实际产出水平提升至市场出清水平之上，往往会导致低效率的高稳态通货膨胀率。然而，承诺的引入可以有效地消除这种通胀偏差。分析证明，如果当下的价格是根据未来预期设定的，那么只需要许下承诺，收益就会很容易获得。例如，中央银行对未来抑制通货膨胀的明确承诺，将改善当前在产出和通胀之间权衡的决策环境。具体而言，这一承诺能够降低为实现通胀目标而导致产出下降所带来的实际成本。这一结论是本书的重要创新之处。

实际上，对政策规则作出具有约束力的承诺并非易事，这主要是因为我们对经济结构和潜在扰动因素的理解仍存在局限性。在这种情况下，决策者在政策实施过程中往往会倾向于降低失业率水平，而这可能会导致动态不一致。为了解决这一问题，一个简单而有效的举措是任命一位极度厌恶通货膨胀的央行主席。

第五节深入探讨了制定货币政策过程中需要面对的一系列现实问题，包括信息不完善、时滞效应、模型的不确定性，以及对产出和通胀率目标的不明确偏好等。这促使我们进一步思考如何有效运用中介目标、选择合适的货币政策工具，以及为何央行倾向于使利率变化更加平稳的问题。同时，还探讨了近期出现的机会主义方法如何被用来抑制通货膨胀，并指出这种方法通常表现为在面临良好的供给冲击时阻止通胀率上升。

笔者强调，货币政策是否有效取决于产出和通胀水平的持续程度。特别是，通胀率的持续性在政策制定中起着决定性的作用，它直接影响着政策制定者在产出和通胀水平之间如何权衡。在基础模型中，产出和通胀的持续性主要归因于连续不断的相关外生冲击。在第六节将分析一个更为复杂的模型，该模型考虑了产出和通胀的内生持久性，并突破了传统框架，提供了更为全面和深入的分析视角。

第七节，将理论应用于现实，探讨了一系列已提出的货币政策简单规则，其中包括泰勒规则。本节只关注简单的货币规则，这主要是基于稳健性的需要。在多样的竞争的宏观经济框架内，如果实施政策的结果令人满意，那么政策规则就是稳健的。从第二节到第六节，笔者建立了一系列良好的政策管理标准，这些标准应成为政策规则设计的重要参考。特别值得注意的是，证据表明，在15 年内或保罗·沃克（Paul Volcker）时代早期，美国的货币政策并未严格遵循本书所描述的原则，这一时期利率管理主要趋向于适应通货膨胀的变化。到了格林斯潘时代，美国的货币政策开始采用通货膨胀目标制。通过实践，美国货币政策在追求经济增长和物价稳定之间取得了更为平衡的效果。同时，第七节深入探讨了关于目标变量的政策建议，包括正式引入通货膨胀目标、物价水平目标及名义 GDP 目标。此外，还简要讨论了在利率规则实施过程中，不确定性可能带来的现实问题。

第八节对研究进行总结，并提出结论。

第 2 节　货币政策分析的一个基本框架

本节将阐释货币政策的设计问题。首先提供一个简单的宏观经济的基本框架，作为后续讨论的基础。然后描述货币政策的客观作用。最后聚焦于货币政策的可信性（Credibility）这一关键要素，描述存在和不存在可信承诺（Credible commitment）两种情况下最优政策的区别。

7.2.1　一个简单的宏观经济的基本框架

基本框架是包含货币和暂时名义价格刚性的一般动态均衡模型。最近几年，这一范式已被广泛应用于货币政策的理论分析中。它吸收了传统的 IS-LM

模型的经验，同时也植根于一般动态均衡理论，以跟上现代宏观经济学方法进步的脚步。

本模型虽然借鉴了传统凯恩斯 IS-LM 框架的核心思想，即货币政策在短期内对实体经济具有显著影响，但在构建上展现出了独特之处。特别是，总量行为方程并非简单地基于假设或经验法则，而是直接源于家庭和企业的最优化决策行为。一个关键的创新点在于，当前的经济行为被明确地设定为依赖于对未来货币政策的预期及当前的货币政策。这一设定突破了传统模型中货币政策的单向影响，强调了政策预期对经济活动的前瞻性指引作用。此外，本模型还具有高度的包容性，能够容纳对宏观经济运行的不同观点。在完全价格灵活性的极限状态下，模型展现出的周期性动态类似于一个真实的商业周期模型，此时货币政策主要影响名义变量。

模型直接介绍关键总量的关系，而不给出具体的导出过程。为了方便，模型舍弃了投资和资本积累，这一舍弃不会影响定性的结论。具体模型如下。

定义两个对数化的产出变量：y_t 代表含有随机成分的实际产出，而 z_t 则代表自然水平的产出，即当工资和价格完全灵活时经济体系理论上所能达到的产出水平。真实产出与这一潜在产出之间的差额，定义为产出缺口 x_t：

$$x_t = y_t - z_t$$

另外，以 π_t 代表 t 时期的通货膨胀率，定义为价格水平从 $t-1$ 到 t 的百分比变动。i_t 表示名义利率。为了保持模型的一致性，这些变量都被表达为相对于其长期水平的偏离程度。

这样就可以用两个方程来呈现我们的基本模型：一个是反映产出缺口与实际利率呈负相关的 IS 曲线，一个是反映通胀与产出缺口呈正相关的菲利普斯曲线。

$$x_t = -\varphi\left[i_t - E_t\pi_{t+1}\right] + E_t x_{t+1} + g_t \tag{7.1}$$

$$\pi_t = \lambda x_t + \beta E_t\pi_{t+1} + u_t \tag{7.2}$$

g_t、u_t 均服从独立同分布的 AR（1）过程：

$$g_t = \mu g_{t-1} + \hat{g}_t \tag{7.3}$$

$$u_t = \rho u_{t-1} + \hat{u}_t \tag{7.4}$$

其中 $0 \leq \mu$，$\rho \leq 1$，g_t、u_t 是独立同分布的随机变量，以 0 为均值，以 σ_g、σ_u 为各自的标准差。

基于家庭最优化储蓄策略，结合消费与产出减去政府购买之间的均衡条件，我们推导出了消费欧拉方程。进一步将此方程进行对数线性化处理，得到了式（7.1）。此表达式与传统的 IS 曲线有所不同，关键在于当前产出的决定因素不仅涵盖利率，也依赖于对未来产出的预期。更高的未来产出预期能够提振当前产出：由于个体倾向于平稳化其消费水平，对未来消费（伴随未来产出预期的升高）的更高预期会促使他们增加当前消费，进而推动当前总需求的增长。反之，实际利率对当前产出的负面影响则体现了消费者跨期选择的行为模式。

在这一点上，IS 曲线的利率弹性 φ 与消费者跨期选择弹性一致。此外，干扰项 g_t 代表了政府购买预期变动与潜在产出预期变动之间的函数关系。g_t 具有移动 IS 曲线的能力，因此可以被解释为需求冲击。最后，当模型中纳入投资和资本因素时，虽然式（7.1）的细节会略有调整，但其核心性质保持不变：产出的需求与实际利率呈反向关系，而与预期未来产出呈正向关系。迭代式（7.1）可得到如下方程：

$$x_t = E_t \sum_{i=0}^{\infty} \left\{ -\varphi \left[i_{t+i} - \pi_{t+1+i} \right] + g_{t+i} \right\} \tag{7.5}$$

$\sum$ 表示对 i 从 0 至正无穷求和。

式（7.5）表明，本模型中，对未来的信念会影响当前的总量行为。产出缺口既依赖于当前实际利率与需求冲击，又依赖于这两个变量的预期未来路径。在某种层面上，货币政策正是通过调控短期实际利率，在名义变量刚性存在的经济环境中发挥作用。此外，式（7.5）进一步指出，无论是预期未来还是当前的货币政策措施，都影响总需求水平。

根据斯坦利·费希尔（Stanley Fischer，1977）和约翰·泰勒（John Taylor，1980）的研究，菲利普斯曲线［式（7.2）］是从交错名义价格设定（Staggered nominal price setting）中推演出的。核心差异体现在个体企业的价格设定决策上，这一决策为理解总量关系提供了坚实的基础。从垄断竞争企业的角度出发，在这些企业中，只要市场条件允许，每个企业都会倾向于选择能够最大化其利润的名义价格。然而，这一决策并非毫无限制，它们还受到未来价格调整频率的约束，这意味着企业需要在长期利润最大化与短期市场适应性之间寻找平衡。

在标准情形下，每一期都有 $\frac{1}{X}$ 的企业为 $X > 1$ 期设定价格，但将企业在交错基础（Staggered basis）上价格设定的决策规则加总是烦琐的。因此，在式（7.2）隐含的详细推导过程中，利用列尔莫·卡尔沃（Guillermo Calvo，1983）的一个假定，使问题大大简化：在任意给定的一期，企业在本期内保持价格不变的可能性为一个固定值 θ，因而其价格调整的可能性为 $1-\theta$。进一步，这一可能性在企业最后一次调整价格之后的时间里都是独立的。因此，价格固定的平均时间是 $\dfrac{1}{(1-\theta)}$。卡尔沃抓住了交错定价（Staggered setting）的精神，假定企业的价格调整与过去的定价历史无关，因此更便于加总。

式（7.2）是对个体企业定价决策的总体稳态的对数线性化近似。因为方程反映了通胀率与产出缺口，以及预期通胀率间的关系，它具有传统的考虑预期的菲利普斯曲线的特性。与标准菲利普斯曲线关键的不同之处是附加了未来的预期通胀率 $E_t\pi_{t+1}$，而不是对当前通胀率的预期 $E_{t-1}\pi_t$。这一区别是决定性的，为了表明这一点，迭代式（7.2）得到如下方程：

$$\pi_t = E_t \sum \beta^i \left[\lambda x_{t+i} + u_{t+i} \right] \tag{7.6}$$

$\sum$ 表示对 i 从 0 至正无穷求和。

对比传统的菲利普斯曲线，通胀的动态性被重新诠释，剔除了其中可能存在的任意惯性和滞后依赖。在当前的理论框架下，通货膨胀的走向完全由当前的经济状况和市场对未来经济的预期所决定。简而言之，企业在设定其名义价格时，主要依据是对未来边际成本的预测。变量 x_{t+i} 反映了由过剩需求变动而引发的边际成本变动。同时，冲击项 u_{t+i}，即成本冲击，则代表了一系列可能影响预期边际成本的因素。通过引入成本冲击这一变量，模型能够产生独立于过剩需求变动的通货膨胀变动，从而更准确地预测和解释通胀的动态变化。

最后，为了完成模型，将名义利率而非货币供给总额作为货币政策的工具。正如伯克南和米霍夫（Bernanke 和 Mihov，1998）的研究所表明的，这一假定提供了对联邦储备系统自 1965 年来操作程序的一个合理描述，只有保罗·沃克以非借入准备金为目标的简短时期（1980—1982 年）是个例外。以名义利率作为政策工具，就没有必要去详细说明货币市场的均衡条件。在第五节将讨论以狭义货币总量作为政策工具时的可能结果。

尽管这个模型看似简洁，但它却捕捉到了与那些复杂且基于实证的政策分析模型相同性质的核心特征。在这些实际应用广泛的模型中，暂时价格刚性扮演着至关重要的角色。在名义变量具有刚性的经济环境下，货币政策通过调整名义利率，能够有效地影响短期实际利率。这种经典机制为中央银行提供了调控实体经济短期动态的有力杠杆。与传统机制相比，家庭和企业对中央银行未来利率目标的预期也变得至关重要，因为他们的决策都基于前瞻性的视角。在这种环境下，中央银行如何在短期内对经济的冲击做出反应，成为一个非比寻常的决策。因此，如何在短期内有效应对经济冲击的问题，成为当代货币政策争论的焦点。

7.2.2 政策目标

中央银行的目标函数将目标变量的变化转化为一种对福利的测量，用来指导政府对政策的选择。以往的研究中，假设目标函数的目标变量是 x_t 和 π_t，形式如下：

$$max -\frac{1}{2} E_t \left\{ \sum_{i=0}^{\infty} \beta^i \left[\alpha x_{t+i}^2 + \pi_{t+i}^2 \right] \right\} \tag{7.7}$$

其中，α 是一个衡量产出方差的参数。因为 $x_t \equiv y_t - z_t$，所以我们将 z_t 作为产出水平目标。同时，我们也将 0 视为通胀目标。

尽管在完善宏观行为模型方面已经取得了巨大的进步，但是，迄今为止，在合理制定政策目标方面，却没有很大进步。在过去的几年里，为了在政策制定上实现一致性，一些研究者尝试采用了基于代表性代理机构效用的福利标准模型。这一方法试图通过模拟个体或家庭的偏好与选择，来反映整个社会的福利水平。

然而，这种方法的局限之处在于，它似乎未能充分捕捉到公众所关注的核心问题，即通胀的主要成本及通胀多样性所带来的诸多不确定性。通胀的复杂性和多样性使得模型在预测和评估其影响时面临挑战。此外，它也可能对福利分析造成误导。特别是当不同社会群体在面临经济衰退时受到的影响差异显著时，这种方法的局限性尤为明显。例如，如果一个群体在衰退中遭受了更严重的冲击，且缺乏完善的保险和信贷市场作为缓冲时，那么该群体的效用将难以准确反映整个社会的经济福利。

当然，在多数文献中，研究者们采取了一种务实的方法来应对这一挑战。他们首先假定，货币政策的主要目标是使产出水平与通胀率尽可能地接近其各自的目标水平，以最小化两者的方差。罗森博格和伍德福德（Rotemberg 和 Woodford，1999），以及伍德福德（Woodford，1998）等学者进一步为这种方法提供了坚实的理论基础。他们通过严谨的推导，证明了存在一个与式（7.7）类似且近似于二次方形式的基于效用的福利函数。

接下来，直接采用式（7.7）作为分析的基础。通过深入研读美联储经济学家的研究成果，可以发现这一等式与货币政策在实际操作中的应用高度吻合。基于这一观点，可以假定，在不考虑工资与价格摩擦的理想情况下，经济所能达到的产出水平即为自然产出水平。因此，设定目标产出水平与自然产出水平相一致。然而，需要指出的是，在现实经济环境中，往往存在各种扭曲因素，如不完全竞争或税收等。这些因素可能导致产出水平超过自然产出水平。这一点在政策制定和执行过程中具有重要意义，因为它涉及政策的可信度和长期效果。但为了简化分析，暂且不对这些扭曲因素进行深入探讨。

通胀率目标的设定确实是一个较为临时且短期的问题，同时，这也涉及在产出与通胀波动之间如何适当地分配权重。在美国，政策制定者普遍认同价格稳定是其货币政策的核心目标。然而，关于"价格稳定"的具体定义，即通胀率应维持在何种水平，是一个值得深入探讨的话题。一般而言，通胀率处于1%～3%被认为是能够满足价格稳定要求的。这是因为在这个区间内，通胀率既不会过高导致经济过热，也不会过低引发通缩风险，从而有利于经济的平稳运行。最近，柏斯金（Boskin Commission）进一步指出，官方价格指数可能会高估通胀率1～2个百分点，这一发现为我们提供了重新审视通胀率目标的视角。值得注意的是，德意志联邦银行在过去很长一段时间内都将通胀率目标设定为2%，同样地，他们也认为正的通胀率与价格稳定是一致的，这在一定程度上反映了通胀率目标设定的复杂性和多样性。

正是20世纪70年代高通胀的沉痛经历让政策制定者深刻认识到控制通胀的紧迫性，并认识到高通胀对经济的巨大破坏力。在此之前，如何在产出目标与通胀目标之间分配权重并没有明显的可观测指标作为指导。著名经济学家阿莱（Alan Blinder）也指出，在实践中，关于如何在政策制定中平衡这两个目标的权重，政策制定者之间并未达成广泛的共识。然而，随着时间的推移，人们逐渐达成了共识，即货币政策的首要目标是控制通胀，讨论的焦点更多地转向了哪一种货币政策规则能够更好地实现政策目标，而非聚焦于具体的福利函数形式。

然而，从最初的目的出发，将通胀目标和偏好参数视为既定的，然后再去探索最优化政策规则的影响，也是合情合理的。

7.2.3　政策问题：斟酌处置还是规则实施

政策问题是指如何为 i_t 选择一个时间路径，从而为目标变量 x_t 与 π_t 设计时间路径以使得目标函数［式（7.7）］在约束条件［式（7.1）与式（7.2）］下最大化。二次损失与线性约束的组合为工具路径产生了一个确定性等价的决策规则。总的来说，最优的反馈规则将政策工具与经济的繁荣衰退联系在了一起。

　　然而，与经典的政策问题有一个显著的不同之处：目标变量的变化不仅仅取决于当前的政策工具，还深受对未来政策预期的影响。具体而言，产出缺口（即实际产出与潜在产出的差距）不仅受到当前利率水平的影响，还取决于对未来利率路径的预期［如式（7.5）所示］。反过来，通胀率也依赖于当前及未来预期的产出缺口的表现［如式（7.6）所示］。正如基德兰德和普雷斯科特（Kydland 和 Prescott）等经济学家所强调的，在这种情境下，未来政策的可信性变得尤为关键。政策制定者若能够可信地宣告并维持其政策承诺，特别是关于保持低通胀的承诺，那么降低通胀的成本将会显著低于传统牺牲率模型所预测的水平。在本讲第四节，我们将详细展开这一讨论，深入探究政策可信性对经济运行和政策效果的影响。

　　从政策制定的角度来看，核心问题在于哪一种政策策略更能提高政策的可信性。这最终转化为在规则实施（即遵循预设规则）与斟酌处置（即根据实时情况灵活调整）之间做出最优选择的问题。

　　本书考虑了两种情境。在第一种情境下，如果中央银行拥有自由裁量权，可以根据经济形势斟酌处置，那么它可能会选择一种能够最优化各个时期利率水平的策略。这种策略允许中央银行根据实时的经济数据和预期来灵活调整利率，以更好地实现政策目标。

　　然而，在第二种情境下，按规则处置的中央银行将遵循其提前公告的利率时间路径。这种策略下，中央银行会在一定程度上放弃其自由裁量权，而是按照事先设定的规则来调整利率。在面临重大经济波动时，也可能需要对利率进行调整。然而，在这种情境下，调整的大小和频率通常是事先规定好的。

　　这里有两点需要强调。其一，相机抉择与规则处置的一个关键不同之处是现在的承诺是否会约束未来政策的变动。在每一种情况下，最优的结果是一种可以将政策工具与经济状态用一种非常具体的方式联系在一起的政策。然而这两种方式对政策意图与私人部门是否相信的关联的解释是不同的。在相机抉择这种情况下，私人部门形成预期时，会将政府部门政策的调整考虑在内，这是因为中央银行可以调整政策，以使各阶段最优化。因此，理性预期均衡有这样一种特性，即中央银行没有动机去以一种非预期的方式去调整政策，即使它有自由裁决权。相反，在规则处置下，这种约束承诺使得政策非常可信。

　　其二，我们使用的模型远远没有达到可以将政策规则应用到实践中的地步。然而，通过对相机抉择与规则实施政策进行研究，我们形成了一套政策制定规范准则。正如泰勒所言，这些准则的应用可以提高货币政策的有效性与实用性。

之后我们会展开讨论。另外，理解在不同规则政策下产出的不同可以为货币政策的制定提供经验。理解在斟酌处置下的最优化政策管理可以为我们提供有用、规范的见解，当然在之后也会对其详细展开讨论。

第 3 节　相机抉择的最优货币政策

我们之所以从相机抉择的情况开始是因为以下两点：其一，这一情况能最好地与现实相符。在实践中，没有哪一家央行会对其未来货币政策做出任何约束性的承诺。因此，了解在这种环境下最优政策的性质是很重要的。其二，了解相机抉择情况下的基准收益也是必要的，这有助于我们评估在引入政策承诺后可能获得的潜在收益。

在相机抉择的情况下，每段时期央行都会选择一个包含两个目标变量和一个政策工具的三元数组 $\{x_t, \pi_t, i_t\}$，使得受到总供给曲线［式（7.2）］和 IS 曲线［式（7.1）］限制的目标函数［式（7.7）］最大化。

通常情况下，把问题划分为两个阶段。第一阶段，在考虑到通胀等［式（7.2）］的情况下，央行选择使目标［式（7.7）］最大的 x_t 和 π_t。第二阶段，x_t 和 π_t 的最优值决定了 IS 曲线暗含的 i_t 的值。

因为在没有做出承诺的情况下，央行不能操纵人们的预期，它需要借助私人部门的预期去解决最优问题。然后，根据央行的最优规则，私人部门形成理性预期。因为没有内生状态变量，所以该政策问题的第一阶段就简化为下列一系列静态最优化问题。每一阶段，选择可以使下式达到最大的 x_t 和 π_t：

$$-\frac{1}{2}\Big[\alpha x_t^2 + \pi_t^2\Big] + F_t \qquad (7.8)$$

约束如下：

$$\pi_t = \lambda x_t + f_t \qquad (7.9)$$

同时，给出 F_t 和 f_t，令 $F_t \equiv -\frac{1}{2}E_t\{\sum_{i=1}^{\infty}\beta^i[\alpha x_{t+i}^2 + \pi_{t+i}^2]\}$，$f_t \equiv \beta E_t \pi_{t+1} + u_t$。式（7.8）和式（7.9）是式（7.7）和式（7.2）的变形。很明显，在相机抉择中，现在的行为不影响未来的通胀和产出，央行不能直接操纵人们的预期。

第一阶段问题的结果服从于以下最优化条件：

$$x_t = -\frac{\lambda}{\alpha}\pi_t \qquad\qquad (7.10)$$

这个条件简单地暗含着央行要执行"逆风向而行"的政策：每当通胀高于目标时，（通过调高利率）减少需求使其低于产出，反之亦然。央行应该将 x_t 减少到什么程度，主要取决于降低一单位通胀产出的损失 λ，且与产出损失的相关权重 α 相反。

为了获得在最优化条件 [式（7.10）] 和总供给曲线 [式（7.2）] 的约束下 x_t 和 π_t 的简化形式，利用私人部门的理性预期：

$$x_t = -\lambda q u_t \qquad\qquad (7.11)$$

$$\pi_t = \alpha q u_t \qquad\qquad (7.12)$$

其中，$q = \dfrac{1}{\lambda^2 + \alpha(1-\beta\rho)}$

然后，通过插入几个 IS 曲线 [式（7.1）] 的 x_t 值，就可以找到利率的最优政策：

$$i_t = \gamma_\pi E_t \pi_{t+1} + \frac{1}{\varphi} g_t \qquad\qquad (7.13)$$

其中，$\gamma_\pi \doteq 1 + \dfrac{(1-\rho)\,\lambda}{\rho\varphi\alpha} > 1$，$E_t \pi_{t+1} = \rho\pi_t = \rho\alpha q u_t$。这就完成了对最优政策形式的描述。

结论一：在某种程度上，由成本推动的通货膨胀是存在的，通胀和产出变化之间存在短期权衡。

这个结果最初是由泰勒（1979）提出的，它也是许多货币政策的应用研究遵循的一条重要的指导原则。一个可以说明模型隐含着权衡的、有效的方法是构建相对应的有效政策边界，即指在最优政策下，随着央行的倾向 α，寻求产出和通胀的无条件标准差 σ_x 和 σ_π 变化的点的轨迹。在 (σ_x, σ_π) 的坐标系中，曲线向下倾斜并且凸向原点的。曲线右侧的部分是低效率的，左侧部分是不可行的。在曲线上有一个权衡：随着 α 上升（表明更偏好于产出的稳定性），最优政策选择了一个较低的产出标准差，但这是以一个较高的通胀波动性为代价的。极限情况更能说明以下问题：

$$\alpha \to 0: \quad \sigma_x = \frac{\sigma_u}{\lambda}; \sigma_\pi = 0 \qquad\qquad (7.14)$$

$$\alpha \to \infty: \quad \sigma_x = 0; \sigma_\pi = \frac{\sigma_u}{1-\beta\rho} \qquad\qquad (7.15)$$

其中 σ_u 是成本推动创新的标准差。

强调权衡只有在成本推动通胀存在的情况下发生是很重要的。如果没有成本通胀（也就是说 $\sigma_u = 0$），那么就不会有权衡。在这种情况下，通胀仅取决于当前和未来的需求。通过调整利率，$x_t = 0$，$\forall t$ 成立，央行可以始终同时达到其通胀和产出的目标。但是，如果成本推动因素推动了通胀，那么在近期降低通胀的唯一可能方法就是收缩需求。这种考虑就导致了下一个结论。

结论二：最优的政策包含通胀目标，即要求通胀会随着时间逐渐收敛到设定的目标。然而，要使极端的通胀目标（比如要求通胀立即调整到目标值）达到最优，必须满足以下两个条件之一，即不存在成本推动的通胀，或者不考虑产出偏差（如 $\alpha = 0$）

在一般的模型中，$\alpha > 0$ 和 $\sigma_u > 0$，并且通胀逐渐收敛到目标值。在最优的政策下，由式（7.12）和式（7.4），可得

$$\lim_{i \to \infty} E_t \{\pi_{t+i}\} = \lim_{i \to \infty} \alpha q \rho^i u_t = 0$$

在本章的模型中，最优的政策包含通胀目标。在有内生的成本推动型通胀的情况下，政策会影响通货膨胀和目标之间差距的收敛路径，但不会影响收敛速率。相反，如果内生通货膨胀持续存在，政策也会影响收敛速率，这一点我们在后面讨论。

极端通胀目标实现最优的两个条件可以从式（7.14）和式（7.15）中看出。当 $\sigma_u = 0$（没有成本推动型通胀），要求通胀立刻调整到目标值的政策是最优的（不考虑参数选择）。因为在模型中不需要权衡，尽量减少通胀变化的成本很低。通胀成为政策唯一关心的目标，并为极端通胀制提供了其他理由。如式（7.14）所示，如果 $\alpha = 0$，减少通胀的变化是政策最优，即使存在成本推动型通胀。

结论二说明了为什么对于通胀目标的最优转换路径会有不同的观点。例如，古德福德和金（Marvin Goodfriend 和 Robert King，1997）支持极端通胀制，而斯尔文和鲍尔（Svensson 和 Laurence Ball）则认为通胀逐渐收敛的政策是最优的。两种观点之所以不同，是因为看待成本推动型通胀的角度不同，在 Goodfriend-King 的理论中，是不考虑成本推动型通胀的；而在斯尔文和鲍尔的理论框架中，成本推动型通胀则是一个非常重要的因素。

结论一和结论二属于目标变量的行为。而在结论三和结论四，会考虑政策工具 i_t。

结论三：在最优的政策下，由于预期通胀的上升，应该充分提高名义利率，

从而提高实际利率。换句话说，对于名义利率来说，最优政策规则预期通胀的系数大于 1。

结论三直接源于式（7.13），不仅直观地反映了结论二中最优政策的核心目标特征，还揭示了无论通胀是否高于目标值，最优政策总是倾向于提高实际利率以收缩需求的基本原理。这一结论虽看似简单明了，却为货币政策的评估提供了一个强有力的标准。例如，克莱德、格特勒和加利的研究发现，1960—1979 年美国的货币政策明显违反了这一原则，当时的美联储更多地倾向于适应增长的预期通胀，而非努力降低不断攀升的预期通胀。名义利率的调整并非以提高实际利率为目标，这或许解释了为何这一时期会持续存在高通胀现象。然而，自 1979 年起，美联储开始逐步采纳与式（7.13）相一致的通胀目标政策，并系统性地提高实际利率，以应对不断上升的通胀预期。

结论四：最优政策要求利率调整要完全抵消需求变动 g_t，通过保持名义利率不变来适应对潜在产出 z_t 的冲击。

政策能抵消需求变动这一点从政策规则［式（7.13）］中可以推出。简单的想法是应对需求冲击的政策会在正确的方向上推动产出和通货膨胀。需求冲击不会在产出和通胀之间造成一个短期均衡。

对于潜在产出的影响，短期内同样不会形成一个明确的均衡状态。然而，与需求冲击不同，潜在产出的变化要求政策制定者采取截然不同的反应。例如，生产的永久增长会提升潜在产出，并通过其对永久收入的影响，以一种完全补偿的方式增强产出需求。这样的结果是，产出缺口并未改变，通胀水平也保持不变。因此，在这种情况下，政府没有充分的理由提高利率，除非是为了其他经济目标。这个模型似乎精确地反映了当前货币政策的实践。近年来，我们观察到产出增长高于趋势水平，但并未伴随着显著的通货膨胀压力。基于这一观点，产出的增长主要被视为生产能力的变动，而美联储等货币当局也会倾向于抵制大幅度的利率增长，以保持经济的稳定增长和金融市场的稳定。

结论四说明货币政策的一项重要任务就是辨别冲击商业周期的因素。在这个简单的模型中，完成这个任务很简单，之后我们会放松一些假设。

第 4 节　信誉和承诺的收益

从基德兰德和普雷斯科特（Kydland 和 Prescott，1977）、罗伯特·巴罗和大卫·戈登（Robert Barro 和 David Gorden，1983），以及罗格夫（Rogoff，1985）的开创性工作开始，已经有大量的有关货币政策可信性这一主题的文献。

从实用性角度出发，将这些文章分为两类是有用的。第一类为研讨会论文，已在学术界引起广泛关注。这些论文着重探讨了相机抉择政策下的持续通货膨胀偏差问题，即当公众对无事先承诺的货币政策形成理性预期时，可能导致通货膨胀高于目标水平且无法带来额外的产出增长。这一偏差的根源在于央行试图将产出推高至自然率以上的水平。

第二类文章则侧重于政策应用方面的探讨。这些文章强调，如果货币政策未能体现出降低通货膨胀的决心，那么在遏制经济体的通货膨胀时可能会付出超乎寻常的代价。在这里，问题的核心在于当前工资和物价的设定往往依赖于公众对未来价格走势的预期，而这些预期又受到货币政策的影响。

在某种意义上，这两类文章是相似的，它们都认为能以某种方式建立信誉的央行可能以较低的成本降低通胀。

首先利用模型深入探究著名的通货膨胀偏差理论。随后详细阐述了信誉如何有效降低维持低通胀的成本，并通过分析已有文献中的机制来阐明信誉的引入方式。在此特别强调一个在文献中尚未得到广泛理解但至关重要的结论：即使央行并无意图将产出推至自然率之上，信誉的益处依旧显著。

正如在基准模型中所展示的，只要价格的制定受到对未来预期的影响，建立削弱通胀的信誉便具有潜在的益处。更进一步的，当存在反馈规则（Feedback rule）这种形式的合意约束时，承诺下的最优政策与相机抉择下的最优政策之间的区别变得尤为简单和直观。在这种情境下，采用承诺的解决策略就如同在相机抉择决策下以比社会福利函数所建议的更高效的成本来应对通胀。

7.4.1　典型的通胀偏差问题

正如基德兰德和普雷斯科特（1979）、巴罗和戈登（1983）的论文，以及许多其他文章所呈现的，以产出缺口为目标的可能性或为 $k > 0$，而非等于 0。政策目标函数则为：

$$max -\frac{1}{2}E_t\left\{\sum_{i=0}^{\infty}\beta^i\left[\alpha\left(x_{t+i}-k\right)^2+\pi_{t+i}^2\right]\right\} \tag{7.16}$$

社会最优产出水平超过其自然水平的根据或许是诸如非完全竞争或税收等经济扭曲的表现。简便起见，我们也假定价格制定者对未来有足够的预期，因此我们可以在菲利普斯曲线中将参数 β 固定。

在这种情况下，联系目标变量的最优条件则为：

$$x_t^k = -\frac{\lambda}{\alpha} \cdot \pi_t^k + k \quad\quad\quad (7.17)$$

上标 k 表明变量是 $k > 0$ 时在央行相机抉择之下的政策方案。将这个条件加入如式（7.1）所示的 IS 曲线和式（7.2）给出的菲利普斯曲线当中，得到：

$$x_t^k = x_t \quad\quad\quad (7.18)$$

$$\pi_t^k = \pi_t + \frac{\alpha}{\lambda} \cdot k \qu\quad\quad (7.19)$$

其中 x_t 和 π_t 是基准模型在 $k = 0$ 时目标变量的均衡值［参见式（7.11）和式（7.12）］。注意产出同基准模型中的产出并无二致，但由 $\frac{\alpha}{\lambda} \cdot k$ 可明显看到通胀更高。因此，有如下结论。

结论五：假若中央银行意欲将产出推高至潜在水平之上（即 $k > 0$），那么在相机抉择（货币政策）之下将出现非最优的均衡，该处通胀始终高于目标水平而产出并未增加。

我们用于阐释这一结论的模型超越了简单的预期菲利普斯曲线分析框架。在此情境下，央行面临一种激励，即宣称未来难以降低当前通胀（因为当前通胀水平实际上取决于公众对未来通胀的预期），进而通过刺激需求，促使产出超过潜在水平。这种激励从最优条件式（7.17）中的参数 k 得到了体现。

一个理性的私人部门会敏锐地察觉到央行的这种激励，并可能利用式（7.17）来预测通胀，因为该条件真实地反映了央行的策略意图。因此，可以预见的是，均衡通胀水平将上升到央行不再寻求通过扩张需求来推动产出的临界点。值得注意的是，由于长期内通胀与产出之间不存在权衡（即不考虑通胀水平，x_t 在长期内将趋近于 0），长期均衡通胀将不可避免地高于央行的目标值。这揭示了央行在追求政策目标时面临的挑战和复杂性。

上述分析既有重要的积极意义，又有规范的含义。积极的一面在于，这套理论能够解释诸如 20 世纪 60 年代末至 80 年代初的持续性高通胀的原因。事实上，该理论为通货膨胀时代提供定性解释的能力是其广为流行的一个主要原因。

本分析得出的结论是在货币政策中作出有约束力的承诺能够带来收益。另外，进行制度上的调整也可达到相同的目的。从分析中可以得出，假若央行能够承诺采取令 $k = 0$ 的货币政策，财富将会增长。货币政策实施进程中形成有约束力的承诺后，产出不会改变，然而通胀会下降。

在模型中加入有约束力的承诺要比在现实中施行简单得多，问题在于是否存在一些简单的制度机制能够带来逼近理想化的政策承诺所产生的效果。或许大多数对该问题有益的答案都出自罗格夫（1985），他给出的政策建议是任命较社会整体有更大通胀厌恶的人担任中央银行的职务。

结论六：任命一个认为通胀有更高相对成本的人担任中央银行的主席，能够缩减在货币政策由央行自由裁决之下的通胀偏差。

由式（7.19）可以明显看出，让偏好设定为 $\alpha^R < \alpha$ 的人管理中央银行能够减少通胀偏差。然而罗格夫的方案也并非"灵丹妙药"。从早先的分析中可以得知，强调使通胀变动有更大的缩减可能会以产出变动的增加为代价。任命一位极端人士担任该项工作（一些人的 α 值可能趋近于 0）或能避免整体财富减少。

本书强调了通胀偏差问题在实践中的重要性，然而，这也存在大量的争议。本杰明·弗里德曼和肯尼斯·库特纳认为，当前主要经合组织国家出现的通胀都是可控的，尽管并无明显的制度改变，但提升信誉仍是必要的。假若这套理论是有力的，那么其不仅能说明 20 世纪 60～70 年代的高通胀，而且可以解释 20 世纪 80～90 年代低通胀时期的情况。可能有的争议在于包括美国在内的许多国家都采取了罗戈夫的方案，任命了有明显通胀厌恶的人担任中央银行的主席。

另一股批评意见聚焦于通胀偏差背后因素的可信度。许多杰出人士认为，在实践中，$k > 0$ 不足以诱使央行撒谎。他们认为任何一家理性的中央银行都会意识到，为追求提高产出至自然水平之上的短期效益而误导公众的长期成本是不恰当的。单是出于此种意识，就能对央行的行为形成足够的约束〔如麦卡勒姆（1997）、布林德（1997）〕。事实上，布林德基于其在美联储任职的经历认为，不会有人赞成追求自然水平之上的产出收益。确切地说，他认为假使那些掌管美国货币政策实施的人被要求令 $k = 0$，通胀偏差将会消除。

难于被理解的是即使 $k = 0$，提升信誉仍旧会有收益。某种程度上，当期价格的设定取决于对未来经济条件的预期，货币当局明确承诺控制通胀可能将面临产出与通胀的短期权衡。下文将对这点予以说明。讨论相关问题的许多文献都未予以强调的原因在于这些文献要么倾向于关注稳定状态（而非短期运动），要么采用了粗简的价格变动模型，该模型中当期价格不依赖于对未来的预期。然而在我们的基准模型中，短期价格的动态决定于如式（7.2）所清晰呈现的对未来的预期。

7.4.2 改进产出与通胀的短期权衡：$k=0$ 情况下的承诺增益

即使在 $k=0$ 的情况下，仍然可以解释政策规则下的承诺可能带来增益。假定通胀方程式（7.2）适用于 $t+i, i \geqslant 0$ 的每个时期，在这里，第一阶段的问题是选择一个状态依存序列 x_{t+i} 和 π_{t+i}，使得目标函数最大化。特别是，央行不再将私人部门预期视为既定，而是认为其政策选择能够有效地决定此类预期。

为了以简明扼要的方式解释承诺机制带来的益处，我们首先设定了政策规则的形式，使其与相机抉择条件下均衡中出现的通用形式保持一致，并基于这些规则来求解最优化问题。随后，我们将展示，在承诺机制的作用下，将出现另一种规则来主导相机抉择下的最优决策。这种方法不仅为解释承诺带来的增益提供了直观的途径，还有一个积极的副产品：我们推导出的受约束最优规则既易于理解，又便于实施。尽管这些规则并不是全局最优的（其带来的增益会受到相机抉择情境下的限制），但我们依然可以通过解决无约束最优规则来预测和推断承诺机制下的潜在效益。

1. 承诺条件下的货币政策：政策规则简单集合中的最优解（包括相机抉择下的最优解）

在没有承诺的均衡中，央行通过单独调整产出缺口 x_t 来应对外生成本推进冲击 u_t 是最理想的。因此，我们考虑到一种设定目标变量 x_t 的规则，那就是 x_t 依存于基础冲击 u_t，即：

$$x_t^c = -\omega u_t \tag{7.20}$$

对所有时期 t，$\omega > 0$ 是反馈规则的系数，x_t^c 代表政策承诺条件下 x_t 的值。这一规则包含相机抉择的最优解 [当 $\omega = \lambda q$ 时，见式（7.11）]。

结合式（7.20）和菲利普斯曲线 [式（7.2）]，在此规则下，通货膨胀 π_t 也是关于成本推进冲击 u_t 的线性函数：

$$\pi_t^c = \lambda x_t^c + \beta E_t \pi_{t+1}^c \tag{7.21}$$

$$= E_t \sum_{i=0}^{\infty} \beta^i \left[\lambda x_{t+i}^c + u_{t+i} \right] \tag{7.22}$$

$$= E_t \sum_{i=0}^{\infty} \beta^i \left[-\lambda \omega u_{t+i} + u_{t+i} \right] \tag{7.23}$$

$$= \frac{1 - \lambda \omega}{1 - \beta \rho} u_t \tag{7.24}$$

央行的问题就在于选择反馈系数 ω 的最优值。联系到相机抉择的情况，对反馈政策予以承诺的能力使央行获得了产出和通胀短期权衡的改进。为了达到此目的，可以将式（7.24）变形如下：

$$\pi_t^c = \frac{\lambda}{1-\beta\rho} x_t^c + \frac{1}{1-\beta\rho} u_t \qquad (7.25)$$

在这个例子中，产出缺口 x_t^c 收缩 1% 比将会降低 $\frac{\lambda}{1-\beta\rho}$ 的通胀率 π_t^c。在相机抉择的情况下，同样减少 1% 的 x_t^c，只能减少 λ 的 π_t^c（$\lambda < \frac{\lambda}{1-\beta\rho}$）。承诺条件下额外的反冲是由于政策会对产出缺口的未来趋势预期产生影响。特别是，ω 的选择不仅会影响 x_t，还会影响 $x_{t+i}^c, i=1,2,\cdots$ 的未来趋势预期，因为 $E_t x_{t+i}^c = -\omega u_t$。一家承诺推行强硬政策规则的央行（高 ω）能够发出可信的信号：将会在一定时间内积极应对持续供给冲击。由于通胀取决于超额需求的未来趋势，相比相机抉择的情况，强硬政策规则的承诺将使一单位产出损失导致的通胀下降被放大。

为了找到 ω 的最优值，首先需要注意的是 x_{t+i}^c 和 π_{t+i}^c 均是成本推进冲击 u_t 的常数倍，所以目标函数可以表示为一个多期的损失：

$$max -\frac{1}{2} E_t \left\{ \sum_{i=0}^{\infty} \beta^i \left[\alpha \left(x_{t+i}^c \right)^2 + \left(\pi_{t+i}^c \right)^2 \right] \right\} \qquad (7.26)$$

$$\leftrightarrow max -\frac{1}{2} \left[\alpha \left(x_t^c \right)^2 + \left(\pi_t^c \right)^2 \right] L_t$$

这里 $L_t \equiv E_t \left\{ \sum_{i=0}^{\infty} \beta^i \left(\frac{u_{t+i}}{u_t} \right)^2 \right\} > 0$。问题就转变为选择 ω 使式（7.11）最大，同时满足式（7.25）。推导出的最优化条件为：

$$x_t^c = -\frac{\lambda}{\alpha^c} \pi_t^c \qquad (7.27)$$

有：

$$\alpha^c \equiv \alpha(1-\beta\rho) < \alpha \qquad (7.28)$$

因为 $\alpha^c < \alpha$，相对于相机抉择的情况，政策承诺暗示着央行策划一个较大的产出收缩以应对通胀压力是最优的。显而易见的是，承诺带来的对通胀更加积极的反应是改进了的产出——通胀权衡的产物。特别是，降低通胀所付出的产出成本从每单位 α 减少至每单位 α^c，因为在其他条件不变的情况下，承诺条件下降低既定数量的通胀只需要相机抉择条件下 $(1-\beta\rho)$ 的产出损失。降低通

胀所需有效成本的减少，反过来又引发更多的针对通胀的积极政策，比较式（7.27）和式（7.10）就可以得出清晰的结论。

通过结合式（7.27）和式（7.25），可以得到 x_t^c 和 π_t^c 的均衡解：

$$x_t^c = -\lambda q^c u_t \qquad (7.29)$$

$$\pi_t^c = -\alpha^c q^c u_t \qquad (7.30)$$

其中：

$$q^c = \frac{1}{\lambda^2 + \alpha^c(1-\beta\rho)}$$

有趣的是，此例中承诺条件下的最优解非常类似于相机抉择条件下的最优解，区别只在于后者目标函数中的 α 被 α^c 替换掉了。于是出现了以成本推进冲击 u_t 为条件，从长远来看通胀更接近于目标值产出。

政策规则承诺能够提升社会福利的论点，其直接性和明确性是不容置疑的。从经验主义的角度来看，这种增益产生的实质性影响颇具说服力。通胀的走向取决于公众对未来产出缺口的预期，而央行倾向于向私人部门传达未来经济环境可能严峻的信息，同时避免在当下大幅削减需求。然而，当未来真的来临时，央行往往又有动机否认之前的悲观预测，并转而再次承诺将来会实行紧缩政策。

值得注意的是，如果央行在面对正向的成本推进冲击时能够自由偏离规则，那么它通常会选择相机抉择下的最优政策，因为这样能在保持产出稳定的同时减少产出收缩。但一个理性的私人部门会敏锐地察觉到央行的这种激励，并据此调整预期。除非央行能够给出可信的承诺，否则私人部门会预期未来的需求不会大幅收缩，从而导致在没有承诺的情况下，成本推进冲击引发更高的通胀。

再次强调，与传统分析不同，在基准模型中，承诺带来的增益并非基于央行意图将产出推升至潜在水平之上的愿望，而是基于通胀的前瞻性特性，即未来政策预期对通胀走势的重要影响。这一特性凸显了承诺在稳定经济和降低通胀中的关键作用。

从政策的角度来看，罗格夫的任命保守的央行行长理论在以上情况中是可行的。一个掌握全面信息（例如，x_t^c 的准确知识和真实的模型）的央行行长，能够重复执行承诺条件下的产出政策。

我们将以上内容概括为结论七。

结论七：如果价格设置取决于未来经济状况的预期，那么一家能够做出可信承诺的央行面临着改进的通胀产出短期权衡。即便央行无意将产出推升至潜在水平之上（ $k=0$ ），承诺带来的增益仍然会得以体现。承诺条件下的最优解

非常类似于相机抉择条件下的最优解，后者赋予了通胀一个高于真实社会成本的成本。

承诺条件下另一个有意思的特征就是利率表现，可以简单地将其看作将相机抉择条件下利率等式中的 α 替换为 α^c，结合式（7.13）可以得到：

$$i_t = \gamma_\pi^c E_t \pi_{t+1} + \frac{1}{\varphi} g_t \qquad (7.31)$$

其中：

$$\gamma_\pi^c \equiv 1 + \frac{(1-\rho)\lambda}{\rho\varphi\alpha^c} > 1 + \frac{(1-\rho)\lambda}{\rho\varphi\alpha} \equiv \gamma_\pi$$

特别是，相比相机抉择的情况，央行会将名义利率提升至更高的水平，以应对预期通胀的上升。

2. 做出承诺的货币政策：非限定的最优选择

下面简要描述央行做出承诺情况下的最优政策。虽然都是一些基础的政策，但是这个通解里包含政策对私人部门未来预期的影响。

第一步同样是为 x_{t+i} 和 π_{t+i} 赋值，在总供给曲线式（7.2）在未来全部成立的情况下，使式（7.7）最大化。但我们不限定 x_t 必须依赖于同一期的冲击，取值允许是全部时期的冲击的函数。为给做出承诺条件下的线性二次政策问题找到全局最优解，我们根据科瑞和列文（David Currie 和 Paul Levine，1993），以及古德福德（Woodford，1998）的两篇文章得到了拉格朗日函数：

$$max -\frac{1}{2}E_t\left\{\sum_{i=0}^{\infty}\beta^i\left[\alpha x_{t+i}^2 + \pi_{t+i}^2 + \phi_{t+i}\left(\pi_{t+i} - \lambda x_{t+i} - \beta\pi_{t+i+1} - u_{t+i}\right)\right]\right\} \qquad (7.32)$$

其中 $\frac{1}{2}\phi_{t+i}$ 是 $t+i$ 期的乘数（该乘数受当期条件约束）。显然一阶差分产生了如下最优条件：

$$x_{t+i} - x_{t+i-1} = -\frac{\lambda}{\alpha}\pi_{t+i}, \; i = 1,2,3,\cdots \qquad (7.33)$$

$$x_t = -\frac{\lambda}{\alpha}\pi_t \qquad (7.34)$$

回忆一下，在相机决策的情况下，央行为应对通胀的最优政策是调整产出缺口的水平。而在做出了承诺的情况下，最优解相应变成了调整产出缺口的变化。换句话说，央行的行为改变了 x_t 的表达式（由一次变成了差分）。需要说明的是，仅在第一期（与在相机抉择情况下是一样的，但仅限第一期），央行根据 π_t 调整 x_t。

因为 x_{t+i} 取值受 x_{t+i-1} 影响，做出承诺的最优政策（非限定的）就不简单是同期的 u_{t+i} 函数。就像古德福德（1998）在相关文献中所强调的，政策规则的滞后依赖性，是央行在做出承诺的情况下，对私人部门预期的操纵能力的结果。在我们的框架里，要记住 π_t 不仅受当期的 x_t 的影响，也受 x_{t+i} 未来预期的影响。假设，在 t 期，成本推动冲击使通货膨胀率上升，相机抉择情况下最优选择是降低当期 x_t。随着时间变化，当 π_{t+i} 回到目标值时，x_{t+i} 也回到原来的趋势上。但在承诺机制下，情况则有所不同。只要通胀率仍然高于目标值，央行就会继续减少未来的 x_{t+i}，这种对未来 x_t 持续缩减的预期反过来又会降低当期的通胀率。因此，与相机抉择的情况相比，成本推动冲击对当下通胀的影响在承诺机制下会被削弱，这凸显了承诺在稳定经济和降低通胀中的关键作用。

在有限制的政策下，有承诺情况下的全局最优解依赖于央行通过多期产出缺口预期影响利率的能力。与相机抉择的情况相比，政策并不是时间一致的。显然，如果能够在 $t+i$ 期再次最优化，央行会选择执行与 t 期一样的决策。

有承诺情况下，非限制最优政策的一个缺点是执行起来比有限制的更加复杂。正如我们所看到的，在相机抉择的最优政策中，各维度的限制条件都很相似，但更着重于应对通胀。就像在上一部分讨论的，只要适当选择央行的执行者，这一最优政策就能够达到。在非限制情况下则不然，一个保守的央行执行者在相机抉择的情况下没有动机坚持式（7.33）的条件。

古德福德（1998）做出进一步解释：在最优解情况下的利率政策可能会产生我们不希望看到的影响。联立式（7.33）和式（7.1），得到 $i_t = \left(1 - \dfrac{\lambda}{\alpha\varphi}\right)E_t\pi_{t+1} + \dfrac{1}{\varphi}g_t$，发现预期通胀的系数比 1 小，预期通胀的上升会导致真实利率的下降。如果通胀压力同真实利率反向变化，产出和通胀的波动就会自我实现，显然这个结果是不理想的。

结论八:在有承诺条件下全局性的最优政策中，央行会根据通胀压力部分调整需求。其逻辑是利用当期通胀对于未来需求的预期依赖。除此之外，就像我们在第七部分提到的，当一个保守的中央银行可能相机提高总体福利，通过此种方法达到最优政策是不可能的。此外，在实际操作中可能会有一些其他的复杂因素和潜在的不确定因素，古德福德（1998）在其文献中有所讨论。

第 5 节　实际情况的复杂化及困难

本节探讨了货币政策在实行过程中遇到的复杂且重要的实际问题，对于日常的政策制定具有相当重要的作用。

7.5.1　不完全信息

尽管本书假设中央银行能够全面掌控关键目标变量的变化轨迹，但在现实世界中，这一假设并不成立。其中一个核心原因是信息的不完全可观测性。当中央银行确定利率时，它可能并未掌握所有与国际经济情况相关的可用信息。一方面，数据的收集和处理需要时间，这可能导致信息延迟；另一方面，抽样本身存在局限性。更为关键的是，一些核心变量（如自然产出水平），无法被直接观测，且往往伴随着显著的测量误差。这些挑战使得中央银行在决策过程中必须面对诸多不确定性，从而限制了其全面控制目标变量变化路径的能力。

除了削弱政策的有效性，不完全信息还会带来一系列特定的潜在后果。其一，单纯依赖目标变量来明确规则变得不再可行。在完全信息的环境中，这些变量之间大致存在一对一的对应关系，使得政策在目标或工具上能够直接体现。然而，在不完全信息条件下，规则的目标往往基于预测值而非实际值来表达，在这种情况下，一个可行的选择是采用可直接观测的中间目标，如广义货币总量。

其二，不完全信息使得政策工具的选择变得至关重要。在完全信息的背景下，如当货币需求函数符合两个变量间的单调关系时，中央银行无论选择短期利率还是货币总量作为政策工具，效果都是等价的。然而，在不完全信息的条件下，正如威廉·普利（William Poole，1970）最初所指出的，与工具选择相关的各种关键变量后续可能出现不稳定性。接下来，我们将详细探讨这些问题。

1. 预期的目标和中介目标

现在回到没有达到均衡的基准模型，并且进行如下修改：假定中央银行能够观察到当期的产出、通货膨胀和任意冲击的值。令 Ω_t 代表在 t 时操纵当时利率的中央银行的信息集，现在的政策最优化条件是基于预期而不是现实的目标变量来表示的。

$$E\{x_t|\Omega_t\} = -\frac{\lambda}{\alpha}E\{\pi_t|\Omega_t\} \tag{7.35}$$

式（7.35）是在完全信息条件下，对式（7.10）给出的形式进行确定性等价转换所得。这种确定性等价的应用是基于方程中线性二次型的特性，其中预测标的变量的误差被作为附加项来处理。

为了便于论述，假定成本冲击中不存在序列相关，即 $\rho = 0$，所以 $u_t = \hat{u}_t$。在不完全信息的条件下，目标变量的均衡值 x_t^I 和 π_t^I 的形式如下：

$$x_t^I = x_t + \left(\frac{\lambda}{\lambda^2+\alpha}\hat{u}_t + \hat{g}_t\right) = \hat{g}_t \tag{7.36}$$

$$\pi_t^I = \left(1 + \frac{\lambda^2}{\alpha}\right)\pi_t + \lambda\hat{g}_t = \hat{u}_t + \lambda\hat{g}_t \tag{7.37}$$

在此情境中，x_t 和 π_t 表示在完全信息条件下的目标变量的最优值（假设 u_t 不存在序列相关性）。而 $\hat{u}_t$ 和 $\hat{g}_t$ 分别代表成本和需求冲击下出乎意料的变动。不完全信息的存在明显导致通货膨胀更大幅度的波动，这是因为中央银行无法立即采取行动以抵消冲击的影响。关于产出缺口波动的影响，其净效应并不明确。特别是，未能抵消的需求冲击显著增加了产出的波动，而中央银行试图降低产出波动的努力，在面临成本推动冲击时，却难以抵消其对通货膨胀的影响。然而，这些影响共同导致了一个明确的结果：社会福利减少。

一个附加的结果值得我们注意。因为现在的需求冲击影响了产出的行为，如果相对于 $\hat{u}_t$，$\hat{g}_t$ 有足够大的差异，通货膨胀与产出之间积极的短期联动关系就能够出现。

货币政策传导中的滞后导致了不完全可观测性，可以直接推广应用这一分析。许多可用的证据表明，利率的变动对产出有 6~9 个月的滞后影响；对通货膨胀有一年半左右的滞后影响。例如，当期的利率变动在 j 期对产出产生影响，在另一个 k 期对通货膨胀产生影响。在式（7.35）的左侧应当出现 j 期的预期产出缺口，右侧应当出现 $j+k$ 期的预期通货膨胀。

斯文森（Svensson，1997）特别强调了这种滞后机制对于设定通货膨胀目标的重要性，尤其是在理论推导的通货膨胀目标设定中。对于通货膨胀目标制的一个常见批评是，当期货币政策对通货膨胀的影响具有长期滞后性。这种信息滞后被认为难以有效指导政策行为。然而，根据斯文森的观点，关注预期的通货膨胀可能能够规避这一问题，因为这样的预期可以立即获得，从而提供了一种快速评估政策效果的方法。然而，问题的关键在于如何形成准确的通货膨胀预期。为了达成这一目标，中央银行必须拥有一个可靠的经济结构模型。只有当经济处于静态均衡状态时，基于预期的 VAR 模型才具有合理性。

对于使用目标变量预期的一种传统可供选择的替代方式为，使用与基础的目标变量密切相关且容易观察和操纵的变量。广义货币总量是中间目标的典型例子。如果特殊总量的需求是稳定的，那么这一总量很可能与名义 GDP 之间有稳定的协方差。然而，实际上货币政策的经验没有成功。以美国和英国为例，这两个国家在 20 世纪 80 年代早期曾经尝试过规范货币总量增长，但是在总量失控后很快放弃了这一政策。在德国，甚至充分考虑了一揽子货币目标，但也出现了问题。货币需求不固定的活动导致很难保持严格的货币增长目标。最近的许多文献进一步得出结论：在现实中，联邦银行的政策看起来更像以通货膨胀为目标，而不是以货币为目标。

基于相似的理由，其他简单的政策指标，如商品价格和长期利率并没有被广泛采用。正古德福德（1994）重点强调的，这些简单指标与产出和通货膨胀的相关性在政策规则发生变化时，很有可能发生变化。最后，对于采用结构模型而言，没有简单的替代品。

结论九：在不完全信息的条件下，最优政策规则作为完全信息下的确定性等值个例，遏制了政策影响的滞后性和数据问题。政策规则必须是基于预期目标变量而言的，而不是事后行为。使用易于观察的中间目标，如广义货币总量是可能的，但是经验告诉我们，这些非直接指标在实际使用的过程中往往是反复无常的。

2. 工具选择问题：利率和狭义货币总量

现在我们转向工具选择问题。实际上，中央银行主要调整的是为了满足存款准备金，以及银行间拆借资金的隔夜利率。他们通过操纵银行准备金的供应量来控制这个利率，即为满足银行准备金的要求的高能货币的数量。从操作的角度来看，这引发的问题是，是否该为银行准备金或者利率制定路径（或者规则）。假定对银行准备金的需求是 m_t，那么：

$$m_t - p_t = \kappa y_t - \eta i_t + v_t \tag{7.38}$$

其中，p_t 是价格水平，v_t 是对货币需求的随机干扰项。若 v_t 能完全被观察到，那么货币政策工具无论使用利率 i_t 还是银行准备金 m_t 都无关紧要。

如果 v_t 不能完全被观察到，就会有重要变化。当利率作为政策工具，中央银行将调整货币存量来应对货币需求的冲击。货币需求的冲击对产出和通货膨胀没有重要的影响，因为中央银行调整后能完全适应这些冲击。当以货币作为目标，调整利率和（可能性的）产出以出清货币市场。为了简化，假定需求和成本推动冲击不存在（即 $g_t = 0$，$u_t = 0$），这样唯一的冲击是对货币需求的创新。然后以货币供应量作为工具的利率 i_t^m 表示如下：

$$i_t^m = i_t + \frac{1}{\eta + \varphi(\kappa + \lambda)}\hat{v}_t \qquad (7.39)$$

其中，i_t 是在利率为目标下的利率，$\hat{v}_t$ 是货币需求没有预期到的变动。

关键点是货币需求冲击能够引起多变的利率行为。对于银行准备金也一样，这在短期货币需求对利率相对缺乏弹性情况下尤其正确。通过式（7.1）总需求关系看出，短期利率变动将导致产出变动。正是由于这个原因，在实际中，中央银行使用银行间拆借利率作为政策工具，这最初起源于普尔的洞察。最近伯南克和普尔（1997）的实证工作证实，除了沃尔克以非借入准备金作为目标的这一短暂时期（1979 年 10 月至 1982 年 10 月），美国联邦储备委员会事实上把资金利率作为政策工具。

结论十：当货币供应量（货币总量）作为货币政策工具时，大量不可观测的对货币需求的冲击导致利率的高度波动。其在很大程度上源于这个原因，利率作为政策工具是更优的。

7.5.2 政策保守主义：模型不确定性 VS 前瞻性探索行为

在实践中，与标准模型的预测相比，中央银行在调整利率水平时通常表现得更为审慎。换句话说，根据特定环境得出的最优政策预测，往往会描绘出一个比实际观测到的更为多变的利率路径。关于这一点，罗森伯格和古德福德（1997）提供了一个有趣的观察：他们构建了一个与本书基准模型高度相似的模型，并据此估算出了一种最优的利率政策。值得注意的是，这种估算出的最优利率政策在历史利率数据中显示出相对较低的波动性。

这一发现并非孤例。在最佳规则框架下，美联储的模型也呈现出了较高的利率波动性。然而，这种波动性超出了货币政策制定者在实践中所能容忍的范围，因此最优规则常常需要在对利率变化波动性的约束下进行估算。这表明，在设定利率政策时，中央银行需要在追求最优效果与维持市场稳定之间寻找平衡。

美联储慎重调整利率的趋势通常被称为"利率平滑"。确切地讲，正如泰勒（1979）的一系列表述，以下形式的货币政策规则非常好地拟合了最近 20 年的数据。

$$i_t = (1-\rho)\left[\alpha + \beta\pi_t + \gamma x_t\right] + \rho i_{t-1} + \varepsilon_t \tag{7.40}$$

α 是平稳状态的最优利率，是不变的。ρ 处于 0 和 1 之间，是一个反映利率滞后依赖程度的参数。利率平滑表现在特定的方面：第一，关于通胀的估计斜率系数 β 和产出缺口系数 γ 都明显比最优规则下显示得要小。第二，π_t 和 x_t 明显有部分调整趋势，这反映在固定规则下的滞后利率。i_t 取决于一国经济（由 $\alpha + \beta\pi_t + \gamma x_t$ 项给出）及滞后利率的一系列期望值的加权平均，权重取决于平滑参数 ρ。根据季度数据得出的 ρ 的估计值为 0.8 或 0.9，这表明了实践中十分缓慢的调整。总体上来说，现存的理论并不能对此做出很好的解释。

的确，要理解中央银行为什么选择一个利率的平滑路径而非依据理论来预测利率，是一个重要的尚未解决的问题。一种可能的解释是标准等价模型不能够充分捕捉到政策制定者实际遇到的约束条件。一个自然的可能性是：相比简单政策试验的推演，政策制定者对现实的经济运行更为了解。

一般说来，模型的不确定性是一个很难解决的问题，理想情况下，会考虑到中央银行会随着对经济的不断了解调整其政策。

要阐明模型中的不确定性如何引导中央银行采取更为谨慎的政策是可行的。假设模型中某些关键参数的值具有随机性，中央银行虽然了解这些参数的分布模型，但在实际操作中却无法确切得知其具体值。因此，当中央银行调整政策时，无法确保政策对经济产生的确切影响。正如威廉·布雷纳德（William Brainard，1969）最初所证明的，这种不确定性能够促使中央银行采取更为谨慎的政策回应。在不确定性条件下，中央银行不仅需要考虑政策行动对经济的平均影响（即条件均值），还须考虑其对通货膨胀和产出的条件方差的影响。

假设模型中的两个参数利率弹性和产出缺口的斜率是随机变量。给定 $\tilde{\varphi}_t = \varphi + \varepsilon_t$ 和 $\tilde{\lambda}_t = \lambda + \eta_t$ ，ε_t 和 η_t 是独立同分布随机变量。最优条件如下：

$$E\left\{x_t \middle| \Omega_t\right\} = \frac{\lambda}{\alpha + \lambda^2 \sigma_\eta^2} E\left\{\pi_t \middle| \Omega_t\right\} + \left(\alpha + \lambda^2\right)\frac{\sigma_\varepsilon^2}{\varphi} r_t \tag{7.41}$$

其中，r_t 是事前实际利率。

结论十一：参数的不确定性可能会减少干扰经济的政策工具带来的反应，可以激发出一个比确定性等价政策更加平滑的利率路径。

通过比较式（7.35）和式（7.41），可以发现参数不确定性如何减少政策行动。在确定性等价条件下，高于目标的上升的通货膨胀要求央行提高利率以满足央行调控的需求。

在 AS 曲线上有一个不确定的产出缺口斜率系数，然而低于潜在水平的产

出收紧引发了通胀的变化，导致中央银行适度需求的萎缩，反映在 $\lambda^2\sigma_\eta^2$ 项在 $E\{\pi_t|\Omega_t\}$ 的期望值上。同样，利率上升对产出缺口影响的不确定性会减轻 i_t 的调整程度。式（7.41）右侧的第二项捕捉到了这种后期的削弱效应。

这个简化的不确定性模型为我们揭示了低波动性利率数据的潜在成因。在观察中，我们并未发现明显的利率平滑特征，但确实观察到了利率对先前变动的显著滞后依赖。换言之，我们之前探讨过的参数不确定性有助于解释为何通胀的斜率系数 α 及产出缺口 β 在实际政策操作中较确定性等价情境下小。然而，尽管考虑到这种滞后依赖，给定 i_t 依赖 i_{t-1} 的条件下，不确定性模型仍无法完全解释利率的部分调整现象。

第 6 节　内生的通胀和产出可持续性的含义

在我们的基准模型中，产出和通胀的变动取决于外生力量。我们现在考虑另一个架构，在这一架构中，产出和通胀是内生持续的，我们的目标是说明在基准模型中得到的结论可以沿用到更一般的模型中。从这个层面上来说，我们要说明我们的结论不只适用于基准模型，对于一大类用于宏观经济分析的模型也是适用的。最主要的区别是，当通胀是内生的自我维持时，现在的均衡反馈出货币政策影响通胀收敛于其目标值的速度。

考虑下面更一般化的 IS 和总供给曲线：

$$x_t = -\varphi\left[i_t - E_t\pi_{t+1}\right] + \theta x_{t-1} + (1-\theta)E_t x_{t+1} + g_t \qquad (7.42)$$

$$\pi_t = \lambda x_t + \phi\pi_{t-1} + (1-\phi)\beta E_t\pi_{t+1} + u_t \qquad (7.43)$$

式（7.42）的 IS 曲线包括了滞后的产出缺口。式（7.43）在总供给曲线中加入了滞后通货膨胀。当 $\theta = \phi = 0$ 时，就变成了基准模型；当 $\theta = \phi = 1$ 时，这一模型变成接近于斯文森和鲍尔在分析货币政策时用的回瞻结构。假定扰动 g_t 和 u_t 无自相关。

正如我们之前所指出的，实际上几乎所有应用宏观经济模型都承认产出和通货膨胀存在某种形式的滞后依存性。这一认识主要基于经验证据。考虑到调整成本的存在，将滞后变量纳入 IS 曲线是合理的。然而，将滞后通货膨胀率整合到 AS 曲线中则面临更大的挑战。尽管一些模型试图通过有效地考虑调整通货膨胀率的成本来达成这一目标，但这种做法在理论上并不十分可行。然而，在追求模型稳健性的背景下，理解滞后依存性的含义变得至关重要。特别是考虑到这种滞后依存性在经验分析中的作用。

我们先讨论相机决策的情况，然后再简单地阐明央行做出可信的承诺是如何影响这些结果的。除非在极端的情况（如 $\phi=0$ 和 $\phi=1$）下，否则得不到解析的结果。然而，提供一个最优化的直觉解释是可能的。令 a_π 为衡量通货膨胀依存度的简化参数，则政策最优化条件为：

$$x_t = -\frac{\lambda}{\alpha}\left[\pi_t + \sum_{k=1}^{\infty}\beta^k E_t\pi_{t+k}\right] \tag{7.44}$$

$$= -\frac{\lambda}{\alpha(1-\beta a_\pi)}\pi_t \tag{7.45}$$

其中，$\pi_t = a_\pi\pi_{t-1} + a_u u_t$，$0 \leqslant a_\pi \leqslant 1$。 （7.46）

由于存在惯性，当前货币政策的调整会影响通货膨胀未来的时间路径。因此，此时的政策不仅对现期的通货膨胀做出反应，而且会对将来无限期的通货膨胀预期做出反应。至于做出多大的反应，取决于 a_π，它衡量了通货膨胀的持续程度。

因为惯性的存在，政策不仅对当前的通胀做出反应，而且对未来通胀的预测做出反应，且取决于 a_π。系数 a_π 和 a_u 是参数（α，λ，β，ϕ）的函数。a_π 衡量了在最优化条件下通货膨胀的收敛速度，取值介于 0 和 1 之间，暗示收敛。a_π 的大小正向地取决于通货膨胀惯性系数 ϕ 的大小。$\phi=0$，所以 $a_\pi=0$。a_π 与通货膨胀的相关成本（通过 $1/\alpha$ 衡量）呈负相关。

将式（7.42）和式（7.44）合并，得出最优利率法则：

$$i_t = \gamma_\pi E_t\pi_{t+1} + \gamma_x x_{t-1} + \frac{1}{\varphi}g_t \tag{7.47}$$

其中，$\gamma_\pi = 1 + \dfrac{\lambda(1-a_\pi)}{\varphi\alpha a_\pi(1-\beta a_\pi)}$，$\gamma_x = \dfrac{\theta}{\varphi}$，$E_t\pi_{t+1} = a_\pi\pi_t$。

在基准模型中，政策制定者短期内需要在产出与通货膨胀中做出权衡。通货膨胀的惯性使得这种权衡更加不利。通货膨胀如果现在没有被消除掉，就会一直持续至将来，这潜在地需要更多的产量紧缩。鉴于 $0 \leqslant a_\pi < 1$，最优策略需要通货膨胀逐渐调整至目标值。在 $\phi>0$，$\alpha=0$ 时，通货膨胀的极限目标值是最优的。

从式（7.47）给出的利率法则可以明显看出，预期的通货膨胀系数大于 1，这意味着事前实际利率必须升高，以响应较高的预期通货膨胀率。利率也应该调整到完全抵消需求冲击，但不应该对潜在产出的变动做出反应。在此情况下，一个有趣的不同之处在于利率会响应滞后产出缺口，鉴于这个，变量已经成为 IS 曲线的一部分。因此，最优利率法则和此文献中探讨的单缺口法则有相似之处。我们稍后谈论这个问题。

结论十二：结论一至四表明，基准模型中，相机决策下的最优货币政策，也可以运用在有产量和通货膨胀持续性的内生变量的条件下。

除了产出和通货膨胀的滞后相关性，也有很强的经验性理由，将"延迟"纳入政策的影响因素。根据斯文森（Svensson，1997a、1997h）和鲍尔（Ball，1997）的理论，假设在实际利率对产出缺口的影响下，有一个周期的延迟，反过来，产出缺口对通货膨胀有一个周期的延迟。那么最优情况变为：

$$E_t\{x_{t+1}\} = -\frac{\lambda}{\alpha(1-\beta a_\pi^l)} E_t\{\pi_{t+2}\} \tag{7.48}$$

其中，变量 a_π^l 测量了此种情况下的序列相关性。在式（7.46）中，当 $0 \le a_\pi^l \le 1$ 时，与 a_π 有相似的性质。式（7.48）左侧显示了关于产出的政策在一个周期延迟的影响，右侧显示了通货膨胀两个周期延迟的影响。

由于政策的延迟影响，中央银行把 t 时期的产出缺口 x_t 和 $t+1$ 时期的通货膨胀率的预期 $E_t\{\pi_{t+1}\}$，作为 t 时期预先确定的。剩下的解可以这些预先确定的变量表达：

$$E_t\{\pi_{t+2}\} = a_\pi^l E_t\{\pi_{t+1}\} \tag{7.49}$$

$$i_t = \gamma_\pi^l E_t \pi_{t+1} + \gamma_x x_t \tag{7.50}$$

其中，$\gamma_\pi^l = 1 + \frac{(\gamma_\pi - 1)\beta}{a_\pi^l} > 1$。方程的解与没有延迟的情况极其类似，两者之间解的误差只反映了在这一环境下的政策延迟影响。由于滞后结构，它调整到目前的产出缺口，而不是之前周期的产出缺口。

本节的结尾部分将聚焦于从承诺中获得的潜在收益。正如基准模型所展示的，当比较承诺下的政策规则与相机抉择下的政策规则时，我们发现，在相机抉择框架下，如果决策者赋予通胀的相对成本（α 值较低）高于真实社会成本，那么通胀的惯性在这种情况下将呈现内生特性。在此背景下，承诺下的最优政策意味着，相较于相机抉择下的情形，通货膨胀的最佳值将实现更为迅速的过渡。这一观察可以从 a_π 这一控制通货膨胀收敛速度的变量中得到验证，该变量随着通胀成本（$1/\alpha$）的降低而下降。简言之，如果一位保守的中央银行行长上任，并且在可信承诺的条件下，那么反通货膨胀的过程将比其他形式更为迅速和有效。

第 7 节　货币政策的简单规则

在这一小节，首先简要回顾了反馈式的利率政策。接下来深入探讨了基于工具的政策规律，旨在实现既定的目标，这些目标包括通货膨胀控制和名义 GDP 的增长。最后，简要讨论了利率决定的一些核心规律和原则。

泰勒（Taylor，1993a）开始了对简单利率规则的讨论，提出了以下形式的政策：

$$i_t^* = \alpha + \gamma_\pi \left(\pi_t - \bar{\pi} \right) + \gamma_x x_t \tag{7.51}$$

其中，$\alpha = \bar{r} + \bar{\pi}$，$\gamma_\pi > 1$，$\gamma_x > 0$。$i_t^*$ 表示目标利率，$\bar{\pi}$ 是目标通货膨胀率，$\bar{r}$ 是长期均衡的实际利率。当然，我们采用所用变量的水平值来抵消趋势的偏差。

多位研究者都采纳了式（7.51）所定义的规则。从规范性的角度来看，这一规则与我们之前讨论过的最优政策原则高度一致。它强调逐步调整通货膨胀率，以确保其能够逐步趋近于设定的目标（见结论二）。具体来说，名义利率与通货膨胀率之间的关系并非简单的一一对应，而是更为复杂。滞后通胀通常被视为未来通胀的一个可靠预测指标，因此，该规则要求通过调整实际利率来引导通胀回归至目标水平（见结论三）。最后，值得注意的是，该规则强调利率应响应产出缺口的变化，而非单纯的产出水平。这意味着在面对需求冲击时，该规则要求采取反周期的政策反应，以平衡经济波动（见结论四）。

在实证研究中，泰勒深入阐述了模型各参数的实际经济意义，并成功运用这些参数对 1987—1992 年的政策进行了验证，提供了有力的实例。具体而言，他设定 $\gamma_\pi = 1.5$，$\gamma_x = 1.5$，$\bar{\pi} = 2$，$\bar{r} = 2$。这些参数值是通过非正式判断得出的。然而，一个值得探讨的问题是，如果采用更为系统化和正式的方法来确定这些参数，是否会得到不同的结果或发现。

基于这一思考，加利等在 1997 年对美国货币政策进行了深入分析，以评估泰勒规则随时间变化的估计效果。他们采用了一种特殊的公式化方法，这种方法实际上是对简单泰勒规则的前瞻性扩展。

$$i_t^* = \alpha + \gamma_\pi \left(E_t \pi_t - \bar{\pi} \right) + \gamma_x x_t \tag{7.52}$$

这个公式与前面的基准和混合模型所提出的最优政策是一致的，是包含泰勒公式的更为一般的公式。

因为美联储倾向于平滑利率的调整,式（7.52）不能解决当前数据的序列相关性,因此我们引入部分调整利率目标的可能性,根据公式:

$$i_t = \rho i_{t-1} + (1-\rho)i_t^* \tag{7.53}$$

其中, ρ 参数是对利率平滑的程度。

表 7.1 政策反应函数的估计

时间	γ_π	γ_x	ρ
前沃尔克时期	0.83	0.27	0.68
	(0.07)	(0.08)	(0.05)
沃尔克-格林斯潘时期	2.15	0.93	0.79
	(0.40)	(0.42)	(0.04)

在处理前沃尔克时期和沃尔克-格林斯潘时期的货币政策时,我们采用了不同的规则,这主要是基于美国货币政策在沃尔克被任命为美联储主席后所经历的重大转变。这一转变不仅标志着美国货币政策的一个显著进步,同时也是长期低通货膨胀时代成功开启的关键时刻。

在对比这两个时期时,我们发现式（7.52）更准确地描述了沃尔克-格林斯潘时期的政策。更重要的是,这一公式遵循了我们之前所强调的优质货币政策的指导原则。然而,对于前沃尔克时期的数据描述,我们发现它们与这些指导原则相违背。

经过深入地分析,我们得出一个至关重要的结论:在前沃尔克时期的数据中,与参数相关的通货膨胀缺口对利率的偏效应尚不足 1 个单位,这表明当时的货币政策主要适应了预期通货膨胀的增长趋势。然而,这一发现与我们之前讨论的结论二和结论三中强调的优质货币政策的指导原则相悖。而在 1979 年沃尔克被任命为美联储主席之后,情况发生了显著变化。数据显示,此时的偏效应超过了 1 个单位,反映了货币政策开始关注并吸收通货膨胀目标的特性。这一特点正是我们之前所强调的最优货币政策中的一个关键要素。值得注意的是,在沃尔克-格林斯潘时期,美联储主要对产出缺口做出反应,这是因为产出缺口被视为预测通货膨胀的重要指标。然而,在 1979 年之前,产出缺口的系数显著不为零且为正,反映了当时美联储的主要任务是确保产出的稳定,而对通货膨胀的关注度相对较低。这一变化不仅体现了货币政策的演进,也反映了美联储对经济形势的判断和政策目标的调整。

最后观察其他主要国家央行政策的表现,加利等研究了德意志中央银行和日本中央银行的政策，发现在 1979 年之后，其数据表现与美国是很相似的。加利在 1998 年对这些银行的数据进行了详尽的估计，这些参数的表现与美联储在 1979 年之后的表现是相当接近的。所以，追求好的政策管理是一种全球现象，也许这解释了为什么对抗通胀成功成了全球之"幸"。

第 8 节　结　论

最后对本章进行总结，这些领域的未来的研究将是非常有用的。

（1）深入理解宏观经济运行的机制对于提升货币政策效果至关重要，而尤为关键的是深化对通胀决定因素的认识。正如我们多次强调，产出与通胀之间的权衡对通胀的持续性和根源有着高度敏感性，因此货币政策对通胀率的反应速度同样关键。因此，解析通胀持续的成因应成为首要任务。加利、格特勒及斯德认为，在基础模型中采用的总供给曲线为现实情况提供了合理的近似，只要相关实际部门的强制变量真正反映边际成本（尤其是实际单位劳动成本），而非产出缺口。加利和格特勒（1998）进一步指出，持续通胀可能与低迷调整的单位劳动成本相对于产量的变动紧密相关。解决这一问题将对货币政策的制定产生深远影响。

（2）目前对货币政策的分析主要基于封闭经济模型，扩展到开放经济框架可能会为替代性货币政策规则的必要性提供新的见解，并引发一系列问题，如汇率制度的选择、货币政策协调的潜在效益、对国外冲击的最佳响应策略，以及居民消费价格指数与国内通胀目标的协调。鲍尔、斯文森和曼尼卡关于此方向的研究无疑将为这一领域的深入研究奠定坚实基础。

（3）在分析过程中，假设零下限的名义利率并未限制货币政策的性能。然而，在日本短期名义利率已降至政策制定者必须考虑的水平。同样，美国和欧洲的通货膨胀率降至零束缚限制，降低了抵御经济衰退的能力。在名义利率为零的情况下，央行唯有通过提升预期通胀率来降低实际利率。央行如何操作，以及财政政策如何配合成为重要且待解的开放性问题。正如沃尔曼所言，这些结论对通胀过程的动态相当敏感。

（4）另一个具体而重要的问题是理解央行为何需要平稳调整利率。在前面已讨论过，当前大多数宏观经济框架在采用最优政策时，其利率分析路径比实际观察到的更为不稳定。这可能是由于现有模型未能准确捕捉政策制定者在实践中面临的多种约束。如前所述，模型的不确定性可能是对这一现象的一种解释。另一种解释是，如罗森伯格和伍德福德所主张，央行可以利用需求对预期利率的依赖。不论是这些解释还是其他因素（如对金融市场恶化的担忧），都有助于解释为何存在对利率平滑调整的需求。

（5）一个与之相关的问题是中央银行应如何保持金融稳定。现有政策规则确实隐含了金融危机突发的可能性。一个常见的解释是，货币政策在金融崩溃时须体现灵活性。例如，1987 年 10 月股市崩盘后，大多数经济学家基于直觉支持美联储降低利率。然而，现实中对于这种干预行为缺乏理论解释。

（6）最后，除了少数例外，现有文献几乎忽视了向新政策制度过渡的问题。特别是理性预期假设被广泛采用，政策模拟因此隐含地假设私人部门能够立即适应政权更迭。这可能与那些持续抑制通胀的央行高度相关，尤其是当它们打算放弃此类政策时。模拟私人部门的学习过程是一项具有挑战性且至关重要的任务。萨金特在此方向上提供了良好的开端，未来关于这一方向的进一步探索值得期待。

第 8 讲

数字货币的本质与职能
——基于马克思主义政治经济学范式的分析

本讲资料来源：《资本论》，以及伊藤诚和拉帕维查斯、兰德尔·雷、陈雨露、陈瑞华、张云等的相关研究。

本讲核心内容：根据马克思货币、资本积累与循环、生息资本与信用、虚拟资本与经济危机理论，本讲从现代货币金融体系的基本特征和功能出发，聚焦于央行数字货币和加密数字货币的本质与职能，廓清了数字货币与当代货币金融体系的内在联系。本讲认为，现代货币金融体系内生于社会化大生产的交易、投融资需求，使部类间资本积累与循环得以实现；当代货币金融系统是由央行基础货币、商业银行信用货币和各类金融市场构成的、相互联系的大系统，已经符号化的央行基础货币为现代广义信用货币体系提供了制度与流动性支撑，而金融机构、企业和家庭等主体通过社会融资活动共同创造了广义信用货币和金融资产；社会化大生产的投融资需求，以及金融资本独立化和虚拟化发展使现代货币金融系统存在着内在的双重不稳定性，需要各国央行履行应对经济周期、金融不稳定的公共职责，其趋势是形成更加中心化的基础货币发行制度、利率调控制度及宏微观审慎监管体系；区块链技术实现了分布式账户需求，以其为基础的加密技术并不是创造基础货币的充分必要条件，更不适用于在社会化大生产的投融资需求中产生的广义信用货币，所以比特币等加密数字货币没有社会经济关系基础，没有公共部门信用保证和持久的物理性质保证。以中心化为特征的社会化大生产，其复杂的投融资关系、周期性波动，都需要央行等公共部门承担起维护宏观经济稳定和金融体系稳定的中心化职能。所以，比特币只是投机性资产。央行数字货币实际上是基础货币的数字化形式，它以区块链技术实现分布式账户的需求，并自然承续了央行基础货币职能，更利于央行进行反洗钱活动。

根据已有研究，广义的数字货币包括电子货币（法定货币的电子化）、虚拟货币（在特定虚拟社区中使用的交易媒介）和加密数字货币（以密码学技术为基础）。由于近年来以比特币为代表的加密数字货币热度持续走高，狭义的数字货币通常指的是加密数字货币。而以发行主体进行划分，数字货币还可分为私人数字货币[1]和中央银行数字货币（法定数字货币）。本讲的研究对象是以比特币为代表的加密数字货币和央行数字货币。廓清对央行数字货币和加密数字货币的性质、职能和发展趋势的认识，对于更好地履行央行职能、服务数字经济发展和加强金融监管防范风险都是非常必要的。

第 1 节　现代货币的本质：资本积累和循环与投融资

了解数字货币需要深入理解货币的本质。关于货币本质的理论主要包括商品论、债务论和信用论等。其中，商品论揭示了货币的价值本质，但由于无法解释信用货币体系而被主流货币理论搁置起来[2]，因此影响较大的是债务论和信用论。但马克思主义政治经济学认为，货币金融体系源于社会化大生产的经济关系，与社会化大生产的资本积累和循环密切相关，分析包括央行数字货币和加密数字货币在内的现代货币的性质、职能和发展趋势，都应该建立在社会

---

① 中国人民银行副行长范一飞（2016）明确指出，比特币等网络数字币属于"私人部门类数字货币"，承载着一定的货币功能，需要央行的监管。

② 不过也有学者指出，商品论本身亦有价值。陈资灿（2019）认为，商品论所揭示的货币一般等价作用是货币本质的核心意蕴。他认为一般等价作用不同于一般等价物，而四种互斥的本质论（商品论、信用论、特殊债权债务论和契约论）在对货币的一般等价作用方面存在高度共识，货币的不同职能可从货币稳定地发挥一般等价作用出发进行合理解释。因此，货币的根本作用可以归纳为一般等价作用，而货币的本质为一般等价凭证。

经济规律认识的基础之上。

8.1.1　货币的本质：债务论和信用论

关于债务论，兰德尔·雷（2012，2017）较早论述了货币的本质是债务这一观点。他从罗伯特·克洛尔（1965）的著名论断"商品不能交换商品"出发，指出银行提供的贷款是生产活动的起点，而银行持有的生产者借据代表一种社会承诺，当生产者取得销售收入时，他所偿还的也是对社会的债务。同时他还指出，由于债务都存在违约风险，根据发行人的差异，债务（货币）的接受度也是不同的，处于债务金字塔顶端的就是一国的法定货币。法定货币之所以被接受，是因为社会需要利用它来支付税款；而银行存款货币之所以被接受，则是因为在存款保险和中央银行体系下，它与高能货币可兑换。韦森（2016）和梁斯（2020）分别从债务论视角论述了货币的发行。韦森指出，当商业银行将从央行借到的基础货币转移给社会时，实际上是将政府欠社会的债务和可转让信用传递给了下一个债务人，货币更多是作为"记账货币"而独立存在的，因此中国高额的 M_2（即记账货币）存量与债务存量相比并不算多，不存在货币超发问题。梁斯认为，在信用货币制度下，虽然理论上商业银行的货币创造能力是无限的，但由于商业银行存款货币本身的信用等级较低，相互之间的清算需求和满足监管要求需要持有准备金，央行可以影响商业银行的创造存款能力，因此货币既非内生也非外生。刘新华、郝杰（2019）则从债务论视角分析了私人数字货币，认为私人数字货币并未体现任何主体的债务，仅仅是以国家货币标价、暂用以方便交换的一种商品，无法真正地在现代经济中履行货币的本质职能。

关于信用论，方建国（2020）认为，目前关于货币本质的观点可以归类为"商品"和"信用"两种，而货币本身具有二重属性。他在回溯货币简单自然物-贵金属-纸币-虚拟货币的发展过程的基础上指出，"越靠前的阶段越以自然属性和天然价值为特征，越靠后的阶段越以社会属性和信用价值为特征"，货币演变的历史就是"货币的自然属性和天然价值逐渐被社会属性和信用价值取代的历史"。

8.1.2　货币的本质：马克思主义政治经济学的分析范式

马克思主义政治经济学的货币、生息资本、银行信用、股票债券和虚拟资本理论体系，其理论基石就是剩余价值理论基础上的资本积累理论，是在资本主义社会大生产关系的基础上阐述货币经济是资本主义经济关系的实现形式。社会大生产、资本主义雇佣关系和资本逐利行为，都是通过货币转化为货币资本实现的，各种货币金融资本形式都是复杂经济关系的体现，主要体现为所有权性质及对剩余价值的分配方式。柳欣（2013）指出，"理解马克思价值理论的关键在于理解资本主义的经济关系，而货币则是资本主义经济关系的核心。在现实社会生活中，除了物质产品生产的技术关系，还存在另一种关系，即人与人之间的社会关系。"马克思以历史发展方法展开资本主义货币经济思想的阐述，所以在《资本论》（第三卷）中，其理论阐述是从货币功能开始，以货币转化货币资本为核心，发展到各类金融信用形式和组织机构形式，最后发展成虚拟资本理论。

货币作为一种信用关系的性质来自竞争的博弈规则，即货币信用是一种履行契约的方式，以使每一个行为人都能够对其决策负责。柳欣、樊苗江（2005）提出，在将货币引入生产后，就构成一个马克思使用货币契约的生产模型：资本家使用货币契约，即预付货币工资，雇用工人和购买生产资料，进行生产和出售产品以获取利润。如果每个经济行为人都能够履行其契约，货币将变得不重要，但这是极其困难的或者根本无法实现，即使存在着完善的法律制度，也不可能保证合同的履行，因为竞争总是与失败或破产联系在一起的。法律制度只能对经济行为人进行破产后清算，而不能保证签约者有能力履行契约。正是由于这种博弈规则，使得资产抵押成为极其重要的保证因素，因为只有资产抵押才能够保证经济行为人对各自的决策负责，也正是这种博弈规则所决定的资产抵押成为货币信用产生的基础。经济行为人的资产抵押能力决定了其取得货币的能力。

需要强调的是，货币信用和一般信用的区别。从理论上讲，如果信用关系是基于资产抵押的，那么任何资产都可能成为货币。然而，由于技术关系变动和垄断竞争，资产与货币是不同的。其差异在于，货币以外其他资产的价值由于存在时间和期限风险是变动的，存在变现问题，从而不能把资产本身直接作为签订契约的信用基础。现实中，这种资产抵押的货币信用关系是通过金融系统实现的。银行通过相互的资产抵押创造出货币，这对交易者来讲是最为稳定的信用关系，以便利交易进行。因此，商业银行的产生及其提供的信用货币，成为资本主义经济发展和信用关系稳定的重要基础。货币的这一特性是商业银行和金融市场产生的基础。货币作为一种建立在资产抵押基础上的信用，对于货币理论是至关重要的，它是内生的货币供给的基础。一旦把货币置于资本主义经济关系中，并与资本联系起来，那么货币的供求不仅关联到资本存量，而且关联到利润和收入流量。

　　货币是基于社会经济关系发展演化而产生的，其形式不管如何变化，都不可能脱离社会化生产关系去构建。其中，基础货币是政府债务；信用货币是基于资本积累、生产、交换和消费关系产生的，是商业银行对存款人的负债；直接融资产生的各类金融资产间接影响信用货币和基础货币的创造，是被融资对象对股东和债券持有人的负债。其他衍生金融产品可以据此理解。因此，货币与金融信用资产的创造从根本上要遵循劳动和社会化生产的资本积累规律。具体说就是通过实际产生投资，需要融资，而以生产和交易实现的收入流支撑资本利息要求、工资和折旧，如果这个规律中断，就会出现经济危机。

　　社会化大生产的关键机制是，当代货币金融体系反映的是市场经济模式中生产（涉及所有权、雇佣和抵押）、交换、分配和消费关系①。社会化大生产过程中的融资和投资活动是当代市场经济最核心的环节。现代货币金融体系的形成是社会化大生产发展的结果，社会化大生产需要大规模、复杂的社会融资体系，资本所有者组织生产、融资和投资、交换、分配，根据权责博弈、风险和收益要求产生了各种形式的融资需求，货币资本就以各种货币金融资产形式出现、交易和消灭。为实现经济、金融稳定和应对国家间的经济、金融竞争，主权货币当局的货币、金融政策权力职能也相伴而生。所以包括央行基础货币、信用货币和各种金融资产在劳动价值创造、积累、循环、分配、交易活动中被创造出来，金融资本虽然具有自我虚拟化（以钱生钱）的内在动力，但还是由上述基本规律决定的，背离了这个决定规律就会爆发各类形式的金融危机。

　　随着法定货币的出现，货币采取了可以没有内在价值的形式，消费者愿意接受法定货币是由于国家（央行）提供信用背书，国家强制力能够保证在进行交易时其他人同样接受此种货币。货币是与国家强制力及对货币政策的控制紧密联系的（IMF，2016）。货币在国家的法定框架内被赋予了法币的地位，使得交易双方必须接受该货币，可以用该货币偿还债务；在法币的基础上可以进行货币创造、执行货币政策。现代主权货币需要主权国家与政府的信用背书，以保证其能够被人们所接受，事实上，主权货币的可信度与政府能对其提供的信用担保是内在统一、紧密联系的。

---

　　① 其中也包括资本对劳动者的剥削，只是剥削关系被货币资本的各种金融产品形式所掩盖。

第 2 节　比特币等加密数字货币不是基础货币和信用货币：技术和应用方面的证据

2021 年 2 月，埃隆·马斯克高调宣布投资比特币，激起全球数字货币市场的巨大波澜，此后比特币美元价格经历了过山车式暴涨暴跌，演绎了 21 世纪的"郁金香"泡沫神话。2021 年 5 月 21 日，中国国务院金融稳定发展委员会第 51 次会议提出要坚决防控金融风险，打击比特币挖矿和交易行为。俄罗斯、印度等国相继明确禁止比特币交易和消耗巨大电力的挖矿行为。2022 年 1 月 25 日，萨尔瓦多宣布将比特币作为本国基础货币的政策实践已经失败。无论从技术还是应用角度看，加密数字货币不是唯一"加密"的货币，不可能充当基础货币，也不可能成为普遍接受的信用货币。

8.2.1　加密数字货币的加密技术及其风险

业界流传比特币是一位名叫"中本聪"①的日本人以哈希函数为依据，采用以区块链为基础的加密技术"创造"的一种"加密"货币，其追捧者给比特币披上了"数字黄金"②的外衣，认为每一个比特币都是唯一且不可复制的，可以防止传统的货币造假问题，也能防止货币的超发、滥发问题。但有趣的是，自从比特币出现后，还出现了其他形式的"加密数字货币"，不同机构通过不同的加密方式创造了自己的"加密数字货币"，并存在多种相互竞争的"加密数字货币"；加密数字货币交易规模有限，价格经历暴涨暴跌，持有人比特币被盗事件、洗钱和市场套利等问题层出不穷。2022 年 3 月设立于美国纽约的比特币交易中心终止了俄罗斯比特币持有者的交易权力，彻底暴露了比特币作为一种资产交易存在着交易权力的系统性风险③。因此，所谓的"加密数字货币"，其实根本不"加密"。

加密数字货币的唯一性仅适用于同一币种加密货币。虽然每个数字货币都是独一无二的，但创造加密货币的算法和技术却是无穷的，即技术是可替代或复制的。加密货币的创造者完全可以用不同算法来"挖"不同种类的币，这也

---

① 到目前为止，中本聪始终是一个没有被确定的神秘人物。

② 黄金的形成特点使其具有物理属性稳定、易分割、便利和易储存的特点，长期承担着社会经济活动的重要价值尺度和贮藏手段的职能。

③ 加密货币的交易权力竟然受交易平台垄断，可以对特定交易人的交易权进行控制，那么加密货币的"加密"就失去了其所主张的初始宗旨。

就注定加密货币这种算法产物并不具有唯一性。即使某种加密货币的每一个币都具有唯一性，但完全可以创造出相似的另一种币进行发行，这种技术上的可复制、可替代也使加密货币变得并不唯一。

目前，全球已有加密货币数量超过 1000 种，主流的加密货币交易平台所交易的币种都在 100 种以上，可见加密货币的非唯一性。由此还产生一个问题：在众多的加密货币中，哪种可以被接受作为货币流通，对这种货币的接受是政府强制还是市场自发的？如果政府强制将某一种加密货币作为法定货币，那么加密货币和现在的信用货币就没有区别，不过是变换了基础货币的发行方式而已。如果是市场自发的，由于技术的可替代性，目前暂被很多人认可的比特币、狗狗币等加密货币未来可能被其他的新型加密货币所替代，货币的替代势必将带来市场的剧烈波动，并导致对加密货币的不信任。如果所有加密货币都被作为货币使用，那么人们完全可以自己用不同的算法"挖"出不同种类的加密货币，这势必会造成混乱，以至于没人愿意接受使用加密货币的交易。因此，加密货币并不唯一，技术上的可替代性和可复制性决定了其无法获得经济主体的承认。

8.2.2　比特币等加密数字货币无法履行货币流通职能

加密货币的追捧者认为，加密货币的发行由算法决定，去中心化特点使其不受主权国家的控制，由此可以防止政府对货币数量的操控，防止政府为财政融资进行超发货币而带来隐性税收，并避免通货膨胀，但其中的问题也是显而易见的。当前加密货币可分为以比特币为代表的发行数量有上限的加密货币和以狗狗币为代表的发行数量无上限的加密货币。发行数量有上限的加密货币的数量由"挖矿"决定，其发行数量很可能与经济发展不同步，经济运行中货币的供给大于或小于需求都会带来问题，影响经济增长；在达到发行上限后，在经济发展良好的情况下，则会由于无法满足大量的交易需求而抑制经济增长。发行数量无上限的加密货币也会遇到其发行数量与经济发展不同步的问题，由于其发行不受任何经济主体的控制，则可能会遇到"格里芬难题"：发行得太少无法满足经济发展的需要，发行得太多则会导致其贬值，让人们怀疑其保值性。一旦人们对其失去信心，就会将资产转换为黄金等保值品或者寻求另一种加密货币，无疑会造成巨大的经济局势动荡，这种与人们的预期相关的问题是很容易发生且难以解决的。因此，无论数量是否有上限，不受经济主体控制的加密货币都有潜在的问题，无法满足经济稳定和发展的需要。

以比特币、狗狗币和以太坊三种加密货币为例，通过统计性描述的方法刻画加密货币的价格和交易量的特征，可以从价格波动性和交易量大小来说明加密货币能否完成货币的职能。选取 2017 年 6 月 3 日到 2021 年 2 月 25 日的数据进行分析（若选取时间过长，则会导致图像上的波动特征不明显），对比特币、狗狗币、以太坊的价格波动进行描述性统计比较。

由图 8.1 可知，比特币、狗狗币、以太坊的每周、每月价格波动幅度显著。从单日最大价格波动看，比特币、狗狗币、以太坊的单日最大波动为 39.18%、100%、44.55%；从平均每日价格绝对波动看，比特币、狗狗币、以太坊的日均价格绝对波动分别为 2.89%、4.44%、3.79%。无论从单日最大价格波动还是平均每日价格绝对波动看，加密货币的价格波动都远远高于传统主权货币。事实上，加密货币的高波动性也说明投资者对加密货币的态度多变，并未将其作为价值稳定的货币看待，而是将其当作一种高风险、高收益的投资资产，并想通过投资加密货币来获取投资收益。

图 8.1　比特币、以太坊、狗狗币每月价格波动百分比

加密货币若要作为经济活动中的货币使用，必须满足经济体日常交易中对货币的需求。2021 年比特币、狗狗币、以太坊的年交易量分别为 1.71 万亿美元、0.52 万亿美元、1.27 万亿美元。加密货币的交易主要是作为风险资产投资在各大交易平台进行资本流动，作为非风险资产投资交易用途（用于商品服务交易、生产用途、实体投资用途等）则只占很少的部分，并没有进入实体经济领域。在经济发展中，国民财富的来源主要是非风险投资交易的实体经济领域。因此，加密货币的交易量不是面对实体经济的，也不可能随着交易需求、储备需求的增加而稳定增加，并不能胜任流通货币的角色。

第 3 节　加密数字货币的本质：非资本积累和循环的产物

数字货币的数量限制与完全的去中心化会导致货币价值与经济价值脱轨，更重要的是其并不具有法偿性，导致非法定数字货币很难成为主权货币，更难成为超主权货币。加密货币支持者之所以支持使用比特币等加密数字货币，是基于中央银行的货币管理功能和监管能力是不完美的，不能消除金融危机，并据此强调加密货币的区块链特性和去中心功能。其实，需要指出的是，加密货币从技术形式上看似乎是去中心化的，但是这个"去中心化"实质上是要去掉中央银行的管理，转而形成加密货币交易平台的交易控制权。大多数央行都在研究加密数字货币对货币和金融稳定的影响，认为仅有极少数加密数字货币会同时在国内和跨境层面被使用；对于加密数字货币可能成为替代的支付工具的关注并不是央行研究数字货币的主要原因。加密数字技术并不能消除社会化大生产资本积累和循环而产生的经济不稳定和金融不稳定，因此强调加密数字货币的去中心化实际上是偷换概念，掩盖其希望摆脱央行和监管部门监管的企图。

8.3.1　对加密数字货币本质的现有研究评析

在部分投机者大肆吹捧加密数字货币的同时，更多的金融专家和学者提出了质疑，从不同视角揭示加密数字货币的本质。钱学宁（2019）认为，货币本质包括经济属性与政治属性。其经济属性体现在三个层面：一是货币作为一种资产，个体对这一资产进行交易，表现为货币流量；二是当社会信用产生后，个体相互借贷在货币存量不变的情况下进行跨时空配置，资产和负债结构发生变化；三是商业银行或类央行的货币创造功能产生后，实现了全民总资产的跨期配置。不断创造的加密数字货币存量在经济属性上相当于当期全民资产对未来的债务，长期表现为通货膨胀，并且面临政治束缚，很难成为超主权货币。

席琳和乌利希（Schilling 和 Uhlig，2019）的研究指出，在既有法定货币又有加密数字货币的经济环境中，加密数字货币价格的演变与法定货币价格的演变相关联，并且加密数字货币的回报可能会暴露于货币政策等宏观经济风险中。阿西等（Athey 等，2016）也曾强调，加密数字货币存在重要风险。刘玉坤和列·齐文斯基（Yukun Liu 和 Aleh Tsyvinski，2020）的实证研究显示，加密数字货币收益受到网络因素的影响，但不受生产因素的影响，可以构建网络因素来捕获用户对加密数字货币的使用，以及生产因素来代理加密数字货币生产成本，因此其回报是由特定于加密数字货币市场的因素驱动并可以预测的。大卫·耶尔马克（David Yermack，2014）指出，真正的货币具有交换媒介、价值储存和记账单位的功能，但比特币等加密数字货币在很大程度上不满足这些标准，不是真正意义上的货币。

截至目前，学术界关于加密数字货币的观点大致可归纳为以下几点：第一，加密数字货币要成为一种真正的货币，其价值必须变得更加稳定，这样才能可靠地发挥价值存储功能和作为市场上的记账单位。第二，加密数字货币作为一种货币是否具有合法性，还应取决于它能否融入国际支付和风险管理交易网络。虽然比特币并非由主权国家发行，但与其他所有货币一样，其也会给接受它进行支付的企业带来风险。第三，由于缺乏基本的消费者保护（如商家和客户之间因纠纷导致的退款），比特币等加密数字货币交易本身也有风险。尽管当地法律可能为解决此类纠纷提供了基本规则，但由于政府缺乏合法手段来没收和管理加密数字货币，其实际执行和干预能力极为有限。类似的问题也会出现在试图获得以加密数字货币计价的消费信贷或将加密数字货币作为消费贷款的抵押品上。同样，由于加密数字货币不隶属于任何主权国家，它不适合在信贷市场使用，因为在违约的情况下，没有哪个政府可以取消它的赎回权或没收它。最后，加密数字货币面临着一个长期的结构性经济问题。以比特币为例，这个问题涉及比特币发行量的绝对限制，即最多只能发行 2100 万枚比特币，比特币的供应在 2140 年以后不再扩张，不会随着经济增长而增加，如果比特币获得巨大成功并取代主权法定货币，将对经济产生通缩力。

综上所述，虽然已有对于加密数字货币本质研究的视角不同，但普遍认为，不论是基于区块链内生的数字货币（如比特币），还是建立在区块链基础上但依靠第三方价值支持的数字货币（如 Libra）都不可能成为超越主权的货币。总结起来，加密数字货币不能成为超主权货币的主要原因包括：加密数字货币不是任何人的负债；没有信用，只承担记账货币功能；面临政治束缚；缺乏超主权的货币（黄金）作为支撑。

8.3.2　加密数字货币的本质：非资本积累和循环的产物

根据马克思主义政治经济学对资本主义经济发展规律、内在矛盾的分析，资本主义经济活动的核心是资本积累和循环与投融资活动，由此衍生出的货币金融体系是资本主义经济关系的具体体现。所以，对加密数字货币的深刻理解也必须建立在这个基础上。脱离了生产关系规律的分析基础而完全强调加密数字货币的技术性——即加密技术可以保证加密数字货币的币值，是与社会经济发展规律相背离的。即使是黄金，也会由于不能适应社会化大生产的积累和循环与投融资需求，而失去主要基础货币和世界货币的地位。另外，加密数字货币不是从社会化大生产的资本积累和循环与投融资活动中产生的，加密技术也不是唯一的。加密技术不是创造基础货币的充分必要条件，也不是创造广义信用货币的技术基础，更不具有社会经济关系基础。

由于比特币等加密数字货币并不是从社会生产过程中产生的，而是基于哈希函数创造出来的，是脱离生产关系而强调网络社会关系的，所以其本质上是由一些技术先行者创造出来的，希望融入和替代当前金融资产的新的资产，不可能为社会化大生产中多样化和异质性的资本积累与循环提供不同类型的金融信用支持。比特币等加密数字货币不仅没有内在价值，也没有任何机构为其提供支持，其能够在市场上流通只是由于一些人相信自己在购买商品或服务时能用比特币等进行交易。实际上，比特币的价值来源于市场对比特币的信心（李建军和朱烨辰，2017）。比特币既没有商品或金属货币意义上的使用价值和价值，也没有信用货币时代国家强制力的保证。一旦公众认为其信用过低，毫无疑问比特币将失去存在的意义（李翀，2015）。从这个角度而言，比特币更像是一种商品（充其量作为一种投资品）而不是货币。所以，比特币等加密数字货币本质上是一种新的虚拟投资资产。

比特币等加密数字货币与法币的一个重要区别是其总供给是固定的，不会随着经济增长而增加。比特币可以在不同的平台上购买，但其创造和进入系统则只能通过"挖矿"活动完成，而且比特币的供给不取决于任何机构的货币政策而是基于提前设定的算法。如果货币供给无法对需求的变动做出反应，会使价格体系发生剧烈波动，影响经济活动运转。关于比特币等加密数字货币价格的剧烈波动，李超（2021）认为是受益于宏观逻辑和属性逻辑：一是全球流动性投放淤积在金融体系内推升资产价格；二是比特币的稀缺性商品属性使其受益于再通胀逻辑；三是比特币所具有的跨国界、支付结算属性使其能在一定程度上对美元形成替代。

加密数字货币不因加密而安全和稳定[①]，其核心原因在于加密数字货币不是通过社会化大生产复杂信用关系产生的，没有社会经济基础，所以无法担负价值尺度和交易媒介职能。虽然加密数字货币有技术创新的优势（如分布式账本技术，包括区块链），但也存在波动性加剧的缺点，并且面临一系列的监管、法律和安全风险问题（BIS，2019）。因此，学术、金融和科技领域普遍认为，不论是基于区块链内生的数字货币（如比特币），还是建立在区块链但依靠第三方价值支持的数字货币（如 Libra），都很难成为超越主权的货币。

但是必须正视的是，比特币等加密数字货币也可能会对传统货币政策传导机制和金融体系的总体稳定性产生一定影响。从各国情况看，一些社交媒体技术公司和数字货币技术公司在数据信息平台基础设施和社区数字信息方面具有巨大的技术和资源优势，因此它们在数字货币创造过程中居于技术垄断地位[②]，正在试图通过掌控的互联网社区平台和沉淀的海量数字信息资源，获取信用货币创造和支配权，成为新型数字-金融垄断资本。尤其要关注的是，根据历史经验，信用货币创造一般是银行等"特许经营"机构在监管部门监督下进行的，但目前数字货币技术企业和交易平台并没有得到有效监督。

第4节　央行数字货币：动机、机制与功能

央行数字货币是数字化的基础货币，加密不是为了控制币值和数量，而是利用区块链技术实现与线下基础货币一样的价值尺度和交换媒介功能，并且还具备了一项特殊的功能——反洗钱。央行数字货币属于央行对公众的负债，同

---

① 这里所谓的安全和稳定是指它要么具有稳定的物理属性，要么有国家信用作为支撑。所以，所谓的加密技术也许是可能的，但是交易过程却可能被垄断，因此比特币类数字货币不是在复杂的社会投融资关系中通过计量风险和收益机制而形成的，只是一种人为创造的虚拟投机品。

② 过去一段时间，推特对不同意见的账号实施禁言，已经彻底暴露出社交媒体技术公司具有强大的信息垄断能力，这是潜在的巨大社会风险。

时肩负着金融资产价值尺度的公共功能，是主权权力。现代数字货币体系依然要执行和承载所有权基础上的资本积累和循环与投融资关系，而央行数字货币依然要发挥统一性、主权性和价值尺度功能。让各国央行放弃基础货币发行权，意味着放弃本国货币金融控制权，等同于让社会化大生产和金融体系变得完全无序，而这种资本无序发展和没有公共部门监管的金融资本自由化在历史上都曾实践过，结果就是导致经济周期危机和金融危机。

8.4.1　央行为什么关注央行数字货币

为了提高支付安全和确保金融系统的稳定性，国际清算银行和全球部分央行考虑为社会和个人提供解决方案，使其能够使用最终由央行支持的资金进行交易（BIS，2018；Adrian 和 Mancini-Griffoli，2019）。2010 年，一些央行提出了存在一定差异的央行数字货币（Central Bank Digital Currency，CBDC）①方案，但都包含了央行数字货币的基本特征，即央行数字货币将是一种法定货币，仅以数字形式提供，由中央银行发行。大多数研究者建议将央行数字货币的发行数量控制在有限范围内，不一定要完全取消使用现金（Borio 和 Levin，2017；Davoodalhosseini，2018）。国际清算银行（2021）对全球 60 家央行的调查结果显示，超过 86% 的央行都在探索央行数字货币。调查报告将央行数字货币划分为两类：一类是零售型，即类似现金的替代；另一类是批发型，只有金融机构才能获得，类似准备金。

各国央行探究 CBDC 的动机无外乎两种。一种是大多数央行将提供安全和高效的支付系统作为启动 CBDC 项目的主要动机，其中金融稳定性、货币政策实施、普惠金融、支付效率（包括内部和跨境）、支付安全和货币主权等动机在央行发布的报告中特别突出（Sveriges RiksBank，2017；Sveriges RiksBank，2018；Norges Bank，2018）。另一种动机是反洗钱。对于零售型 CBDC，新兴市场和发展中经济体比发达经济体更有动力，因为新兴市场经济体通过发行零售型 CBDC 缩小了影子经济（反洗钱和反腐败）的规模（Barontini 和 Holden，2019）。此外，无论发达经济体，还是新兴市场和发展中经济体，都把 CBDC 的支付功能当作最核心的目标。

---

① 也有学者称之为中央银行加密数字货币（Central Bank Crypto Currency，CBCC），后文将以 CBDC 代指中央银行数字货币。

第
8
讲

8.4.2　央行数字货币的机制与功能

作为法定数字货币，CBDC 与现金一样，本质上都属于纯信用货币，受国家信用支持，因此也是主权货币。目前，主要的法定货币包括现金和银行存款。如果 CBDC 也正式发行，可以同现金和存款 1:1 等价兑换，7 天 24 小时随时可获得（24/7）。CBDC 的使用媒介是数字钱包或中央银行账户，这是其与现金和商业银行存款的最大差异。由于 CBDC 是数字化的，因此结算流程更为简单，交易速度更快。此外，CBDC 可以实现可控匿名，而现金是完全匿名的，银行存款实行实名制。关于央行是否对 CBDC 付息，学者之间存在一定争议①。关于 CBDC 与其他法定货币的区别见表 8.1。

表 8.1　CBDC 与其他法定货币的区别

区别	CBDC	现金	银行存款
与其他法币兑换比率	1:1	1:1	1:1
信用背书	国家信用	国家信用	银行信用
使用媒介	数字钱包/中央银行账户	不需要特定技术手段	商业银行账户
可用时间	24/7	24/7	在银行营业时间内使用
准备金率	100%	100%	部分
匿名程度	可控匿名	完全匿名	实名
成本	低	高	低
结算流程	简单	中等	复杂
支付系统结构	取决于技术路线	分布式	中心化
是否付息	（√）	×	√
点对点支付	（√）	√	×
离线支付	（√）	√	×

注：作者根据已有资料整理。（√）代表可能的特点，√代表已经有的特点，×代表不可能或非典型特点。

与加密数字货币相比，CBDC 由央行发行，由央行统一进行监管，其背后体现的是国家信用。而比特币等加密数字货币是由系统进行数学计算而自动产生的，没有内在价值，也没有信用支持，很难成为被普遍接受的货币，只可能作为投机性资产。比特币难以被追踪的特性使其成为洗钱、逃税和毒品交易等

---

① 更多的讨论，可以参考 Kumhof 和 Noone（2018），以及 Engert 和 Fung（2017）的文献。

行为的首选工具，而 CBDC 的交易可以被追踪到，能够有效打击逃税和地下交易等行为。二者的相同点在于都具有一定程度的匿名性，都可以实现点对点支付[①]。关于 CBDC 与加密数字货币的区别详见表 8.2。

表 8.2　CBDC 与加密数字货币的区别

区别	CBDC	加密数字货币
信用风险	无	无内在价值，价格波动剧烈
债务人	央行	不是任何主体的负债
货币层次	M0	不属于货币
供给总量	无上限	固定
匿名程度	可控匿名	完全匿名
结算流程	简单	复杂
离线支付	支持	不支持
点对点支付	支持	支持

注：作者根据已有资料整理。

国际货币基金组织（IMF，2018）指出，CBDC 可以是账户版（Account-based）或代币版（Token-based）的。账户版 CBDC 类似于现有商业银行体系中的交易，主要特点在于要求账户开在央行而不是商业银行。肯宁（Koning, 2014）曾提出一种名为 "Fedcoin" 的 CBDC 的发行提议，即企业与居民可以在央行开设账户，而不是把资金存在商业银行。央行可以直接从公众手中吸收资金，将已有货币与 CBDC 进行 1:1 兑换，并存在由央行维护的区块链中，若要换回现金或存款，可以再将区块链上的数字货币转移到个人或第三方机构（银行）手中。但这种形式的 CBDC 可能意味着部分准备金制度的失效，因为现金和央行数字货币由央行提供担保，而银行存款由商业银行提供担保，央行信用高于商业银行信用，因此人们会倾向于将货币以 CBDC 的形式直接存进央行，这会导致商业银行失去其最主要的资金来源，增加了商业银行的融资成本，并导致金融脱媒、风险集中等问题。在这种情况下，央行只不过是另一家拥有强大市场力量的商业银行，易导致货币政策、金融稳定与商业活动之间的利益冲突，同时在提供存款和风险管理等方面的相关服务也需要更强的专业知识，这也是央行所欠缺的。另一个结果是个人进行的任何交易都会导致央行的资产负债表结构发生变化，从而使其对应的管理政策复杂化。

---

① CBDC 是否能实现点对点支付取决于其具体技术设计。

代币版 CBDC 是账户版 CBDC 的替代方案，其本质就是代币在数字钱包之间的转移，它的转账流程比现金交易复杂，但具有无须交易双方线下见面的优势。在这个系统中，公众可以通过支付工具而不是账户访问 CBDC。最常被采纳的解决方案是，用户可以在应用程序中提取商业银行存款，这类似于现有的传统解决方案。挪威银行（2018）认为，有了这样的制度，货币政策几乎不会有任何变化，因为央行的资产负债表不会受到直接影响。这个系统适用于 CBDC 的"中央银行-商业银行"双层模式，因为 CBDC 仍可通过金融部门向公众传递。

由于相较于现金，CBDC 更难以鉴别真伪，交易过程中往往需要引入外部的认证机制来验证真伪，这可能需要用户数字钱包的一些信息披露，因而牺牲了一定程度的匿名性。代币版 CBDC 的验证和结算可以分为中心化与去中心化两种方案，取决于相应技术。后者可以利用分布式账本技术实现，但由于可扩展性、运行效率与交易完结度等要求，分布式账本技术会用在由央行管理的联盟链上，而非像比特币那样完全去中心化，央行可以决定 CBDC 代币的供给。

8.4.3　中国央行数字货币的主要功能

数字货币和电子支付工具（Digital Currency Electronic Payment，DCEP）是中国人民银行正在研究试点中的法定数字货币，功能属性与人民币现钞非常类似，即承担了价值尺度、流通手段、支付手段和价值贮藏等职能，可以将其理解为"数字人民币"，其主要定位是 M_0 的替代。DCEP 与人民币价值相同、1:1 兑换，且运用加密技术保证交易安全，具有无限法偿性。也就是说，在境内的个人与商家不能拒绝 DCEP 支付。基于央行数字货币的性质，发行 DCEP 将对我国的移动支付、金融发展、货币政策和人民币国际化产生深远的影响。随着 DCEP 的广泛应用，中国的金融系统乃至宏观经济都将面临更多的不确定性与挑战，也会提升人民币的全球竞争力和加快人民币国际化进程。

首先，DCEP 主要是替代 M_0，在便利个人支付、提供更多支付工具选择时势必会对现有移动第三方支付平台（支付宝、微信支付等）产生一些替代。DCEP 像现金一样易于流通，能够最大限度地保障交易安全，运用加密技术保证交易过程中端到端的安全，并且交易信息和个人隐私不会泄露给其他第三方，只对中央银行披露，实现"匿名可控"。传统的银行卡和互联网支付等都基于账户紧耦合模式，无法完全满足公众对安全易用和匿名支付服务的需求。当然，DCEP 的替代影响并不会很大，只会是有限挤出，因为移动第三方支付平台有自己的生态系统，其独特的体验仍吸引着消费者选择不同的平台，如支付宝、微信支付这两大移动支付平台本身也在数字人民币运营体系中，而且数字人民币需要一个逐渐完善、成熟的过程来提升使用体验。有观点认为，由于 DCEP 在信用层级上要高于商业银行信用，推出 DCEP 有可能与商业银行信用货币形成竞争，甚至导致金融脱媒。需要强调的是，商业银行也是 DCEP 运作体系中的一部分，而且 DCEP 很可能没有利息，因此银行存款基本不会受到很大的冲击。

其次，发行 DCEP 可以提升我国货币政策发挥作用的精度和广度。央行运用大数据和人工智能算法对货币的发行、流通、贮藏等进行深度分析，了解货币流通规律，为货币政策宏观审慎监管提供数据支持。由于 DCEP 具有高度的可溯源性，央行可以直接了解每笔货币的流向，评估货币政策实施效果，让货币政策执行变得更加智能。例如，央行通过 DCEP 精确设置资金流向规模，甚至可以在未来实现"直升机撒钱"（Helicopter money），以在衰退时期刺激消费。当前央行对居民的补贴往往需要经过金融机构这一中介，考虑到并不是所有人都在银行有账户，央行数字货币的可获得性保证了以此为基础的货币政策可以在更大范围内产生效果，提升货币政策的有效性。此外，如果 DCEP 全面铺开，那么理论上利率可以突破零利率下限（Zero lower bound），从而扩大了央行的货币政策操作空间，可以在衰退时期更快地刺激经济复苏，促进金融稳定。

再次，发行 DCEP 还可以节约人民币制造、流通和防伪成本。如前所述，DCEP 主要是替代流通中的 M_0，其中纸币占一定的比例。传统的纸币制作需要特定的制作材料，制作流程和制作工艺复杂，在流通中还会产生自然的物理损耗，纸币储存也需要不菲的成本。而 DCEP 是通过多种加密算法等数字技术产生的智能货币，安全性能可靠，几乎没有防伪成本，也没有任何运输和流通损失。

最后，发行 DCEP 还将在人民币跨境支付方面产生影响，这也将助力人民币加快国际化进程。传统的跨境交易不仅较难追踪，而且手续费用高、处理周期长。DCEP 可以利用底层技术来实现快速、安全、低成本的跨境支付，简化人民币跨境结算手续，降低交易成本，在一定程度上提升人民币的国际地位。此外，发行 DCEP 一方面可以应对比特币等数字货币的冲击、捍卫货币主权，保证我国货币政策的独立性与宏观经济的安全稳定；另一方面可以提升人民币境外交易结算效率，提高人民币的国际地位。

第 5 节 结 论

　　生产资料所有制基础上的社会化大生产、资本积累和循环，以及由此衍生的抵押雇佣关系、投融资关系、收入分配关系是当代货币金融活动所代表的主要经济关系。虽然当前数字经济迅猛发展，但这些关系并没有发生根本性变化。比特币等加密数字货币虽然不具有社会化大生产经济关系的制度支撑，交易机制根本不可靠，安全高度依赖于交易平台和现代网络，价格频繁大涨大落，但依然受部分投资者追捧。这在很大程度上应归因于投资者对债务——美元国际货币体系的信心已经开始动摇，国际金融资本对美元和美元资产的长期价值也产生怀疑。这就促使加密数字货币资产成为金融资本进行金融财富保值和增值的新游戏规则，在一定程度上成为与黄金、大宗商品一样的风险对冲手段。比特币等加密数字货币高度依赖互联网、算法和电力能源，没有社会经济关系基础、公共部门信用保证和持久的物理性质保证，无法承担宏观经济稳定和金融稳定的职能，只是投机性资产。央行数字货币实际上是基础货币的数字化形式，将为现代广义信用货币体系提供制度与流动性支撑。因此，比特币等加密数字货币与当代央行数字货币具有本质区别。

第 9 讲

金融不稳定、金融周期与非常规货币金融政策

　　本讲资料来源：盛松成、翟春的《中央银行与货币供给》，米尔顿·弗里德曼的《美国货币史》《货币稳定方案》，古德哈特的《古德哈特货币经济学文集》，伯南克等人的《通货膨胀目标制：国际经验》，朱太辉的《货币信贷内生扩张及其经济效应研究》，基思·贝恩、彼得·豪厄尔的《货币政策：理论与实务》。

　　本讲核心内容：货币政策能同时肩负起金融稳定的责任吗？很多非流行货币经济文献都在持续探讨各类金融危机的根源、机制和政策。从 1997 年亚洲金融危机到 2007 年美国次贷危机和 2008 年欧洲债务危机，各国形成了一系列组合政策。

　　20 世纪 70 年代以后，发达国家货币政策制定和金融市场的关系变得愈发复杂。充当政策工具的银行准备金短期再融资利率对经济的影响却取决于市场利率对其做出的反应；短期利率由政策制定者设定，但经济决策主要基于长期利率做出。如果市场判断当前（官方）利率不太合理，则会产生利率调整的预期，而这种预期足以改变市场利率，金融资产的现值与利率呈反向变动；如果低通胀政策可信，那么市场利率将会对其做出反应，对资产价格的冲击将会产

生财富效应，而财富效应可能通过传导机制改变总需求水平。那些需要在长期和短期借贷之间进行抉择的投资者必须考虑远期利率的变化。基于上述原因，货币政策制定者必须敏锐地感知金融市场上正在发生和可能发生的事件。

货币市场是指一系列短期借贷市场，包括一系列子市场：①传统市场或贴现市场，在该市场上，票据可以贴现发行；②银行间市场，在该市场上，银行间可以按照拆借利率进行资金借贷；③大额可转让定期存单市场（即CD市场），在该市场上，存单所有权可以相互转让；④国债回购市场，该市场实际上是以国债为抵押物的抵押贷款市场。货币市场是由专业机构交易商主导的批发市场，市场规模巨大，银行的操作规模相对于总交易量而言微不足道，而中央银行改变官方借贷利率的决定能对市场产生巨大的杠杆效应，甚至预期央行会有行动，市场也会迅速产生巨大的效应。中央银行是流动性的垄断者，而市场对央行货币的需求极其缺乏弹性。央行的操作只占货币市场交易量的极小部分，其货币创造行为几乎无成本，因此可以创造出它所需要的任意数量货币，并通过回购买入债券来降低市场利率。相反，当央行希望提高利率时，其力量却受限于能够卖出的债券数量。

第1节　新凯恩斯主义金融周期研究

本节梳理了马克思主义政治经济学、后凯恩斯主义货币经济理论和新凯恩斯主义经济学中的货币金融思想，对各理论体系中的货币金融和金融周期研究的核心思想、理论模型和实证方法进行了比较。首先，马克思主义政治经济学基于劳动价值论、资本积累规律，形成了包含货币、货币资本、金融信用与虚拟资本的货币金融思想体系，这个体系是历史发展和开放的体系。后凯恩斯主义货币经济学和金融不稳定理论认为资本主义经济的核心是资本积累，而资本积累的核心是融资和投资，货币金融信用创造是内生于这种经济关系的。马克思主义政治经济学中的货币金融思想与后凯恩斯主义货币经济理论在这个层面具有共通性。其次，后凯恩斯主义货币经济理论发展的存量流量一致模型方法在预测和分析金融不稳定时，具有很强的预测力和解释力，所以马克思主义政治经济学中的货币金融思想与后凯恩斯主义货币经济理论可以在以上两个层面相互借鉴。最后，介绍了存量流量一致模型和社会融资统计数据体系的发展，探讨了马克思-后凯恩斯主义货币金融思想在金融周期方面可进行的研究。

9.1.1　经济周期与金融周期

2007—2008 年全球范围爆发的金融危机再次引发了学术界对货币金融因素在宏观经济中作用的讨论，使宏观经济中的货币金融问题再次成为研究的热点。

20 世纪 60 年代以后，主流宏观经济学已有成果中基本上淡化了货币金融内容，只有明斯基（Minsky，1982）和金德尔伯格（Kindleberger，2000）等非主流经济学家对其保持高度关注。20 世纪 80 年代，伯南克（Bernanke）等人的系列论文否定了货币中性论之后，以金融加速器为代表的金融波动理论文献和实证研究显著增多。格利和肖（1969）提出了内在流动性和外在流动性的广义、内生货币金融体系。让·第诺尔（2016）试图在信息不对称理论的基础上，完善格利和肖的理论，建立内生的、广义流动性的货币经济研究框架，并从微观企业融资需求层面为货币金融研究作出贡献。柳欣（1995，2005，2013）、刘骏民（1994，1998，2008）、伊藤·诚（2001）等则从马克思劳动价值和资本积累理论出发，阐述了货币、生息资本、各类金融信用、虚拟资本的性质和历史演化，以及金融危机与金融不稳定。戈德利（1980）、雷（2015）明确表示受到马克思资本积累理论影响，吸收了马克思货币、信用理论思想，并基于戈德利存量流量一致模型阐述了资本主义内生、广义货币思想体系，研究了现代货币金融体系的创造机制、运行机制和波动机制，以及其对实体经济的影响。

克劳迪奥·博里奥（2014）认为，金融周期研究是随着货币金融因素对宏观经济影响的研究出现的，甚至早于经济周期研究，金融周期是投资者风险认知、信贷约束与资产价值间互相增强作用的表现。彼得·普雷特（2016）将全球经济中金融资产价格和信用创造具有明显波动特征这一模式泛称为"金融周期"。国际清算银行（BIS）综合使用滤波法和转折点分析法测度金融周期，选取信贷、信贷/GDP、房地产价格的季度数据进行中期滤波，测算出各国金融周期，学者们在此基础上开始对金融周期进行实证研究。

笔者认为，新凯恩斯主义金融加速器研究和金融摩擦理论研究在阐述金融周期问题时，在具体机制分析和研究技术上提供了重要思路和贡献，提出的具体政策具有一定价值。但是，这些理论缺乏金融周期波动的经济关系理论分析，将金融周期波动归因于技术性问题，即信息不对称，导致这些理论缺乏对现代经济中经济关系的深刻洞察。所以，针对经济虚拟化、经济结构失衡和金融周期对实体经济影响的研究就是表面化的，无法提出有效解决发达国家经济虚拟化、经济结构失衡、金融周期波动的根本政策。

为此，笔者希望通过系统梳理马克思主义政治经济学、后凯恩斯主义货币经济理论和新凯恩斯主义经济学中货币金融思想，简要综述关于货币金融和金融周期各种研究的核心思想、理论模型和实证方法，并进行比较研究。一方面，马克思主义政治经济学与后凯恩斯主义货币经济学在资本积累和经济关系上有相通之处，都用于解释货币金融在宏观经济中的作用和波动。不同之处是马克思主义政治经济学基于劳动价值论、资本积累规律，形成了货币、货币资本、金融信用与虚拟资本的货币金融思想体系，后凯恩斯主义货币经济学缺乏深刻的劳动价值论基础。另一方面，本讲介绍了马克思主义政治经济学-后凯恩斯主义货币经济理论的最新发展，以及存量流量一致模型和社会融资统计数据体系的发展，我们可以尝试运用不同方法研究金融周期，而后我们将探讨马克思-后凯恩斯主义货币金融思想在金融周期理论研究中的未来发展方向。

9.1.2 新凯恩斯主义货币理论中的金融周期研究：信息不对称、预期与金融波动

1. 早期宏观经济理论对金融波动与影响的研究

1929—1933 年全球经济大萧条以后，以费雪（Fisher，1933）的债务-通缩理论为代表的金融周期理论已经进入经济学研究的视野。凯恩斯、哈耶克、熊彼特和弗里德曼等众多经济学家从不同角度阐述了货币和金融因素对宏观经济运行和波动的影响。费雪的债务-通缩理论认为，过多的债务和通货紧缩互相作用是导致经济衰退的重要原因之一。凯恩斯在《货币论》和《通论》中提出有效需求是造成短期经济波动的主要原因，是资本主义经济内在不稳定的根本机制，并特别提出流动性偏好是有效需求理论的重要内容，强调货币需求变化会通过利率机制对投资产生消极影响，由此产生的经济危机是无法完全依靠市场自身恢复的，政府采取逆周期的系统干预是必要的。但是 20 世纪 70 年代后期，美国经济出现了"滞胀"，货币主义和新古典宏观理论以新自由主义经济学的面貌重新崛起，这两种经济思想的共同特点在于，在承认市场经济的内在稳定性的基础上解释经济波动，忽视了货币内生、金融重要性不断提升等因素对现代资本主义经济运行的重要影响。

2. 流行理论中经济周期与金融周期研究：金融加速器与金融摩擦

20 世纪 60 年代以后，主流经济学范式开始忽略金融因素，大多数与经济周期有关的研究都忽略了金融因素的作用。

（1）实际经济周期理论

实际经济周期理论（Real Business Cycle，RBC）关注的经济变量有就业、产出、价格等，之后的新古典学派和新凯恩斯学派基本上都继承了 RBC 理论的核心理念和建模方法，即使考虑到金融因素，也仅仅局限于利率或者货币等个别经济变量。伯南克（2016）曾经提到 RBC 和 IS-LM 模型有一个共同假设，即金融市场和信用市场的各种变化不影响真实经济活动。实际经济周期理论与凯恩斯主义理论不断改进，金和沃特森（King 和 Watson，1996）、艾兰尔（Ireland，1997），以及吉姆（Kim，1999）等在 20 世纪 90 年代开始形成了广义周期理论，打破了实际经济周期理论中对经济背景的完备假设，将凯恩斯主义理论中提倡的价格黏性机制和不完全竞争机制纳入分析框架。这种突破对于金融周期理论的产生具有重大意义。

（2）信息不对称与金融加速器理论

伯南克在 20 世纪 80 年代提出了金融加速器理论，也被称为资产负债表路径，掀开了金融周期理论的新研究阶段。伯南克和布林德（Bernanke 和 Blinder，1988）、伯南克和格特勒（Bernanke 和 Gertler，1989）构建了纳入信贷市场均衡的宏观经济模型，即 CC-LM 模型和金融加速器模型。在此基础上，伯南克、格特勒和吉尔克里斯特（Bernanke，Gertler 和 Gilchrist，1999）将金融加速器机制纳入宏观经济学的动态一般均衡模型当中，提出了 BGG 模型，其核心思想强调信息不对称问题导致两类金融摩擦，金融摩擦问题通过金融加速器机制影响实际产出。现在的金融经济学家普遍认为，金融加速器是金融周期理论的核心。这一传导机制同时作用于银行和贷款方，银行在经济衰退期间会遭受更大的贷款损失，从而在放贷时变得谨慎。当家庭和企业收入或财富减少之际，可抵押物价值减少，信誉度会降低，谨慎的银行和信誉度降低的借方会有意减少信贷流量，从而阻碍家庭采购计划和企业投资计划的实施，进而加剧衰退。在经济上行之际，金融加速器以相反的方式发挥作用。

（3）信息不对称与金融摩擦理论

清泷信宏和摩尔（Kiyotaki 和 Moore，1997）的信贷周期理论与主流宏观经济学模型也具有较好的兼容性，成为很多经济、金融周期模型的建模基础。新凯恩斯主义学者吉纳科普洛斯（Geanakoplos，2003、2008）、福斯泰尔（Fostel）阐释了关于经济前景的不良信息是如何导致抵押品价格降低，继而导致流动性的枯竭和紧急销售的经济效应。格鲁伯和瓦亚诺（Gromb 和 Vayanos，2002）、布鲁纳米尔和佩德森（Brunnermeier 和 Pedersen，2009）展示了代理商借款量

（资金流动性和资产价格），即市场流动性之间是如何相互影响的，也说明了一个突然的流动性冲击是如何导致急售现象的出现和破坏整个市场的。施莱弗和维什尼（Shleifer 和 Vishny），清泷信宏、摩尔和熊（Kiyotaki，Moore 和 Xiong，2001），莫里斯和申（Morris 和 Shin，2004）模拟了由不利的产量和资金冲击导致的减价出售，以验证债务–紧缩对资产价格的影响是如何导致损失和金融不稳定的。

针对新时期金融危机，比亚斯·阿德里安、保罗·科拉和申炫松（Tobias Adrian，Paolo Colla 和 Hyun Song Shin，2012）认为，伯南克和格特勒（1989），以及伯南克、格特勒和吉尔克里斯特（1999）的金融加速器理论只阐述了五个程式化事实中的一个——信用利差在经济衰退期间增加。然而，在金融加速器方法中，金融摩擦依存于企业借款人。这里没有银行，因此模型没有提到贷款和债券之间的可置换性。格特勒和清泷信宏（2010）将伯南克和格特勒（1989）的金融摩擦假设应用于公司部门和银行业，但是格特勒和清泷信宏仍然没有有效阐述金融中介机构的顺周期的杠杆行为。2007—2008 年的全球金融危机引发了他们对金融摩擦模型和宏观经济活动影响的浓厚兴趣。许多模型观察到公司借款人经受了信贷数量的收缩的冲击。然而，有迹象表明，尽管在危机期间银行贷款紧缩，但是债券融资的增加实际上弥补了这个缺口。

比亚斯·阿德里安、保罗·科拉和申炫松（Tobias Adrian，Paolo Colla 和 Hyun Song Shin，2012）提出，尽管在宏观经济学中使用的金融摩擦的主流模型捕捉到一些关键的经验特征，但无法有效解决其他经验特征的问题。他们回顾了宏观和微观层面的数据，指出了信用贷款和债券之间构成的转变的重要性。他们总结了现实宏观经济波动中的五个程式化事实：银行和债券融资对于向非金融企业提供信贷是很重要的；在最近更普遍的金融危机和经济衰退中，信用以贷款收缩的形式表现出来，但债券融资的增加弥补了这个缺口；两种信用类型的信用利差在经济低迷时都增大了；随着债务改变和股权黏性增加，银行贷款变更为美元，银行信贷的供给是他们选择杠杆的结果；银行杠杆的顺周期性。基于这些证据，他们构建了包括直接信用和间接信用的模型，模型包括了这五个程式化事实。在模型中，对实际活动的影响来自风险溢价飙升，而不是信贷总量的萎缩。他们认为，把一般均衡框架嵌入模型中似乎是一种很有前景的研究方法。

第 2 节　马克思主义政治经济学-后凯恩斯主义货币经济理论中的金融周期

9.2.1　马克思主义政治经济学：货币、信用、生息资本、金融信用与虚拟资本

相对于新古典和新凯恩斯主义货币经济理论中的金融周期研究，马克思主义政治经济学-后凯恩斯主义货币经济学更强调在资本主义经济中各部门间的货币经济关系是经济和金融周期的根源之一。伊藤·诚（2001）认为，只有遵循劳动价值理论的资本积累理论和金融信用创造的历史研究逻辑，才能深刻理解货币、金融在资本主义经济关系中的核心地位，才能理解信用货币时代的种种"奇特现象"，即金融信用膨胀与紧缩。马克思主义政治经济学的货币思想是建立在劳动价值理论基础上的，资本积累和资本逐利的融资和投资是资本主义经济的核心问题之一，马克思主义政治经济学是围绕货币职能、生息资本、金融信用、虚拟资本展开研究的。在资本主义社会中，货币是资本主义再生产的必要组成部分，是与资本主义再生产和资本积累紧密联系的，资本主义经济中的生息资本产生于交换、生产与资本积累过程中。生息资本在资本主义资本积累中的作用是创造信用，实现雇佣、抵押关系，扩大积累规模，最后实现以利润形式占有剩余价值。柳欣（1994）、王璐（2005，2013）及樊苗江（2005）更是凝练地总结了《资本论》中的货币与金融思想，指出马克思从商品的二重性（即价值和使用价值）和劳动的二重性（即抽象劳动与具体劳动）出发，把由技术关系所决定的使用价值、具体劳动与作为社会关系的价值、抽象劳动加以明确区分，表明价值只取决于商品经济中人们之间的社会关系，而不是技术关系。《资本论》从劳动价值论到剩余价值理论的论述，是要揭示"资本家雇佣劳动进行生产的目的就是为了利润"这样一种资本主义经济的基本性质。在现代金融时代，金融资本规模更加庞大，形式更为复杂，使上述过程变得更加复杂。何干强（2017）详细论述了马克思社会再生产与货币回流规律的关系。

笔者认为，可以从马克思货币、信用和虚拟资本理论出发，结合后凯恩斯

广义、内生货币思想分析方法，使用存量流量一致（Stock-Flow Consistent, SFC）模型，揭示现代经济广义货币系统内生机制与金融不稳定机制。马克思货币、资本、金融信用和虚拟资本理论实际上蕴含了广义货币（金融信用）内生的观点，而后凯恩斯结构货币理论和金融不稳定理论提供了更具体的分析方法，将两者结合，能更好地推动理论发展和解决现实问题。古德哈特（2012）构建了一个包含杠杆的贝叶斯金融不稳定模型，为实证检验各层次流动性对经济增长和金融稳定的影响奠定了基础。存量流量一致模型就是广义内生货币经济的模型化，理论基础是广义内生货币理论、金融不稳定理论，高度借鉴了马克思资本积累理论和货币、信用理论。尽管后凯恩斯主义货币理论没有深刻阐述和强调劳动价值论基础，但是资本积累理论与马克思主义政治经济学是有共通性的。盛松成（2014，2015）等学者对社会融资规模和结构的统计与分析做出重大推进。李斌和武戈（2016）从货币内生角度，研究了中国信贷扩展与影响。朱太辉（2016）在后凯恩斯主义货币信贷内生理论基础上研究并检验了中国货币内生问题。

9.2.2 后凯恩斯主义货币经济理论的核心思想

后凯恩斯主义货币经济学认为，货币是现代市场经济最重要的制度安排之一，在充满不确定性的社会经济环境中，企业为了实现生产需要采取耗费时间的迂回生产方式，为了应对不确定性可能带来的风险及事前合约所规定的各种支付行为，企业必须持有货币。后凯恩斯主义货币经济学者认为，无论是在短期还是长期，货币的作用都不是中性的，广义、内生的货币金融系统对经济运行、就业等产生重要的影响。后凯恩斯主义经济学代表着对凯恩斯本意的回归，强调有效需求和财政政策，与新古典理论中强调供给和货币政策截然不同，同时其货币金融理论旨在强调货币的内生供给及利率的外生性，强调资本主义经济的内在不稳定性，坚持凯恩斯国家干预主义的理念，对新古典理论中主张的自由市场理念提出了批判。

1. 后凯恩斯学派的货币本质观点：债务、信用与贮藏功能

后凯恩斯主义货币经济理论最早可以追溯到 19 世纪 30 和 40 年代的"银行学派"，他们认为除了金银和钞票以外，其他信用手段也可以进入货币流通市场，也属于货币。之后凯恩斯对计算货币和货币进行了区分，为分析信用货币提供了一个逻辑起点。在他的货币理论体系中，作为正式货币的国家货币（包括商品货币、不兑换货币和管理货币）和作为债券支付证券的银行货币在本质上都是充当计算货币，其总和构成流通货币的总量，其中银行货币已经取得压倒性优势，国家货币处于从属地位。

后凯恩斯主义者们在更普遍的意义上开始寻求信用货币存在的社会历史基础，其中有两种观点产生了比较大的影响，分别为新货币国定说和金融体系演化说。前者认为货币的本质是债务和信用关系，任何货币从本质上看都是信用货币，是债务支付和结算的手段，政府拥有以货币的形式向国民征税的权力，因此政府有能力决定并且控制经济体系中的基础货币，同时按照社会性的方式构建货币秩序。而后者认为当今的资本主义货币经济是信用货币不断演化的产物，货币体系和信用体系经历的是一个自然发生的渐变式演化过程，随着资本主义金融体系和私有产权关系的发展演化，资本主义信用体系发展到更高级的阶段，各种金融机构的存款负债成为主要的交易媒介，商品货币和法定货币逐渐演化为信用货币。

以保罗·戴维森为代表的后凯恩斯主义学者提出，货币是发行银行的负债，是一种债权债务关系，这是由信用需求内生决定的。在后凯恩斯主义货币理论中，信用即货币，这两种形式都是以融资动机作为分析的出发点，而融资动机和信用需求都等同于货币需求，货币对就业、产出等实际变量都会造成影响。因此，后凯恩斯主义提出的是广义、内生货币理论，认为货币是一种达成契约的工具，首先其作为一种记账单位，同时履行着价值贮藏的职能，是随着时间传递一般化购买力的工具，在经济体系的运行中是非中性的。

2. 现代货币经济的内生性

在传统理论中，外生货币供给理论没有考虑到银行贷款在货币供给中发挥的重要作用，认为银行的作用是连接借款人和存款人，银行首先需要吸收存款再对外发放贷款，而后凯恩斯主义学者强调银行贷款对货币供给有原因性作用，主张内生货币供给理论。

（1）从贷款到存款的货币创造机制。波林（Pollin，1991）、拉沃（Lavoie，1992）和艾克纳（Eichner，1987）认为，发放贷款之前，商业银行更多地是通过扩大自身的资产和负债来寻求利润，实现银行扩张信用、创造贷款，随后产生存款，商业银行只需要寻找储备资产来保障存款达到准备金要求即可，央行作为最后贷款人，有义务保证准备金的可用性及存款的流动性。

（2）投资到储蓄的逆向因果关系。企业最初需要融资，企业投资又创造了储蓄，只要国家的经济资源没有被完全利用，完成经济活动所需要的资本投入就取决于借款者的信誉和已经存在的金融规则，收入水平决定着对货币的需求。

（3）基础利率是外生的。当前的经济中，众多金融资产都具有各自不同的回报率，这些回报率中至少有一种是由中央银行设定并控制的，这是金融市场中其他回报率变化的参照点，称为基础利率，是短期货币市场中其他利率的基础。

（4）货币供给是由需求决定的，而且是由信用驱动的。货币存在于一个持续的循环流当中，是信用需求的结果，由信用创造，通过贷款的清偿而灭失（Eichner，1987；Lavoie，1992）。

3. 后凯恩斯主义货币经济理论中金融不稳定与金融周期研究

明斯基的金融不稳定性假说（FIH）是后凯恩斯主义信用货币理论在金融领域中的延伸。明斯基在其著作中描述自己对资本主义经济体制的认识，逐步发展形成了自己的理论体系，即"金融不稳定假说"。后凯恩斯主义经济学在经济危机与周期理论方面体现出了相对较强的解释力，它吸收了马克思主义政治经济学当中关于制度和阶级的学说，认为资本主义经济存在着内在的不稳定性，是从发展变化着的资本主义出发去解释危机和周期。在危机之后，后凯恩斯主义又逐步将注意力转移至现代资本主义的新变化上，认为金融在现代资本主义经济中占据了非常重要的位置，资本主义实际上已经金融化了，而现代金融又具有一系列内在不稳定性。基于这些经验事实，后凯恩斯主义将金融化引入研究，并结合一些学者关于金融和资本主义不稳定的理论，建立起一套系统的金融化背景下的危机和周期理论。

明斯基认为，资本主义经济系统的本质是具有复杂的金融制度的信用货币经济，是一种由各种现金流和相互依存的各种资产负债表构成的动力系统，其中决定经济运行的关键因素是货币和金融，关键人物是银行家和他们的公司客户。他认为，诱发性投资需求是经济波动的直接原因，在不断变化的市场中，不同公司特别是异质性公司的内在联系会改变投资活动，信息是私有的，企业是异质的，并且可以根据他们的资产负债表状况进行分类，而资产负债表的好坏又与经济周期呈正相关。

金融不稳定假说就是按照企业现金流的未来表现，将企业现金流的财务状况分为三种类型：套利融资 6F①、投机融资 7F②、庞氏融资 8F③。金融不稳定假说的第一定理是指经济系统在一些融资机制下是稳定的，在一些融资机制下是不稳定的；第二定理是经过一段长时间的繁荣，经济会从有助于稳定系统的金融关系转向会导致不稳定系统的金融关系。这个假说的基础是信用货币理论，与新凯恩斯主义的信息不对称和道德风险的微观分析有着本质上的区别。在明斯基看来，金融脆弱性不是联邦储备过于放纵的结果，政府不去有效地干预金融危机才是真正的"祸根"。他认为，资本主义经济具有内在的不稳定性，而且集中体现在金融的不稳定性上。由于预期具有不确定性，经济主体对未来收益的预期经常表现出非理性，非理性的预期会掀起投机狂潮，驱使经济体系从套利型向投机型再到庞氏型转变，充沛的流动性是投机型和庞氏型形态得以维持的根本，但是流动性不可持续，金融危机随时有可能爆发。

后凯恩斯学派的古德哈特（2011）在明斯基理论的基础上，具体分析了金融机构在杠杆周期中的风险承担行为，探讨的主要问题是高杠杆率是否意味着更高的风险承担。明斯基的金融不稳定假说（1992）的第二定理认为，在持续的繁荣和对于未来的乐观主义的作用下，金融机构会更多地对更具风险性的资产进行投资，导致当其面临违约时，经济系统会更加脆弱。古德哈特等的研究结论与明斯基的观点相一致。在周期中的预期是过度杠杆和投资高风险项目的主要驱动力，当代理商观察到良好的现实状况时，他们会提高他们的预期。除金融机构外，他们的债权人也都是贝叶斯定理的学习者，并且知道随着时间变化，投资组合面临的真正风险；信息是不完全对称的，对于好的或坏的结果的

---

① 又称为对冲融资，每期的现金流能够偿付支付承诺中任意时期的本金和利息，此时投资者负担少量负债，偿还资本和利息支出均无问题。套利融资单位可以通过现金流满足所有合约要求的偿付义务，一个单位的套利融资在融资结构中的占比越大，越可能是保值型单位，长期债由于期限较长，迫切性没有那么高，所以是套保单位中常见的融资成分。

② 每期收入的现金流能够偿付利息，但是不一定能够偿付本金，此时投资者扩展其金融规模，以至于只能负担利息支出，这在经济发展时期非常常见。一个项目，从整体来看，预期现金流能够满足债务支付，但债务可能是分期偿的，项目现金流入如果集中于期末，就不一定能够满足每期的本金支付。项目单位需要通过对到期债务进行展期（即发行新债以满足偿还到期债务）来确保项目继续开展。发行融资债券的公司和银行都是典型的投机融资单位。

③ 即每期的现金流入不但无法偿还到期本金，连利息都无法偿付的经济单位，因而它不但要展期本金，还要对新增贷款支付利息，反映在资产负债表方面就是增加了债务而减少了股权价值，提高了杠杆率，从而提升了借方风险。这些经济单位可以通过出售资产或借贷来筹集资金。然而，借贷需要支付利息，而出售资产则可能减少普通股的收益（甚至红利），这会削弱机构的权益，并降低其向债权人提供的安全边际。一旦市场环境发生变化，它们可能被迫通过变卖资产来偿还债务，从而面临破产的风险。

实际概率，他们都只具备不完全的信息。因此，在一段时间的优良回报之后，越具风险性的项目越能吸引金融机构的注意，这促使他们增加借债来扩展资产负债表。由于债权人在低利率时期也倾向于放款，以期获得更高的经济回报，这种行为进一步推高了经济预期。然而，这种乐观情绪可能导致过度借贷，一旦经济状况恶化，违约风险和经济不稳定性都会显著加剧。

模型中借贷机制是内生性的，其取决于金融机构投资项目的意愿和债权人为扩大信贷而索要的利率的高低；而利率又内生于对于未来信贷风险的预期，项目的收益却并不经常变化，变化的只是对于未来良好状况的可能性的主观信念。因此我们能够方便地检测到银行投资组合从较安全的资产向高风险资产的转变，也有利于对识别杠杆周期的方法进行评估。由此得出的启示，与那些研究不良冲击引发资产抛售的文献结果是相同的：违约事件会大量出现，金融体系的脆弱性也会显著上升。我们扩展了已有的理论，因为我们强烈地认为是主观预期导致了过度的杠杆，并且在情况变得糟糕时加剧了金融的不稳定性。系统的弹性并非直接被坏消息所削弱，而是长期的繁荣使得坏消息的负面影响被放大，从而导致更大的冲击[①]，这对政策响应具有重要的指示性意义。正如我们指出的那样，严格控制杠杆和保证金并不足以使整个系统稳定，金融机构会通过将资金从安全的项目向高风险项目转移来达到这些控制要求，债权人对金融机构的惩罚也达不到预期的力度。

第 3 节　金融周期的实证研究

9.3.1　实证研究新进展

虽然对金融周期没有统一的定义，但广义概念包括了数量型和价格型金融变量的联合波动。中外学者在刻画金融周期时选用的指标也不尽相同，这些变量主要有广义货币供给（M2）、金融业总资产规模、信贷总额、股票价值、保险金额、资产价格等。BIS研究表明，信贷总量（作为杠杆的替代变量）、房地产价格（作为可用抵押品的衡量标准）扮演了重要的角色，两者相互强化带来

[①] 阿查利亚和维斯瓦纳坦（Acharya 和 Viswanathan，2010）也强烈地认为，在经济状况良好时期，杠杆的增加导致的不良冲击由于减价销售而具有极大的破坏性。他们在文章中讨论到，杠杆的上升只是问题的一个方面，由普遍存在的乐观情绪造成高风险资产的增持和更高的杠杆才是灾难性事件背后的主要原因。

顺周期性。快速增长的信贷，特别是抵押贷款推高了房地产价格，从而增加了抵押品的价值，增加了私营部门可获得的信贷量。其他变量，如信贷息差、风险溢价和违约率，提供了对压力和风险的补充性信息。

克雷森斯、阿伊汉·高斯和特隆斯（Claessens，Ayhan Kose 和 Terrones，2011）首先提供了一个详细的跨国实证分析，记录了金融周期的主要特征及使用大样本在不同周期阶段的相互作用。其次，与经济周期文献并行，使用完善且可重复的方法来确定金融衰退和上升的时间。由于采用季度数据，而不是通常用于其他跨国研究的年度数据，我们可以更好地识别和记录金融周期的属性。最后，利用大数据集和回归模型，研究了与金融周期的持续时间和幅度相关的各种因素。

克雷森斯（2011）等使用美国权威的经济研究机构美国国家经济研究局（NBER）的经济周期转折点分析方法，分析了信贷、房地产价格和股票价格的周期情况。他们发现在周期频率方面，信贷和房地产价格周期与经济周期更具可比性，股价周期比经济周期更加频繁；在周期长度方面，金融周期的持续时间比经济周期更长。德赫曼等（Drehmann 等，2012）综合使用滤波和转折点分析方法，通过对七大工业样本国 1960—2011 年的信贷、信贷/GDP、房地产价格的季度数据进行分析，测算出各国的金融周期，结果发现，金融周期的振幅和长度高于经济周期，且金融周期的波峰之后往往伴随着金融危机。

米兰达·阿格里皮诺和海伦·瑞（Silvia Miranda-Agrippino 和 Helene Rey，2018）分析了"全球金融周期"的运行机制，研究了国际货币体系核心国美国的货币政策对全球信贷增长、跨境信用流动、全球性银行杠杆和风险资产价格等真实经济变量和国际金融变量的综合的动态影响。其中，一个部分地由美国货币政策驱动的全球性因素在解释全球风险资产回报率波动中扮演了重要角色。他们发现了具有全球霸主地位的美国对世界上其他国家的巨大金融溢出效应的证据，并用贝叶斯风险价值模型（VaR）分析了美国货币政策、国际金融市场和机构，以及世界其他地区的信贷和金融状况之间的动态相互影响，体现了国内经济周期波动和消费者情绪变量是标准的变量选择。但本讲在此基础上增加了一系列变量，这些变量可以表示全球信贷流动的演变、全球杠杆水平和财务指标汇总。他们还将风险资产价格、吉尔克里斯特和扎克拉伊舍克（Gilchrist 和 Zakrajsek，2012）提出的超额债券溢价和国内期限溢价，以及全球市场波动性中的全球性因素纳入考量，对风险资产价格这一全球性因素进行估计，以概括世界范围内交易的大量种类繁多的风险资产价格的共同变动。米兰达·阿格里皮诺和海伦·瑞（Silvia Miranda-Agrippino 和 Helene Rey）利用包含大量异质投资者的简单程式化模型将这一全球性因素结构性地分解为市场范围内有效风险厌恶程度的波动和预期回报率的波动。

米兰达·阿格里皮诺和海伦·瑞的研究显示，美国的货币政策对世界其他国家有强大的金融溢出效应。当美联储实行紧缩的货币政策时，国内的产出、投资、消费者信心、房地产投资和通货膨胀率都会发生紧缩性变化。重要的是国际金融变量的重要变化：资产价格中的全球性因素下降，利差升高，全球范围的国内和跨境信贷明显下降，杠杆水平下降。这些现象首先发生在美国经纪商、欧元区及英国的全球性银行中，然后蔓延到美国和欧洲的银行业中。

奥利维尔·吉恩和达米亚诺·桑德里（Olivier Jeanne 和 Damiano Sandri，2017）研究了新兴市场经济体如何通过国外流动资产的（私人和公共）积累与化解来平滑全球金融周期的影响。他们研究了存在大量私人代理机构的新兴市场经济体，其私人部门向外国投资者借入资金来为其支出融资，同时积累"私人储备"。这个新兴市场经济体模型将面临全球金融紧缩的风险，当出现全球金融紧缩时，外国投资者可投资于新兴市场国家的资金数量会受到限制，而新兴市场国家的私人储备则用于购回本国债券，两国之间资产的转换采取"紧缩"的形式，新兴市场经济体在面临外国人出售其国内资产时，往往会同时出售其持有的外国资产以应对资金外流。模型局部均衡时的私人储备水平是这样的：低价购买资产的储备收益恰好被持有储备的机会成本所抵消。

新兴市场经济体国家的资本流动管理政策的目的是缓冲全球金融周期的起落对新兴市场经济体的影响。在吉思和桑德里的模型中，私人资本流出有抵消私人资本流入的自然趋势，但同时仍存在需要政策干预的部分。私人资本流动的稳定作用不够充分，因为私人借款者不会将其行为对风险溢价（由支付外债的国内借款者支付）的影响内部化。因此，政府试图通过资本流入和流出而不是放任自流来稳定国内资产的价格。这个目标可以通过在金融不发达的经济体中使用冲销性外汇干预来实现。然而，在李嘉图等价适用的较发达经济体中，还需要运用其他政策工具。但无论采用何种政策手段，政策干预的目的都是增加总资本流动规模而不是减少资本流动规模。

奥利维尔·吉思和达米亚诺·桑德里的分析表明，最优政策配置是对国外资产（储备）进行补贴并对外国借款征税。仅靠对储备的补贴是不够的，因为它会导致过度的资本流入。政策制定者可以扩大资本流动总量，但会减少资本净流入。奥利维尔·吉思和达米亚诺·桑德里的简单模型也指出了执行最优政策的潜在时间一致性问题。在经济繁荣时期，持有储备的好处来自将其用于在危机时期稳定资产价格的预期。然而，当危机来临时，政策制定者动用储备的动机变弱，因为该国从国外投资者购回其资产的收益变低了。从最优储备管理中获得充分福利收益的目标要求社会规划者承诺在全球金融环境收紧时让资本流出。

对金融周期特征事实进行研究的前提是选取适当的金融指标，指标选择方法谱系的一端是专注于信贷指标——考察信贷周期。阿莱西和德特肯（Alessi 和 Detken，2009）、舒拉里克和泰勒（Schularich 和 Taylor，2012）的研究发现，资产价格涨跌周期及金融危机最有力的预警指标是信贷。方法谱系的另一端是结合各种价格和数量型金融变量考察金融周期特征，常用的指标包括利率、波动性、风险溢价、违约率和坏账等。韩艾和郑桂环等（2010）基于增长率周期理论，创新性地应用了广义动态因子模型（GDFM）方法，构建多维景气指数来进行金融周期景气分析。由于经济系统之间的关系越来越紧密，应将景气分析放在整个宏观经济的背景下进行研究。陈雨露和马勇等（2016）对 1981—2012 年全球 68 个主要经济体的面板数据进行了实证分析，系统考察了金融周期和金融波动对经济增长与金融稳定的影响。马勇和冯心悦等（2016）构建了综合性的金融周期指数，对金融周期和经济周期之间的关系进行了系统的实证研究，并探讨了金融周期、货币周期与信贷周期在经济周期中的不同影响和作用机制。他们在鲁迪·布什、古德哈特和霍夫曼（Goodhart 和 Hofmann，2000），以及阿德里安（Adrian，2010）等的基本模型设定之上，植入金融周期变量来扩展模型，得到了包含金融周期变量的产出方程、通胀方程和衰退预测方程，并由此建立了回归分析模型，研究了金融周期和经济周期间的关系。范小云和袁梦怡等（2017）系统地测算了中日两国的金融周期与金融波动，对比研究了两国金融周期波动性的区别。他们度量了金融周期，根据金融周期的定义，选择信贷总量与房地产价格作为度量中日两国金融周期的基准变量，选择信贷/GDP作为宏观经济杠杆的近似度量指标来衡量金融系统吸收损失的能力。这里的信贷指标采用的是两国国内私人部门的信贷总量，房地产价格采用的是全国范围内各种类型商品房销售价格，而后采用带通滤波方法来测算中日两国的金融周期。马勇和张靖岚等（2017）构建了包含内生性金融周期变量的宏观经济模型，分析了金融周期、经济周期和货币政策之间的关系。他们研究了金融周期和经济周期之间的关系，并构建了综合性的金融周期指数来反映金融体系的整体运行态势，基本指标包括房价、股价、银行利差、金融杠杆率、长期风险溢价、货币供应量、社会融资规模和资本流动性 8 个代表性的金融变量，采用标准的极小-极大值（Min-max）方法对各变量的缺口值进行了无量纲转换，再通过一定的加权方法将这些金融变量最终融合成一个综合性的总体金融周期指标。此外，他们构建了八方程新凯恩斯主义模型，研究了金融周期和内生性的金融不稳定对宏观经济波动的影响。

9.3.2　马克思-后凯恩斯主义金融周期研究的实证方法：存量流量一致模型（SFC）发展

马克思主义政治经济学与后凯恩斯主义货币经济理论的金融周期研究，可采用的数理技术和实证方法可以依托存量流量一致模型。2007 年出版的由戈德利和拉沃（2007a）撰写的《货币经济学》总结了基础原理和建模方法，并基于 SFC 框架的模型和政策分析预测危机。SFC 方法的主要特点和优点在于它为一体化处理实体经济和金融市场提供了一个框架。在现代资本主义经济中，在不涉及金融市场（货币、债务和资产市场）的情况下，实体经济的行为是无法理解的。如果要以严谨和分析的方式考察现代资本主义的政治经济，那么 SFC 方法是一个必不可少的工具。

佛利（Foley，2003），以及梅里莱和利马（Meirelles 和 Lima，2006）构建了融资方式与金融不稳定的模型，古德哈特（2009）等建立了具有杠杆机制的贝叶斯金融不稳定模型数理分析方法。威廉·布雷纳德和詹姆斯·托宾（William Brainard 和 James Tobin，1968）提出了存量流量一致的原始思想。由戈德利和拉沃（2007）完善的存量流量一致模型，在货币、信贷、财富、生产和分配方面提供了一体化的处理方法，能够实现实体经济和货币、金融市场的有机衔接，更好地分析现实经济体系中的货币政策、金融化、杠杆和收入分配等现实问题。雷（Wray，2011、2014）阐述了货币的广义性、内生性和贮藏性，并运用国家资产负债表和 SFC 模型阐述了广义货币经济与经济周期问题。多斯·桑托斯（Dos Santos，2005）、多斯·桑托斯和马塞多·席尔瓦（Dos Santos 和 Macedo Silva，2009）、贝洛菲奥里和帕萨雷拉（Bellofiore 和 Passarella，2010）、莫里斯和朱尼珀（Morris 和 Juniper，2012），以及达菲莫斯（Dafermos，2015）的研究试图将明斯基的金融不稳定理论与 SFC 模型方法融合起来。多斯·桑托斯（2005）指出，SFC 方法可以提供一个能更好地处理明斯基观点的模型。后来的文献试图展示 SFC 模型如何为具有明斯基特征的商业周期的动态分析提供一个起点，如桑托斯和席尔瓦（2009）、达菲莫斯（2015）是通过更复杂的模型实现的，他们将戈德利的新剑桥方法与明斯基的一些假设相结合。在模型中，私人支出是由净资产与收入的目标比率推动的，但是和明斯基一样，这样的目标比率由于期望，以及借款人和贷款人习惯的改变而发生周期性变化。按照这种方式，该模型对于理解不稳定性如何出现，以及哪些政策适用于应对这种不稳定性是有价值的。

张凤林（2014）对后凯恩斯主义研究进行了系统梳理。刘元生、刘硕、王有贵（2011）使用最基本的存量流量一致模型研究货币流通速度。柳欣、吕元祥、赵雷（2013），赵峰、马慎萧和冯志轩（2013），以及李黎力（2017）都对该理论模型进行了应用研究，为今后的研究奠定了基础。

马国旺（2013）运用中国的数据对后凯恩斯主义信用货币供给的假说进行了实证研究，其基本思路是：如果传统的货币乘数理论成立，则会在信用货币供给量、基础货币量和广义货币乘数之间存在协整关系和格兰杰因果关系；如果后凯恩斯主义货币运行机制成立，则会在信用货币供给量、金融机构贷款量和国内生产总值之间存在协整关系和格兰杰因果关系，并会否定信用货币供给量、基础货币量和广义货币乘数之间存在协整关系和格兰杰因果关系。他根据Wind资讯、《中国金融年鉴（2002—2011）》和同时期的中国人民银行季度报告，选取了2001年第1季度到2012年第3季度的名义值，进行了季节调整并取了自然对数，之后对数据进行了分析。最终，他得到的结论为：在金融机构贷款量和信用货币供给量之间不仅具有协整关系，还互为因果关系，在信用货币和基础货币量之间、信用货币供给量和广义货币乘数之间不存在协整关系和因果关系，这支持了后凯恩斯主义贷款创造存款的基本假说。同时，国内生产总值和信用货币供给量之间不存在协整关系，而是只存在从国内生产总值到信用货币供给量的因果关系；国内生产总值与贷款量之间存在协整关系，但是只存在从国内生产总值到贷款量的因果关系，这个结果与后凯恩斯主义信用货币假设不完全一致。

9.3.3　总结与研究展望

综合以上文献，关于金融周期的研究主要有两大理论来源。第一，以信息不对称为基础的新凯恩斯主义宏观经济学与货币经济理论。由欧文·费雪的债务紧缩思想，到伯克南和布林德、格特勒的金融加速器理论，再到金和沃森特、艾兰尔和吉姆等发展的广义周期理论，打破了实际经济周期理论中对经济背景的完备假设，将凯恩斯主义理论中提倡的价格黏性机制和不完全竞争机制纳入分析框架，这种突破对于金融周期理论的产生具有重大意义。而后新凯恩斯主义学者，如吉纳科普洛斯、福斯泰尔分析了关于经济前景的不良消息是如何导致抵押品价格降低，又是如何导致流动性枯竭和紧急销售的经济效应的。这些学者的研究在信息不对称理论的基础上，建立了新凯恩斯主义理论的金融周期研究框架。

第二，马克思-后凯恩斯主义在货币的创造、循环等机制上进行了与传统经济学不同的解释，也对金融危机产生的原因做出了更加深刻的解释，他们提出的一些观点和得到的结论对于我们今后制定政策、维护国家乃至全球的经济安全有着很重要的参考价值和意义。古德哈特等的金融周期与不稳定理论的核心思想是预期投资机会的风险状况是在不断变化的，金融代理人是贝叶斯的追随者，并且通过观察过去良好情况出现的序列来调整他们对于未来良好情况出现的预期。在一段长时期的好消息之后，预期会上调，金融机构发现把投资组合转向平均风险更大的项目是有利可图的，但是会承诺更高的预期收益。债权人愿意为他们提供资金，因为他们的预期也上调了。结果是，杠杆上升了，风险利差下降了，银行的投资组合中包含更高风险的项目；当坏消息成为现实的时候，违约增加了，而对于金融不稳定性的影响也变得更为严重。

关于金融周期的具体研究目前存在以上两种研究思路，不同的学者在不同框架下都在推动金融周期具体机制的研究，未来可以进一步推动金融周期影响的实证研究和具体政策研究。

第 10 讲

货币金融政策发展：宏观审慎监管

本讲资料来源：克劳迪奥·博里奥、查尔斯·古德哈特、阿维纳什·佩尔绍德、阿德里安、申炫松、格罗斯曼的相关研究成果，以及中国人民银行、国际货币基金组织的研究报告。

本讲核心内容：2008 年美国次贷危机引起全球金融动荡，暴露了微观审慎监管的不足，关于超越微观审慎路径、实行宏观审慎监管的呼声越来越大，宏观审慎的概念被广泛提及，各国纷纷开始探索宏观审慎框架的建设。尽管当前对于宏观审慎的研究仍然不足，宏观审慎框架的建设也处于起步阶段，但宏观审慎监管领域的研究正处在快速发展之中，大量关于宏观审慎监管的构思被提出，其中一些政策建议和政策工具已开始应用于实践中。

本讲着重阐述：①当前已应用于实践的宏观审慎政策与监管工具的发展情况；②简要总结了宏观审慎政策与监管的理论研究现状。为此，本讲首先阐述了宏观审慎框架的建立，包括宏观审慎提出的现实背景和理论基础、宏观审慎概念提出的过程，以及宏观审慎的计量和分析；其次，在对宏观审慎工具的介绍中，根据工具的性质，将其划分为测度工具、时间维度工具和空间维度工具，具体论述了工具内容和实践情况；最后，介绍了宏观审慎政策工具在各国的实践情况，以及宏观审慎政策工具的发展对我国的启示。

第 1 节　宏观审慎框架的建立

10.1.1　宏观审慎提出的现实背景

在 2008 年全球金融危机后的反思与研究中，"宏观审慎"一词频繁出现，本节主要介绍实践中宏观审慎框架下所包含的具体政策工具。宏观审慎框架包含诸多内容，旨在应对系统性风险、维护金融稳定的宏观层面的措施都可以被视作处于宏观审慎框架之中。这个框架还在进一步动态发展中，不断有新的内容添加进来。

长期以来，监管部门一直注重对个体金融机构的监管，认为只要确保每一家金融机构都能采取有效措施规避、应对风险，整个金融系统就是安全的。然而，宏观经济的稳定并不是每家金融机构稳健运行的简单加总就可以实现的。当整个金融系统面临共同的外部性冲击时，金融机构传统的规避风险的手段（如在危机时出售手中资产以降低自身风险），会在系统范畴内形成抛售资产的巨浪，导致资产价格崩溃，进一步加剧危机。一家机构谋求自身低风险的行为反而会导致整个金融体系的动荡和危机，这是因为金融机构行为带来的社会成本远远超过其自身成本。

近期的金融危机凸显了理论分析框架缺乏的弊端，难以帮助预测和应对全球范围内的金融失衡，以至于引发全球失衡，产生了严重的宏观经济后果。同时，传统理论对金融系统的自我调节能力的过度自信导致了对于债务和杠杆积累的后果的低估。而且，对于金融创新和放松金融管制的作用方面，传统理论也存在认识不足。传统的微观审慎监管方式的弊端在此次金融危机中暴露无遗，对金融危机的深层研究也显示出需要转变监管方式，其中的核心就是加强宏观审慎方面的监管，将整个金融体系看作一个整体纳入监管，而非仅仅针对一家金融机构，应考虑每家金融机构与宏观经济的关联。表 10.1 描述了微观审慎监管和宏观审慎监管的区别。

表 10.1　宏观审慎和微观审慎监管的区别

项目	宏观审慎监管	微观审慎监管
直接目标	限制金融系统内的风险	限制单个机构的风险
最终目标	避免同金融不稳定相关的宏观经济成本	保护消费者（投资者/储蓄者）
风险描述	内生的（取决于全体性的行为）	外生的（同单个机构的行为无关）
机构间的相互关系和披露	重要	无关
审慎控制标准	全系统内的风险；自上而下	个别机构的风险；自下而上

资料来源：Borio（2003）。

10.1.2　宏观审慎概念的提出

在短时间内，"宏观审慎"一词被频繁提起，但是在 2000—2007 年却鲜有人提及。事实上，"宏观审慎"一词的起源最早可以追溯到 1979 年，在库克委员会（巴塞尔委员会的前身）的一次会议上讨论了国际银行贷款期限转换相关的数据收集问题，会议发言提及"微观层面的经济问题开始转换为宏观层面的问题，从这一点来讲'微观审慎'将变为'宏观审慎'方面的问题"，"宏观审慎"开始作为一个新的名词出现，因此它并非完全陌生的概念。会议当局日益担忧对发展中国家的借款会带来宏观层面的金融不稳定，但"宏观审慎"这一概念在很长时间内没有得到普及。此后，国际上加快了推进宏观审慎监管的步伐，宏观审慎这一概念被反复提及。2009 年 4 月，二十国集团（G20）伦敦峰会召开，将宏观审慎框架列入公报文件，此后历次峰会皆把宏观审慎列入公报文件。2009 年 9 月，G20 匹兹堡峰会召开，在会议文件中正式引用"宏观审慎管理"和"宏观审慎政策"的提法。2010 年 6 月，G20 多伦多峰会召开，继续探讨宏观审慎框架的建立问题。2010 年 11 月，G20 首尔峰会召开，宏观审慎监管被列为峰会六大议题之一，通过"宏观审慎性管理"的基础性框架，全球宏观审慎金融监管体系初成。2011 年 2 月，金融稳定理事会向 G20 提交了《宏观审慎政策工具和框架》的最新报告，系统阐述了当前宏观审慎框架建设的进展情况。

10.1.3　宏观审慎的理论基础

关于宏观审慎政策的研究仍处于起步阶段，远远达不到能为政策框架提供分析基础的地步，其原因在于：宏观审慎的方法只是最近才在政策讨论中发挥显著作用的，对金融稳定性的定义和宏观审慎政策的目标并不明确；缺乏反映金融体系和宏观经济之间互动的模型；对于微观审慎政策和宏观审慎政策之间的关系缺乏清晰的共识。学术界目前对其的研究包括定义金融稳定性和明确宏观审慎政策的目标，迄今为止尚未形成与宏观审慎相匹配的金融稳定性定义，研究大多以金融不稳定的概念替代。与之相关的模型有三种，即由外生冲击所产生的自我实现均衡的模型、具有异质性或系统性负面冲击的模型、内生周期性金融不稳定模型。相关研究指出，与金融不稳定相联系的是系统性风险的概念，有研究认为系统性风险是经历系统性事件的风险，在这些事件里，受影响的机构在第二轮或之后受到第一轮冲击的冲击而破产，尽管它们在事发前是有清偿能力的；也可以将系统性风险看作传播的风险，当冲击的蔓延超出了它们的直接经济影响，会造成危机的扩散和对实体经济的破坏。也有研究认为，金融不稳定的起源并非扩散和蔓延，而是因为系统性风险随时间的演化，最终同商业周期密切相关。根据这种观点，风险从根本上是内生的，且反映了金融体系和实体经济之间过度繁荣的互动、过度扩张的结果，这也为随后的低迷和金融困境埋下了种子。在量化金融不稳定和系统风险方面，学术界提出了大量指标和模型，其中一些已经应用于实践，如金融稳定性指标、预警指标、压力测试、VaR 值等。其中个别金融机构针对系统的重要性评估提出了 CoVaR 值的概念，利用其调查由一个机构或市场的问题所造成的系统性影响，突出了规模、相关性和替代品可得性的作用。在研究金融体系和宏观经济之间的互动方面，已有的研究尚不能提供一个可操作的平台以进行风险分析和政策模拟，大多只是在现有的 DSGE 模型上进行改进，加入资本监管、金融摩擦及银行资本等因素进行模拟，相关研究仍未获得突破性进展。

第 2 节　宏观审慎工具

10.2.1　测度工具

有效、准确地测量风险是应对风险的前提，风险测量工具是宏观审慎工具的一个重要组成部分。如何衡量系统性风险、测度金融体系稳定性是美国和欧盟当前进行改革的重点之一，2009 年 4 月成立的金融稳定理事会建立了独立的系统性风险衡量体系。宏观审慎的风险测量工具的核心在于将整个金融系统看作一个整体，在全系统范围内诊断系统的脆弱性，并对金融领域同宏观经济之间的联系给予特别关注。通常这些测量工具可以分为定量工具和定性工具。定性分析工具包括对制度、监管框架、市场结构、标准与准则等方面的信息分析，如评估宏观经济政策的稳健性和透明度、监管质量和金融基础设施的有效性等；定量分析工具包括金融稳健指标、宏观压力测试、早期预警系统等，也可以将定性工具和定量工具结合起来进行分析。下文主要介绍定量分析工具。

（一）金融稳健指标

金融稳健指标是指利用一系列指标从多方面检测金融体系和市场运行的健康程度，既可以通过微观指标的加总来进行衡量，也可以直接使用宏观方面的指标。微观层面的指标便于监管者把握整个金融体系在资本、资产、管理、收益情况、流动性，以及对市场风险的敏感度等方面的健康程度，而宏观层面的指标主要从总体经济增长率、支出平衡度、通货膨胀的波动性、利率及汇率、贷款和资产泡沫、危机的传染性，以及资源禀赋等方面衡量经济的健康程度。无论是微观层面的指标还是宏观层面的指标，都是旨在对金融体系的健康程度进行测量，监测并发现全系统内的风险，都可以看作宏观审慎的测量工具之一。金融稳健指标分为核心指标和鼓励指标。核心指标主要针对银行金融机构，包括资本充足性、资产质量、收益率、流动性和对市场风险的敏感程度；鼓励指标包括存款机构的相关补充指标、市场流动性指标、非银行金融机构相关指标和房地产市场、家庭、企业部门的指标。金融稳健指标是测量风险、判断金融体系稳定性的必要性指标，但对于风险测量来说只是一个起点，远远不能满足其要求。金融稳健指标最主要的缺陷是某些描述金融系统健康程度的数据往往是滞后的，最好的结果也只是同步于经济现状，故此类工具需要前瞻性的变革以测量动态的危机。

（二）宏观压力测试

压力测试（Stress testing）是指在某一特定的极端市场情况下（如某些异常的负面经济冲击），考察金融体系在此冲击下的脆弱性情况，以检测金融体系能否承受负面冲击带来的压力。宏观压力测试不同于只用于评估单个机构或者单个投资组合的微观压力测试，它是建立在整个金融系统的层级上的，并将金融系统或者其子行业看作一个整体，考察其对于某些严重的负面冲击的应对弹性。这种冲击既包括个别的风险因素，如汇率、利率或资产价格等，也包括各种因素结合共同形成冲击的复杂情况。宏观压力测试的一个显著特点是它并不评估一种负面冲击发生的可能性，而是评估此种冲击发生所带来的成本。宏观压力测试可以只评估宏观潜在的极端事件（如市场突变带来的金融危机）给金融系统稳定性（脆弱性）带来的后果，故而在实践中得到了广泛运用，各政策当局将其视作金融稳定性的分析方法，金融部门评估规划（FSAP）将其列为识别一国金融体系脆弱性的重要工具之一。然而，尽管宏观压力测试前景看好，其发展仍处于起步阶段，远远不如微观层面的压力测试完善，仍需要进一步的开发。表 10.2 总结了宏观压力测试的具体步骤。

表 10.2　宏观压力测试步骤

步骤	具体内容
定义纳入测试的机构和资产范围	决定是否将大型银行机构、外国银行、非银行金融机构、保险公司、养老基金均纳入分析范围或者只考虑其中几种，对资产范围的选择取决于分析风险的本质和数据可得性
宏观经济压力情景设计与校准	具体考虑风险类别的选取（市场风险、信用风险还是流动性风险）、冲击参数的选择（价格、波动性或相关性）、冲击的程度（历史或假设情景）、时间长度等
评估对具体因子的脆弱性	评估对风险来源的脆弱性影响时，常用时间序列、横截面或面板数据计量模型来估计变量之间的关系。评估对具体风险因子的脆弱性时，关键是分析冲击传染的途径、微观主体间交互反应等
综合各种风险因子脆弱性的分析	各种风险因子间可能存在相关关系，应寻找能综合考虑各种风险因子的统一分析框架或仅针对重点因子对其他因子进行简化，以处理相关关系
评估金融业的整体风险承受能力和反馈效应	在动态系统的框架内将金融业整体风险水平内生化纳入风险因子识别过程，并考虑金融业内部及金融业与宏观经济层面的反馈效应

资料来源：根据已有文献整理。

（三）早期预警系统

早期预警系统利用一系列反映金融危机发生条件的指标对经济金融变量进行监测，以预测危机爆发的可能性，其目标是建立起一个危机发生的可能性的定量评估。早期预警指标最开始将研究重点放在货币危机和主权危机上，随着时间的推移，越来越多的研究开始关注银行领域的危机及其与其他类型危机的关系。早期预警指标并不是简单观察即可得出的传统市场指标，这类指标往往不能针对危机发出正确的预警信号。理想的早期预警系统由一系列综合性强、敏感性高的指标组成，具有良好的可操作性，能够针对即将发生的金融危机发出信号。传统早期预警系统以线性模型为主，如 KLR 模型、FR 模型、STV 模型和 DCSD 模型等。表 10.3 对上述部分模型进行了简要介绍。以 KLR 模型为例，早期预警指标包括：反映宏观经济发展状况的指标，如 GDP 增长率、通货膨胀率等；反映国内金融市场运行的指标，如信贷增长率、M2 增长率、国内金融机构不良贷款占总资产的比例等；反映经济对外联系程度的指标，如经济开放度、最后清偿率、外汇储备、外债总额等，这一类指标的选取考虑的是金融危机具有较强的传染性。通常每个指标会基于历史数据确定一个临界值，短时间内指标的临界值被突破得越多，危机发生的可能性越大。另一类早期预警系统是构建金融压力指数，通过一系列子行业压力状况的指标合成衡量金融体系压力状况的综合性指数，这一类指数包括股票收益率、银行部门 β 系数、债券利差、汇率波动率等，能够更加直观地反映金融系统性风险，预测危机。同宏观压力测试一样，早期预警系统的研究也处于起步阶段，仍需进一步发展。

表 10.3　早期预警模型的基本原理及模型变量

模型	基本原理及对危机的定义	选取的经济变量
KLR 模型	研究经济周期转折的信号理论，确定用于货币危机预测的经济变量并运用历史数据进行统计分析，确定货币危机发生的先行指标并选择其安全阈值。当某个指标的阈值被突破时，意味着发出危机信号	GDP 增长率、通货膨胀率、信贷增长率、M2 增长率、国内金融机构不良贷款占总资产的比例、经济开放度、最后清偿率、外汇储备、外债总额
FR 模型	金融事件是离散且有限的，可利用各个国家的年度数据作为样本资料建立概率模型。将危机定义为货币贬值至少25%，并至少超出上一年贬值率的10%	GDP 的增长率、国外的利率、国内信贷增长率、政府预算赤字占 GDP 的比率、实际汇率高估程度、经常项目/GDP、国际储备/进口额、外债总额
STV 模型	考察同一时期不同地区的国家发生货币危机的可能性，使用国家的截面数据为样本资料。定义货币危机指数（IND）为货币加权储备下降百分比和汇率贬值百分比的总和	实际汇率贬值、国内私人贷款增长率、国际储备/广义货币供应量

10.2.2　应对工具

宏观审慎框架仍处于不断发展和完善中，截至目前，宏观审慎框架并没有就其首要的运用工具达成共识，也没有形成一个系统的分类体系。如今采用的大多数工具来自微观审慎层面，如货币政策、流动性要求和监管制度等，宏观审慎干预只是在这些工具的基础上进行改良或调整，以达到宏观审慎的目的，并且宏观审慎政策工具通常与其他工具交叉运用，难以完全从这些工具中独立出来。因此，在目前的研究中，用于抵抗金融系统性风险、增强金融体系稳定性的措施都可以被囊括在宏观审慎的框架中，它们的运用是为了实现宏观审慎的目的。本节中列出的是对系统性风险进行防范、规避或者化解的一系列工具，是宏观审慎政策最重要的组成部分，许多文献提及的宏观审慎政策工具仅包括此类工具。金融稳定理事会向 G20 提交的《宏观审慎政策工具和框架》中，将此类工具分为两类：解决时间维度风险的工具和解决行业维度风险的工具。时间维度的工具旨在解决随时间推移而演变的风险，即顺周期性带来的风险；行业维度的工具旨在解决给定时点上个体金融机构相互联系的行为带来的系统性风险积聚。

（一）时间维度的工具

解决时间维度上的风险的关键在于解决金融系统的顺周期性问题。顺周期性是金融机构行为同质性的根源，这是宏观审慎监管亟待解决的问题。风险通常在经济上升阶段积累，爆发于经济衰退期。在经济上升阶段，以价格为衡量基准的资产价值上升，而以价格衡量的风险下降，金融机构的利润增加，大多数金融机构对此的回应是抓住时机进行扩张，利用短期融资手段从货币市场获得资金以支撑其扩张，并提高杠杆率，在此过程中，整个金融系统内的风险过度膨胀。与之相反，当周期逆转时，资产价格下跌，整个金融系统陷于困境，伴随着短期融资和信贷受损、高杠杆收缩，危机进一步被放大。而许多现有的制度政策不仅无法实现逆周期缓冲，反而会放大经济波动幅度，加剧这种顺周期性，如巴塞尔协议 II 的相关规定。当经济上扬时，监管制度的约束力被弱化，金融机构融资能力增强，无法抑制经济过热和泡沫形成；当经济下行时，监管制度对金融机构的约束力加强，金融机构融资能力被进一步遏制，反而使危机放大。宏观审慎框架时间维度上的工具首要解决的就是顺周期性问题，建立有效的逆周期对冲机制，以防范和化解系统性风险的累积和扩散。通过对原有微观审慎工具进行调整，宏观审慎政策工具可以在经济繁荣期建立缓冲以弥补经济下行期时的缺口，对经济衰退期流动性枯竭、杠杆过度收缩的问题起到遏制作用，减少金融周期的波动性。巴塞尔协议 III 在推进时间维度工具的发展上做出了突出贡献，其中包括一系列抑制顺周期性的条款，从而建立起动态的资本监管框架。

1. 建立逆周期的资本缓冲制度

逆周期资本缓冲的规定主要是针对银行设立的，巴塞尔协议 II 中关于资本的规定助长了顺周期性，其弊端在此次金融危机中暴露无遗。当经济处于扩张期的时候，银行资产的质量和数量都得到提高，在资本充足率规定不变的情况下，银行可以轻易满足资本金的配置要求，将扣除留存资本金后的闲置资金投放市场，进一步地刺激经济扩张，助长了经济过热；在经济衰退期，银行的资产负债表状况恶化，而衰退期的资本金要求与经济繁荣期相同，银行难以满足资本金配置要求，通常不得不减小向企业投放贷款的规模，市场可获得资金减少，从而加剧了经济衰退。为此，巴塞尔委员会提出建立逆周期资本缓冲要求，即在经济繁荣期银行需额外划拨 0～2.5% 的资本以作逆周期缓冲之用，这部分资本可由普通股和其他可吸收亏损的高质量资本构成。逆周期资本缓冲的建立旨在通过在经济上行周期计提资本缓冲，以防止信贷过度增长，并在经济衰退期帮助吸收亏损风险，降低损失。巴塞尔协议 III 规定，全球商业银行的一级资本充足率下限从 4% 上调至 6%，核心一级资本占银行风险资产比例的下限从 2% 提高至 4.5%。此外，银行需保留不低于银行风险资产 2.5% 的资本缓冲资金，以便在危机发生时不依赖政府救助而独自处理危机。资本充足率的提高、资本留存缓冲和逆周期资本缓冲规定的引入将提高银行应对风险的能力，使银行在面对经济困境时有较多的资本来应对周期波动性。

2. 对杠杆率的控制

2008 年全球金融危机蔓延的重要原因之一是金融机构的表内外杠杆率过高。高杠杆率累积在之前的金融危机中也有所显现，如 1998 年的亚洲金融危机。危机爆发时，金融机构压力增大，被迫降低杠杆率，增大了资产价值下跌的压力，导致危机更加严重，资本价值下跌引起金融机构资产缩水，引发新一轮的去杠杆化行为，资产紧缩与去杠杆化行为之间行为形成反馈机制。故当局需把杠杆率纳入监管体系，作为衡量金融机构行为的重要标准之一，为其杠杆率确定底线，控制经济繁荣期金融机构借助杠杆率过度扩张资产规模，防止危机爆发时过度去杠杆化给经济带来的负面影响。巴塞尔协议首次将杠杆率纳入监管框架，规定全球银行业的杠杆率的最低标准为 3%，即银行的总资产不得超过其一级资本的 33 倍，作为资本充足率要求的补充，以控制金融体系过高的杠杆率，形成有效的资本约束。

3. 对流动性的管理

市场的流动性情况体现出强烈的顺周期性。在经济高涨期，流动性过度泛滥，加剧了泡沫；在经济衰退期，流动性过度收缩甚至枯竭，进一步导致经济状况恶化。宏观审慎应将流动性纳入框架，平抑其顺周期性，保证经济平稳运行。除对流动性的最低标准做出规定外，对流动性的管理还涉及两个方面：一是持续监控国际和国内的金融市场状况，关注资本的流向和流量，避免流动性泛滥为资本市场带来流动性危机；二是关注对银行资产负债表中资产与负债期限的匹配度，减少错配，以控制流动性风险。

巴塞尔协议 III 设计了流动性覆盖比率（LCR）作为流动性的国际标准，加强对银行流动性的管理，防止 2008 年金融危机再次上演。流动性覆盖比率主要用来衡量银行的短期流动性水平，监测资产的现金流入与负债的现金流出，要求银行拥有足够无障碍变现的优质资产，以应对短期内（30 天）可能出现的现金流需求。巴塞尔协议 III 对流动性覆盖率的规定是有弹性的，其制定的新流动性规则规定银行在危机时期可以利用其流动性资产，流动性覆盖比率可以暂时低于最低标准，以减轻银行面临的资金压力，避免重演此次危机的现金流困境。流动性覆盖率于 2015 年正式实行，各国银行已于 2011 年进入指标观察期。

巴塞尔协议 III 还使用了净稳定资金比率（NSFR）以应对较长期限内的流动性错配问题。此次金融危机的一个重要启示是资产和负债的期限应相匹配。资产的风险在很大程度上取决于资金的到期期限。金融机构大多选择成本低、期限短的短期融资，一旦金融危机爆发，原有资金到期，新的融资困难加大，会导致金融机构的状况恶化，加大系统的脆弱性。针对这种情况，巴塞尔协议 III 使用了净稳定资金比率，即可用的稳定资金与业务所需的稳定资金量之比，用于度量银行负债和权益类业务等提供的较长期限内可使用的稳定资金对其表内外资产业务发展的支持能力，净稳定资金比率需大于 100%。净稳定资金比率旨在确保表外业务、证券化资产、投行类产品及其他类型的融资具有满足其最低限额的稳定资金来源，能够与它们的流动性风险状况相匹配。净稳定资金比率覆盖整个资产负债表的表内和表外业务，对相关流动性风险的评估更加完善有效，能抑制银行使用短期融资的动机，转而寻求稳定长期的资金来源。净稳定资金比率是流动性覆盖率的补充指标，两者配合使用，以保证银行在长短期内均有充足稳定的资金来源。

4. 拨备覆盖率

贷款损失拨备是银行应对危机、吸收损失的另一个重要途径，但是以往的拨备制度存在缺陷，导致金融周期的效应进一步放大。银行拨备制度采取已发生损失的原则，只有在银行确认贷款发生损失后，才会在会计上计提贷款损失拨备。当经济高涨时，银行信贷状况良好，贷款损失少，计提拨备减少，更多的资金被投入市场，助长了经济过热。当金融危机爆发时，经济状况恶化，企业偿还贷款的能力下降，信贷违约率增加，而按照拨备制度的规定，银行此时发生贷款损失，需要大量计提贷款拨备，导致银行资本进一步紧缩，可投放市场的信贷资金减少，银行的信贷能力被进一步遏制，形势进一步恶化。2008 年全球金融危机中，以往拨备制度的滞后性和顺周期性暴露无遗，为解决这些问题，监管当局提出了前瞻性拨备和动态拨备两种新制度。前瞻性拨备是一种跨周期的拨备计提方法，经济上行期风险积累，银行可以多计提拨备，以应对预期损失和非预期损失；在经济下行期风险爆发时，可以利用已有拨备抵御贷款损失，从而减轻了顺周期性带来的经济波动，在经济过热时起到收缩信贷的作用，在经济衰退时避免因增加拨备而导致经济恶化。动态拨备的作用机制与之相似，西班牙在 2000—2004 年已经采用可动态拨备制度，将动态拨备贯彻实践。

5. 会计准则

许多评论家认为会计准则的设置是 2008 年全球金融危机过后应当关注的核心问题之一。公允价值的会计准则加剧了经济周期的波动性，在正常时期，公允价值能够灵活地实现对资产和负债实时估值，但在非常时期，公允价值会计的存在会使经济状况进一步恶化。在正常时期，资产和负债的市场价格同其未来收益现金流的折现值十分接近；但在危机时期，其市场价格暴跌，远远低于折现价值，公允价值以市场价值为基础，当已经出现资产价格的下跌时，按照此时的公允价值进行交易已经偏离了资产的折现价值，刺激价格进一步下跌。同时，在流动性较低的市场中，当市场参与者大量出售资产变现时，资产价格的形成并不合理，会计主体被迫按照不合理的价格对资产的公允价值进行估量，加大了会计主体的损失，金融机构持有资产价值的缩水助长了资产价格下跌的市场预期，导致资产价格进一步下跌，形成负面的循环机制。对此，有研究提出将市场价格和未来现金流折现价值结合起来，以权重的方式形成新的评估价格，这个新的价格能更准确地评估资产价值，并抑制金融机构短期融资的动机，使其寻求长期资金来源，提高资产和负债的匹配度，促使流动性低的资产由具有长期资金来源的机构持有。然而，会计准则的改革细则仍在进一步商议中，并未有太大的现实性进展。

（二）行业维度的工具

风险在行业维度的蔓延有两种途径：一是当一家金融机构陷入困境时，通过资产负债表之间的相互联系会将风险传导至其他金融机构；二是当市场机构

第 10 讲

的关联度极高时，每家金融机构通过复杂的信用链与其他机构具有间接的关联性，当市场受到风险冲击时，相似的应对危机的行为会产生共同的风险，此时风险在个体机构中被分散，系统风险加大。当市场面临共同的风险冲击时，单个机构出售资产是化解自身风险的谨慎选择，但是市场所有机构的相似行为会导致资产价格崩溃，市场的共同风险暴露增加。针对风险在某个时点在金融体系内的分布，首要的对策是进行系统性行为管理，考虑适合持有此种风险的机构，并考察这类机构是否具有持有此类风险的动机，将各种机构、各种资产区分开来，有针对性地处理，避免过去"一刀切"的局面，这是解决空间维度上风险的主要原则。巴塞尔协议 II 的一大弊端是无论借款公司本身是高风险还是低风险，投放给私人公司的贷款均采取一样的权重，这就导致对安全的资本要求过高的监管资本，而对高风险资本的监管要求不足。宏观审慎监管应当根据单个机构对系统性风险的边际贡献情况采用差别化的监管方式，具体的政策工具包括：区分具有系统重要性的机构、差别化征税、衍生品市场改革、对影子银行进行治理及减少对评级机构的依赖等。

1. 区分具有系统重要性的机构

宏观审慎在空间维度的监管应当将具有系统性的金融机构区分开来。每家金融机构对系统风险的贡献程度是不同的，其中一些机构因自身规模较大、与其他机构关联程度较高而会对金融系统造成重大影响，一旦其陷入困境，会通过前述路径将风险传导至整个市场，这类机构一旦倒闭，会对金融体系造成巨大的伤害，属于"大而不能倒"的机构。监管当局应当列出本国具有系统重要性的金融机构名单，对其采取特别监管，监管的目标是降低其与市场其他机构的关联性和自身倒闭的可能性。监管当局可以通过隔离的方式降低系统重要性机构与其他机构的相互关联性，如美国提出的"沃尔克规则"，限制银行业的自营交易，将其自营交易业务与商业银行业务相分离，减少可能引发危机的风险投资行为，如对私募股权基金和对冲基金的投资。同时，监管当局对系统重要性机构提出特别的监管资本要求，增强其吸收损失的能力，使其监管要求同其对系统性风险的影响相匹配，激励系统重要性机构限制自身创造系统性风险的动机，减少其倒闭的可能性。对已经陷入困境的系统重要性机构进行有序的重组或撤销，以将其对金融体系的负面影响降到最低。

2. 差别化征税

税收作为强制性手段，也可以作为宏观审慎监管的一种工具，采取差别化的征税方式，通过对非核心的资金和负债征收额外的补偿税来协调激励机制。

通过差别化征税可以将非核心资金同支持金融市场正常运营的核心资金区别开来，只对非核心资金部分进行调节，提高非核心资金的运营成本，降低其给金融体系带来的外部性。非核心资金反映了金融周期的阶段及金融体系内价格扭曲风险的程度，对非核心资金的征税可以减轻价格扭曲，防止金融机构的资产和负债过度增长。非核心资金通常是独立于信贷资金的，其融资和使用会涉及大量相关联的机构，故对其征收差别税还可以降低金融机构之间的相互关联度。对核心资金征收补偿税具有多种可取之处，其主要目的是对金融机构的经济活动进行调节，获得税收收入反而是次要的。差别化征税能有效降低金融系统的脆弱性，减少系统性风险的累积。此外，对非核心资金的征税基础是随金融周期变动的，在繁荣期金融机构表现活跃，非核心资金数量增加，衰退期金融机构运营遇到困难，相应的，非核心资金减少，即使税率本身保持不变，也能够随经济周期变动自发调节，平抑周期的波动性，减少市场中资金的顺周期性问题。

3. 衍生品市场改革

金融衍生品具有两面性，既可以分散风险，又能够放大风险。衍生品市场的不透明、不完善是金融危机蔓延的重要原因之一，衍生品的高杠杆性将风险大幅放大。为防止危机上演，需对衍生品市场进行深化改革。宏观审慎要求加强对衍生品市场的监管，完善衍生品市场的基础设施，减少监管盲区，提高衍生品市场的透明度，从事后监管向事前监管过渡，强化功能监管，对衍生品市场上的同种业务采取统一的监管标准，防止衍生品市场泛滥。2010 年 10 月，G20 成员签署了金融理事稳定会提交的建议书，完善衍生品市场的基础设施建设，推进衍生品市场改革，对衍生品采用场外清算机制，建立集中的清算系统，改变传统的双边清算交收模式；采用中央对手方机制，实行以中央对手方为核心的多边清算交收模式，买方和卖方面对同一交收方，中央对手方介入交易，承担对结算参与人的履约义务，在一方违约时先对另一方履约再对违约方进行处置，降低违约损失，控制市场信用风险，提高金融稳定性；致力于在各国之间搭建统一的标准化衍生品交易平台，推动衍生品市场的进一步改革，将衍生品市场纳入有效监管的框架内。

4. 对影子银行的治理

只对银行金融机构加强监管是不够的，许多非银行金融机构虽然没有利用储户存款进行融资，但也会对整体经济运行产生影响，这类机构包括对冲基金、私募股权基金、特殊目的实体公司（SPV）等，被称为影子银行系统，其中具有代表性的机构是贝尔斯登公司和雷曼兄弟公司。传统的监管措施忽视了对影子银行的监管，而这类机构本身透明度较低，自身杠杆率较高，又缺乏有效的监管，一旦爆发危机，会给经济带来巨大的扰动。影子银行大多持有资产抵押债券，通过短期债务进行融资，当资产抵押债券市场发生崩溃，其投资者无力偿还短期债务，不得不动用银行存款，会带来潜在的挤兑隐患，将风险传导至整个市场。针对影子银行体系的监管原则是确保对一个信贷品种提出相同的资本要求，而不论其持有者是银行、共同基金还是特殊目的实体公司。这个原则可以通过对资产抵押债券的估值折扣实施更广泛的监管，可以协调不同组织形式的监管，抑制贷款向影子银行部门迁移的动机，对于影子银行作为最终持有者持有的那部分资产，可以抑制其不稳定的动态。估值折扣设置过低会导致其在危机发生时陡然升高，形成强制性的资产抛售压力，在危机发生前对估值折扣设定较高的要求可以弱化形成资产抛售的循环机制。

5. 减少对评级机构的依赖

当金融危机爆发时，评级机构对相关机构评级的降级处理只会在事后导致市场状况进一步恶化，而无法事先对危机发出预警信号。随着对危机的深入思考，越来越多的研究开始质疑评级机构的透明度和可靠性。宏观审慎框架中也涉及评级机构的改革，主要原则是减少对评级机构的依赖，投资者和市场主体对持有资产应做出独立判断，不完全依赖评级机构，监管部门也应降低对评级机构的依赖度。评级机构改革的另一个关键在于打破评级机构的垄断程度，引入新的竞争者，鼓励良性竞争，提高评级机构的透明度，必要时弱化评级机构的权力。

第 3 节　宏观审慎工具在各国的实践和运用情况

2009 年 4 月，G20 峰会宣布成立金融稳定理事会（FSB），负责评估全球不同金融体系的风险，推动不同监管机构之间的协调和信息交换，推进全球层面的宏观审慎监管的合作与协调。此后，全球多个国家开始了宏观审慎监管体系的建设和改革，宏观审慎工具也得到了越来越广泛的运用，其中时间维度方面的政策工具主要是通过对巴塞尔协议 Ⅲ 的遵行得到运用的。巴塞尔协议 Ⅲ 涉及逆周期的资本缓冲、控制杠杆率、管制市场流动性等多方面的政策工具运用，各国已经大致确定了巴塞尔协议 Ⅲ 的实施时间表，许多措施已经开始进入实践。除遵守巴塞尔协议 Ⅲ 以外，各国针对本国情况做出相应的针对性安排，下面将具体介绍各国宏观审慎框架的建设情况和具体的工具运用情况。

10.3.1　宏观政策工具在美国的实践和运用

次贷危机后，美国政府公布《金融监管改革——新基础：重建金融监管》改革方案，提出在进行微观审慎监管的同时对宏观层面的监管进行补充。伯南克在金融监管相关会议上做出"危机后的金融监管：美联储的角色"的讲话，五次提到宏观审慎监管，表示要将监管方法由微观审慎转变为宏观审慎，更加注重系统范围内的整体风险，揭开了宏观审慎改革的帷幕。

2010 年 7 月，美国政府通过《多德-弗兰克华尔街改革与消费者保护法》，这部法案从多个方面强化宏观审慎监管，致力于保护消费者的权益，被认为是大萧条以来最严厉的金融监管法案，监管覆盖面极广。该法案的主要内容包括：成立消费者金融保护局，由美国国会监督委员会主席沃伦组织筹建；对提供信用卡、抵押贷款和其他贷款的金融机构进行监管，实施严格的金融保护措施；建立金融稳定监督委员会，由 10 名成员组成，识别和防范金融性风险，对可能对金融市场稳定性产生不良影响的机构实施更严格的资本金和流动性监管；将场外金融衍生品纳入监管框架，要求衍生品交易通过第三方清算进行；使用"沃尔克规则"限制银行机构的自营交易和高风险投资行为，规定银行参与对冲基金和私募股权基金投资不得超过其一级资本的 3%，并与传统商业银行业务进行隔离；要求系统重要性机构提前划拨风险拨备，解决"大而不能倒"的问题，防止其倒闭对纳税人资金造成拖累，对已经陷入困境的此类机构进行拆分和重组；对高管薪酬制度进行改革，防止因高管薪酬制度不当导致的企业对风险的过度追求，对于激励过度风险追求的高管薪酬制度，美联储有权阻止；赋予美联储极大的监管权力，美联储将成为美国金融市场的超级监管者，同时对其实行监督，美国国会下属的独立机构政府问责局对美联储进行监督和审计，密切关注其发放贷款、制定和执行利率政策等公开市场交易行为。

10.3.2　宏观政策工具在欧洲的实践和运用

系统性风险具有传染性，一个地区爆发危机往往会导致风险蔓延到其他区域，欧盟作为多个国家的区域经济联合体，将面临极大的挑战，因而欧盟的宏观审慎体系建设首要解决的是建立统一的监管体系，打破其成员国各自为政的监管局面，从整个联盟层面监控、防范风险，防止危机的爆发和蔓延。欧盟理事会通过欧盟金融监管体系改革方案，开启泛欧金融改革，根据改革方案，欧盟设立"三局一会"，建设新的宏观审慎监管体系。"一会"是指欧洲系统性风险委员会，已于 2011 年 1 月正式运作，成员为欧盟各成员国中央银行行长。欧洲系统性风险委员会负责对整个欧洲金融体系进行宏观审慎监管，监测可能发生的系统性风险，通过制定统一的标准对跨国金融机构面临的风险进行统一评估，并对存在风险的金融机构提出建议或发出警告，帮助成员国确立经济政策和标准。"三局"分别指欧洲银行局、欧洲保险与职业养老金局，以及欧洲证券与市场局。三大监管局将主要负责欧盟成员国微观层面的审慎监管，分别负责对银行业、保险业和金融交易活动实施监管。

英国方面，英国议会通过《2009 年银行法案》，财政大臣公布了《改革金融市场》白皮书，开始对银行业进行改革，启用特别决议机制，授权英国政府在银行面临破产时出面进行干预，对即将破产的银行实施国有化，或将其转让给私营企业，或成立一家过渡银行来监管其资产，降低系统重要性机构破产对经济的扰动。英国金融服务管理局、英国央行和财政部共同对金融体系进行监管。2010 年 6 月，英国公布了新的监管体系改革方案，赋予英格兰银行更大的权力，授权英格兰银行实施宏观审慎监管；金融服务管理局将宏观审慎监管方面的权力移交，负责微观层面的监管，并下设三个金融监管机构分别负责金融稳定、日常监管和消费者保护。英格兰银行内部设立金融政策委员会，负责制定宏观审慎政策。

西班牙早在 2000 年 7 月开始了动态拨备的实践，并在 2004 年对其进行进一步修订，使其符合国际财务报告准则（IFRS）。西班牙的动态拨备制度基于历史平均贷款损失率、专项拨备与贷款总额之比的历史平均水平等因素确定拨备率，解决信贷快速增长带来的潜在信用风险，抵消银行业的部分顺周期效应。动态拨备制度的施行提高了西班牙银行体系的拨备充足率，增强了其资本缓冲能力。在 2008 年全球金融危机中，西班牙银行的表现优于其他欧洲国家的银行，2006 年西班牙银行体系的拨备覆盖率达到 255%，而同时期美国银行体系的拨备覆盖率仅为 176%。

10.3.3　宏观政策工具在中国的实践和运用

中国在 2008 年全球金融危机爆发期间受到的冲击较小，金融体系总体强健，但随着经济对外开放度的提高、与世界经济的不断接轨，以及国内金融交易活动的活跃，金融体系的风险不断累积，需要推进宏观审慎监管，增强金融稳定性。在宏观审慎框架的推进方面，2009 年中国人民银行在其三季度货币政策执行报告中首次提出"要将宏观审慎管理制度纳入宏观调控政策框架"，此后央行货币政策委员会于第四季度例会明确提出要研究建立宏观审慎管理制度，有效防范和化解各类潜在金融风险。2010 年中国人民银行发布《中国金融稳定报告 2010》，其中第八章全面论述了宏观审慎管理，提出防范系统性风险是宏观审慎管理的根本目标，要强化我国宏观审慎管理，防范系统性风险。2010 年通过了《中共中央关于制定国民经济和社会发展第十二个五年规划的建议》，提出"深化金融体制改革，构建逆周期的金融宏观审慎管理制度框架……加强金融监管协调，建立健全系统性金融风险防范预警体系和处置机制。参与国际金融准则新一轮修订，提升我国金融业稳健标准，建立存款保险制度"。2011 年，中国人民银行召开工作会议，提出 2011 年工作的主要内容是落实好稳健的货币政策，进一步加强宏观审慎管理。在资本监管方面，针对银行业资本充足率、杠杆率、流动性、贷款损失准备规定了新的监管标准，并划分了系统重要性银行和非系统重要性银行，根据不同机构情况设置差异化的过渡期安排。在新标准下，监管资本从现行的两级分类修改为三级分类，即核心资本充足率、一级资本充足率和资本充足率，其最低要求分别为 5%、6% 和 8%。新标准实施后，正常条件下系统重要性银行和非系统重要性银行的资本充足率分别不得低于 11.5% 和 10.5%，同时引入流动性覆盖率和净稳定融资比例两个指标。

第 4 节　宏观审慎工具的不足

尽管宏观审慎一直处在快速发展中，在多方面取得了进展，但是总的来说，宏观审慎框架的建设仍然处于初期阶段，存在诸多不足，仍需进一步完善和改进。

10.4.1　现行宏观审慎工具的实施提高了金融机构运营的成本

宏观审慎框架下的诸多工具，尤其是应对顺周期性的政策工具，大多会对金融机构的各项指标提出更高的要求：逆周期的缓冲资本要求提高了银行的资本率要求，减少了银行可投放市场的资金；对杠杆率的控制使金融机构投入更多的成本来维持原本的融资规模；流动性覆盖比率和净稳定资金比率对银行的长短期现金存量进行了严格的控制；拨备覆盖率方面的要求加强，银行的资本再次被分散；对银行自营交易和风险投资行为的限制进一步限制了银行的可获得利润；征税或者征收保险费的举措增加了银行的成本。在经济刚刚复苏的局面下，过严的管制要求可能会削弱银行部门的信贷创造能力，不利于私人部门经济的恢复。

10.4.2 宏观审慎工具在具体施行上存在技术类障碍

尽管在世界范围内，多个国家已经开始推进本国的宏观审慎框架建设，但是出台的大多为纲领性文件，详细的措施或政策较少，宏观审慎工具仍存在较大的空白。在已经实施的几类政策中，在具体实践中存在技术指标方面的障碍。

在测量工具方面，相关指标的确定仍处于起步阶段，并且发展缓慢。导致这一问题的原因包括：其一，将宏观经济的发展同金融体系的表现正式建立联系是很困难的。许多研究已经证实，很难就资产价格压力和实体经济之间的反馈效应建立起有意义的模型，因而金融体系因为最初冲击而产生的金融压力很难衡量，也就难以衡量由此产生的内生系统性风险的大小。其二，用来衡量系统性风险的冲击的时期太短，不具有充足的说服力。其三，早期预警系统中的某些指标过于异质性和不平衡，并且除了少数指标之外，大多数指标仍不具有足够的前瞻性，不能完全胜任风险测量的先导指标。

另外，在风险的应对工具方面，许多政策工具的指标无法确定，具体表现如下：经济周期的衡量标准一直处于争议之中，很难判断周期所在阶段；系统性重要机构缺乏明确的划分依据，并且某些机构可能在繁荣期是非系统重要性机构，但在衰退期转为系统重要性机构；在会计准则方面，美国的财务会计准则委员会（FASB）和国际会计准则委员会（IASB）仍然争执不下，无法达成共识；关于动态拨备在各国的具体应用也缺乏明确规定。

10.4.3 宏观审慎工具的实施效果缺乏有效的评估标准

一般认为，宏观审慎工具的运用是有效的，能够弥补微观审慎监管的缺陷，但是目前仍未形成衡量宏观审慎工具有效性的评估体系。测量工具在使用历史数据的基础上，能够成功预测出过去危机的发生，但无法由此证明它对未发生的危机能够进行有效的预测。同时，随着时间的推移，金融体系不断演变，过去有效的测量指标和工具也可能无法再成功地捕捉到危机发生的迹象。在风险应对工具方面，由于现实情况复杂，往往会出现时间维度和空间维度的风险相互交叉，宏观审慎工具和其他政策工具共同运用，尽管可能对经济运行起到了良好作用，但是无法单独、准确地衡量某一工具或宏观审慎政策发挥的作用，因而无法评价其有效性。并且，由于缺乏统一的评估标准，宏观审慎工具的有效性在不同的评估方法下表现出的有效性也不同，缺乏客观的有效性评估标准使得宏观审慎管理很容易陷入自说自话的困境。

10.4.4　宏观审慎工具的实施给监管方带来了更大压力

宏观审慎工具的运用对监管当局提出了更高的要求，实施逆周期的对冲风险机制在很大程度上依赖于监管当局对金融周期和系统性风险积累程度的判断，一旦监管当局决策失误，不仅无法有效解决周期性问题，而且会带来其他经济问题。另外，宏观审慎工具的使用对监管方之间的协调也提出了更高的要求，若一国存在着多个机构肩负监管职责时，部门之间必须保持良好的信息交流和沟通。宏观审慎工具的使用若涉及多个部门，部门之间的目标可能会存在冲突，如动态拨备的使用极可能被税收部门认定为避税手段，同时对某部门的监管过严会导致其他部门的过热，产生失衡，这些都对跨部门协调提出了更高的要求。在国际层面，不同国家之间需要达成较为统一的监管标准，监管标准的不一致同样会导致监管套利行为的发生。

第 11 讲

美元国际货币地位和货币金融优势探究

本讲资料来源：理查德·邓肯（Richard Dunean）、施迈德勒（Schmeidler）、汤姆斯·派利（Thomas Pally）、埃森格林（Eichengreen）、麦金农、吉川元忠、迈克尔·赫德森，以及刘骏民、李宝伟和张云等学者的研究成果。

本讲核心内容：分析了"债务-美元"国际货币体系的本质，并具体量化测度了美元的货币金融优势，得出如下结论：第一，现代央行垄断基础货币发行，依据"规则"控制货币供应量，由于当代法币没有使用价值且不兑现，央行必须肩负起稳定通胀和利率的责任，货币与国债发行要与本国实际资本积累规律相适应，否则会出现通胀或金融危机。但美元主导的国际货币体系却突破了这个规律，美元虚拟资本不断膨胀，造成美国经济结构失衡，也成为其他国家的难题。第二，1971 年，美国违约导致美元与黄金脱钩，由于国际货币的惯性，石油出口国和日本等国不得不将美元作为其出口计价和储备货币，这些国家持续购买美国债券等虚拟资本，从而构筑起其他国家实体经济经常账户出口、美元和美国国债金融账户出口的"帝国循环"机制，既巩固了美元国际货币地位，又使得美国对外债务总规模脱离了国内资本积累与循环规律，获得了对外超级负债能力。第三，美联储在国内实施货币政策，无须对其他国家经济目标负责，通过美元长期持续贬值，可以降低实际外债价值和实际利息支付。第四，美元国际货币地位导致美国能够获得控制全球流动性方向和调整结构的优势，美联储、美国政府及其控制的国际金融机构掌握着国际贸易、投资、金融交易机制，并通过货币政策和财政政策等影响全球流动方向，为其国内宏观经济目标服务。第五，债务-美元与美国虚拟经济主导的经济结构是无法长期维持的，未来很可能再经历若干次金融危机，再次形成国际货币稳定框架，各国应为国际货币体系的改革做好预案。

20 世纪 80 年代以来，债务-美元主导的国际货币金融体系形成后，每次美国货币金融的重大变化都会对各国造成不同程度的影响。2020 年 3 月受新型冠状病毒感染冲击，美国股市 4 次熔断，股市连续大跌后，美联储实施了无限量量化宽松政策，具体措施包括将联邦基金利率降至零，以及无限量进行定期和隔夜回购协议操作，以确保美元流动性供应充足。事实上，为了维护美国股市和债市的疯狂印钞行为，美联储在历史上已经实施过多次量化宽松政策。1994年墨西哥金融危机、1998 年亚洲金融危机和 2007 年美国次贷危机背后都有美国货币政策调控冲击和美国金融资本的影子，很多国家的经济和货币金融体系都承受了美国转嫁危机的巨大压力，经济增长上升趋势被打断。除了这些国家和地区自身存在的问题外，实际上美国的美元地位及美国的货币金融优势是重要的外部因素。针对上述问题，有很多学者进行了研究，如克鲁格曼的第三代货币危机理论、麦金农的"小国原罪""高储蓄两难"理论等，笔者认为这些研究具有启发性，但仍需对国际货币体系及国际货币体系蕴含的国际经济关系进行深入研究。本讲具体分析了债务-美元为本位的国际货币体系，提出了美国的三个具体的动态货币金融优势，并进行了量化研究，从而更好地阐述了当前国际货币体系的问题，以及美元和美国的金融地位[1][2]。

---

① 历史上出现过英镑、美元、欧元三种国际货币，1971 年后美元是真正意义上的债务-主权国际货币。

② 向松祚提出，人民币要成为国际储备货币，至少要考虑五个因素：经济规模、货币金融市场的发达程度、货币是否能自由兑换、通胀是否稳定、政治是否稳定。

第 1 节　对当代国际货币体系的研究：综述

11.1.1　国际货币制度的演进

科恩（Cohen，2012）认为，国际货币本质上是货币职能在国际市场的拓展[1]。麦金农（2009）将国际货币制度划分为七个阶段和类型，按时间顺序划分如下：国际金本位（1879—1913 年）、布雷顿森林协议（1945 年）、固定汇率美元本位制（1950—1970 年）、浮动汇率美元本位制（1973—1984 年）、广场-卢浮宫干预协议（1985—1992 年）、欧元货币体系（EMS）（1979 年）、"大马克区"的欧元货币体系（1979—1992 年）[2]。迈克尔·波尔多和安吉拉·雷迪什（Michael Bordo 和 Angela Redish，2013）总结了不同历史阶段国际货币体系的特征：从19 世纪初"自发秩序"驱动的贵金属本位制，到稍微有管制的金本位制，到两次世界大战之间有更多管制的金汇兑本位制，再到人为构建的布雷顿森林体系，以及最优货币区理论支持的欧元货币区。他们认为，布雷顿森林体系在 20 世纪70 年代初解体，被非系统的、有管制的浮动汇率制所替代，尽管各国有定期的政策协调，但目前的浮动汇率制与早期的金本位制一样，几乎没有管制。他们认为金本位制的关键在于对主要国家坚持了货币和黄金之间的可兑换性。而有管制的浮动汇率制成功的关键在于 20 世纪 70 年代以后主要国家的中央银行坚持通胀长期目标，并且基本上坚定执行了规则的而非相机抉择的货币政策[3]。20 世纪 90年代以来，形成浮动汇率美元本位制与欧元并存的国际货币体系，其中债务-美元是占主导地位的。由于美国经济虚拟化发展，为维持美国金融稳定，从格林斯潘领导的美联储开始放松了通胀目标，采取了持续宽松的货币政策，2007 年美国次贷危机后实施了 4 次量化宽松货币政策，造成国际流动性泛滥。

---

[1]　B J Cohen. The Benefits and Costs of an International Currency: Getting the Calculus Right[J]. Open Economies Review, 2012, 23(1): 13-31.

[2]　Ronald I McKinnon. The Rules of the Game: International Money in Historical Perspective[J]. Journal of Economic Literature, 1993, 31(1): 1-44。

[3]　Michael Bordo, Angela Redish. Putting the "System" in the International Monetary System. NBER Working Paper, 2013-05.

11.1.2　债务-美元给美国带来的优势只是铸币税吗

1. 理论研究进展

从理论研究上来看，科恩（Cohen，2012）认为国际铸币税产生于外国居民用本国货币换取贸易商品和服务时，且仅有国际货币发行国可以获得国际铸币税。[①]曹勇（2002）认为铸币税产生于金块本位制和金汇兑本位制，延续至信用货币时代，在国际经济与贸易发展的背景下，铸币税拓展至国际铸币税。[②]国际货币发行国因他国持有该货币获得的净收益，即该国从他国获得的资产收益减去利息及其他支出后的净值。郭嘉和毛翀（2004）认为，国际货币因其在国际贸易及经济交易中的核心作用，使得他国对该国货币产生了需求，在获得该国货币时，必然会导致商品、服务或资本品流出，在这个过程中产生了直接的国际铸币税。间接的国际铸币税收益还包括：国际货币发行国无须以本国商品、服务和资本品流出换回国际货币；推动和扩展了国际货币发行国和接受国之间的贸易；发行国金融体系深化的同时，金融体系收入也将随之增加；国际货币发行国受汇率波动影响小。[③]李翀（2014）认为，国际铸币税具体指一个国家凭借本国货币的国际储备货币地位所获得的被外国作为储备手段保留的本国货币的金额扣除本国为此支付的利息代价以后的一种国民福利。[④]

中国经济增长与宏观稳定课题组（2009）从货币霸权视角建立起失衡与危机的数理模型，并指出 2008 年全球金融危机与美国扩张性货币政策及美元霸权密切相关。[⑤]陈建奇（2012）研究了在现代国际货币体系下，主权信用货币充当国际储备保持稳定性的条件是国际储备货币发行国实际经济增长率大于或者等于通货膨胀率与国际储备货币收益率之和。[⑥]以美元为例的实证研究表明，在布雷顿森林体系与现代国际货币体系下，美元国际储备长时间偏离保持稳定性的可持续水平。谢平、陈超对主权财富基金进行研究，构建了"国家经济人模型"，认为国家在经济发展的初期和高增长阶段，外汇储备迅速增加，国家逐步将盈余财富用于投资。然而，随着生产要素的消耗，国家积累的财富逐步达到

---

① B J Cohen. The Benefits and Costs of an International Currency: Getting the Calculus Right[J]. Open Economies Review, 2012, 23 (1): 13-31.

② 曹勇. 国际铸币税的分配、计算与启示[J]. 华南金融研究，2002（5）.

③ 郭嘉，毛翀. 美元的国际铸币税问题研究[J]. 贵州财经学院学报，2004（5）.

④ 李翀. 超主权国际货币的构建：国际货币制度的改革[M]. 北京：北京师范大学出版社，2014.

⑤ 中国经济增长与宏观稳定课题组. 全球失衡、金融危机与中国经济的复苏[J]. 经济研究，2009（5）.

⑥ 陈建奇. 破解"特里芬"难题：主权信用货币充当国际储备的稳定性[J]. 经济研究，2012（4）.

顶峰。当一国经济进入富裕导向阶段或稳定低增长阶段时，国家需要消费积累的财富，投资也倾向于无风险资产。①张定胜、成文利利用一般均衡模型，通过研究发现发行储备货币的中心国家享受"嚣张的特权"，其能够利用外围国家的外汇储备来为它们的经常账户赤字融资。这种"嚣张的特权"以储备货币的高估为基础，而造成这种高估的一个原因可能是中心国家的货币增长率较高②。

2. 实证研究进展

（1）铸币税的测算研究

李斌（2005）利用国际货币基金组织的相关数据，测算了1967—2002年美国获得的铸币税总计1724.73亿美元，每年征收的国际铸币税占GDP的比重为0.087%，且国际铸币税收益呈上升趋势。③科恩（2012）认为，国际铸币税的来源包括：①外国积累的现金，即纸币和硬币。由于中央银行无须对外国持有的现金支付利息，对于国际货币发行国而言，这一部分相当于一笔等值的无息贷款。据美国财政部估计，约有60%的美元现金在海外流通，如以4%的借款成本计算，该部分的国际铸币税收入每年可达180亿美元。②外国积累的以本币计价的金融债权。其增加了对资产的有效需求，债权流动性增强，从而导致国际货币发行国借款成本降低。据估算，这种影响带来的流动性溢价约为0.8%，美联储和美国其他国内债务人每年因此少支付约1500亿美元的利息。可以通过计算国际货币发行国所持有的外国资产的收益率，与所负担的外国负债的成本之间的差异，估算这一部分的国际铸币税收益，这一部分的超额收益率约为每年3%。④李翀（2014）指出，从流量角度分析的是国际储备货币发行国通过国际收支逆差获得的铸币税收益，从存量角度分析的是某时刻国际储备货币发行国持有的货币资产减去为此支付的利息。李翀运用美国商务部经济分析局提供的数据，测算了2001—2012年美国获得的国际铸币税，认为在此期间美国平均每年获得的国际铸币税收益超过6000亿美元；利用《国际货币基金组织年报（2001—2012）》，粗略估算了美国获得的国际铸币税存量，认为此期间内受益于世界各国外汇储备的增加，美国获得的国际铸币税也随之增加。

---

① 谢平，陈超. 论主权财富基金的理论逻辑[J]. 经济研究，2009（2）.

② 张定胜，成文利. "嚣张的特权"之理论阐述[J]. 经济研究，2011（9）.

③ 李斌. 国际货币的铸币税收益[J]. 社会科学家，2005（5）.

④ B J Cohen. The Benefits and Costs of an International Currency: Getting the Calculus Right[J]. Open Economies Review, 2012, 23 (1): 13-31.

（2）国际货币金融优势——发行国货币金融政策的外溢影响

国际货币基金组织（1999）研究报告显示，主要发达国家的货币流动性对本国金融市场（房地产和证券市场）具有外溢影响，对其他国家金融市场也具有显著的外溢影响。[1]莫里茨·舒拉里克和艾伦·泰勒（Moritz Schularick 和 Alan Taylor）将 2008 年全球金融危机称为"信用膨胀的崩溃"，指出 2000 年以后发达国家政策制定者为了阻止金融危机去杠杆化过程对实体经济的冲击，采取了各种救助措施和宽松货币政策，正是这些政策提供了宽松的流动性条件，推动了金融规模大幅增长和金融系统杠杆的广泛使用，从而酝酿了危机。[2]德意志银行研究报告（2007，2009）指出，2001—2003 年美国、日本和欧洲的过度宽松货币政策应该为现阶段全球流动性泛滥负责，这是造成 2007 年全球金融危机的重要原因之一，并强调 2008 年以来主要发达国家的宽松货币政策再次释放了大量的货币流动性，创造出更多的国债等金融资产，引发新的全球流动性泛滥，将对未来全球资产价格和通胀产生更大影响。[3]

潘吟斐（2013）利用 SVAR 模型，把中国通货膨胀率和每个月工业增加值作为代理变量，通过实证显示中国的消费者物价指数（CPI）、工业增加值和美国联邦基金利率（FFR）、M2 之间存在协整关系，美国的货币供应量对我国的通货膨胀和产出的利率产生的贡献率比较低。[4]王书朦（2016）认为，美国的货币政策主要是通过新兴经济体的汇率及短期利率产生影响，其采用 2008—2015 年的中美数据建立了非线性时变参数视角的 TVP-VAR 模型，得出美国的货币政策调整对中国经济增长、物价波动和进出口贸易产生了外溢性影响。[5]张小宇和于依洋（2017）通过构建美国 FBR、中国的实际 GDP、中国货币通货膨胀率的三元线性回归，认为美国货币政策在短期内会对中国产出产生负效应，但在长期表现为正效应，对中国的通货膨胀产生正向国际效应，并且美国的货币政策对中国宏观经济的溢出效应强度存在非对称性，货币政策传导机制受阻的原

---

① Klass Baks, Charles Kramer. Global Liquidity and Asset Prices: Measurement, Implications, and Spillovers. IMF working paper, www. imf. org.

② Moritz Schularick, Alan M Taylor. Credit Booms Gone Bust: Monetary Policy, Leverage Cycles and Financial Crises, 1870-2008[J]. American Economic Review, 2012, 102 (2): 1029-1061.

③ Sebastian Becker. Global Liquidity "Glut" and Asset Price Inflation. Deutsche Bank Research, May 2007, www. dbresearch. com; Sebastian Becker. Is the Next Global Liquidity Glut on Its Way? Deutsche Bank Research, 2009-7, www.dbresearch.com. 该报告对全球流动性过剩进行了定义，即就狭义货币而言，表现为货币-国内生产总值的比率偏离其长期趋势。同时，也讨论了基础利率和广义货币问题。

④ 潘吟斐. 美国的货币政策对中国经济的溢出效应研究[J]. 时代金融，2013（35）.

⑤ 王书朦. 时变参数视角下美国对中国货币政策外溢效应[J]. 财经问题研究，2016（6）.

因是中美两国的财政货币政策博弈。①

第 2 节 "债务-美元"国际货币体系的本质

国际货币兑换需求来自国际贸易需求和跨国实际投资的融资需求，因此国际货币原则上应该与各国实际资本积累规律相适应，也就是应该与各国实体经济资本积累和循环规律相适应，这也是最初国际货币是以黄金为锚的原因。国际货币在理论上不能是不兑现的，但债券-美元主导的国际货币体系却突破了这个原则。

11.2.1 为什么货币经济运行要遵循资本积累规律：马克思资本积累和虚拟资本理论分析范式

关于现代市场经济的信用货币经济本质与运行规律，柳欣等，伊藤·诚、考斯达斯·拉帕维查斯，柳欣与樊苗江（2006），王璐、柳欣（2006）梳理并发展了马克思主义政治经济学的货币金融思想——货币是资本主义再生产的关键环节，是与资本主义再生产和积累紧密联系的。②现代市场经济是以货币经济方式运行的，其核心经济关系是资本所有者通过抵押资产获得融资，或者通过未来预期收入获得股权融资，从而实现融资、雇佣和投资活动。负债的能力，实现融资、雇佣、投资，最终实现资本价值增值。"国民收入核算体系中以货币量值表示的所有统计变量与新古典理论的生产函数或技术分析是完全无关的，而是来自经济关系，它表现为特定的货币金融关系。"③

伊藤·诚和考斯达斯·拉帕维查斯认为，马克思主义政治经济学是在劳动价值理论和资本积累理论基础上，以历史发展逻辑展开货币与金融信用研究，从流通环节的货币，扩展到资本积累过程的货币资本，到银行信用等金融资本，再到股票、债券等虚拟资本，实际上都是建立在劳动价值论-资本积累规律基础

---

① 张小宇，于依洋. 美国量化宽松与常规货币政策对中国实体经济溢出效应的实证检验[J]. 经济与管理研究，2017（1）.

② 柳欣. 资本理论：价值、分配与增长理论[M]. 北京：人民出版社，2003；柳欣，吕元祥，赵雷. 宏观经济学的存量流量一致模型研究述评[J]. 经济学动态，2013（12）；樊苗江，柳欣. 货币理论的发展与重建[M]. 北京：人民出版社，2006；王璐，柳欣. 马克思经济学与古典一般均衡理论[M]. 北京：人民出版社，2006；伊藤·诚，考斯达斯·拉帕维查斯. 货币金融政治经济学[M]. 北京：经济科学出版社，2001.

③ 柳欣. 资本理论：价值、分配与增长理论[M]. 北京：人民出版社，2003.

上的，但又常常偏离这一规律，因此经常通过经济危机或金融危机重新回到这个规律。①大卫·哈维提出，马克思的货币金融思想没有停留在货币媒介分析上，而是深刻解释了"货币转化为货币资本"的本质，分析了各层级金融资产的信用性质，以及虚拟资本的性质。②何干强阐述了马克思社会再生产与货币流回规律，指出马克思论述社会总资本的再生产和流通，无论是社会简单再生产，还是扩大再生产，都要通过货币流回规律进行。社会再生产的实现，要求社会总产品的产品价值构成，必须形成两大部类之间的一定组合比例关系；全社会用于固定资本更新的货币量和体现折旧基金的商品量必须平衡，相应的固定资本与流动资本之间必须平衡；两大部类在扩大再生产中为追加不变资本和追加可变资本所进行的货币积累和实际积累也必须平衡；货币流回规律则是社会再生产的实现在流通领域中的表现。③

刘骏民、李宝伟、张云等在马克思虚拟资本理论基础上发展起虚拟经济理论分析体系，指出马克思是在劳动价值论的基础上来使用"虚拟资本"概念的。虚拟资本是指股票、债券及当代失去了黄金作为基础的货币资本。虚拟资本没有价值，只有价格，不直接参与生产过程却具有价值增值的形式。虚拟经济理论阐述了现代市场经济中为什么会出现"脱实向虚"发展的问题，揭示了美国次贷危机等金融危机的本质。④

11.2.2　从资本主义经济关系理解当代货币经济体系：虚拟资本理论结合金融不稳定分析方法

对于资本主义国家出现虚拟经济发展倾向及金融危机的问题，马克思货币金融思想和虚拟资本理论给出了深刻解释。马克思主义政治经济学阐述了货币形式最初是具有内在使用价值的金属（商品）货币，随着资本主义经济发展，政府垄断的法币制度转化为法币与信用货币相结合的货币制度，现代货币系统失去了价值内涵——政府和央行垄断了基础货币发行，商业银行以杠杆机制创造资产和负债——但保持货币的价值尺度，也保持了货币资本的功能，即支付

①　伊藤·诚，考斯达斯·拉帕维查斯. 货币金融政治经济学[M]. 北京：经济科学出版社，2001.

②　大卫·哈维. 资本的限度[M]. 北京：中信出版集团，2017.

③　何干强. 货币流回规律和社会再生产的实现——马克思社会总资本的再生产和流通理论再研究[J]. 中国社会科学，2017（11）.

④　张云，刘骏民. 关于马克思货币金融理论的探析[J]. 南京社会科学，2008（7）；张云，刘骏民. 经济虚拟化与金融危机、美元危机[J]. 世界经济研究，2009（3）；李宝伟，张云. 国际金融危机再认识[M]. 天津：南开大学出版社，2013.

与贮藏。现代市场经济是复杂的社会化大生产，货币经济关系贯穿于整个市场经济社会化大生产体系，其中融资和投资需要经过货币转化为货币资本来实现，是资本积累的关键。上述关系构成了社会总资产的生产和循环，如果各部类之间不平衡，就会出现经济危机和金融危机。

在分析资本主义货币经济内在不稳定时，除了运用上述理论进行具体分析，明斯基的金融不稳定理论、技术方法及存量流量研究方法为我们提供了逻辑一致的技术分析手段。以明斯基理论为代表的后凯恩斯主义货币经济理论实际上是深受马克思主义政治经济学影响的，其认为资本主义核心经济关系在于融资、投资和资本积累理论，与马克思的货币转化为货币资本，以及货币、生息资本、金融信用、虚拟资本研究体系是不矛盾的，都具有广义、内生货币金融经济思想的特点。兰德尔·雷认为，从历史发展进程来看，现代资本主义经济，包括市场经济，都是依靠广泛的货币经济关系来实现运行的，所谓的广义货币就是各经济主体之间复杂的资产-负债关系，所有的货币金融资产都具有这样的共性。他把货币经济体系归纳为：第一，政府和央行具有负债和发行基础货币的垄断权力，掌握基础货币发行权就是一种对国内公众的负债能力，政府税收不是对货币创造的约束，而是公众接受政府创造货币的制度基础，公众需要持有政府借据，才能偿还政府各种征税，中央政府征税-负债机制与央行货币管理机制构成现代货币经济的基础，为社会经济活动提供了价值尺度、支付手段和清算结算制度，为资本积累和金融投资活动提供了制度基础；第二，商业银行被允许以杠杆和抵押机制进行负债和创造金融资产；第三，非银行金融机构创造的以未来收入流为保障的各种市场信用资产。广义货币体现的是各主体之间的经济债务-债权关系，其共性是都由记账货币来衡量，所以政府借据（基础货币）就成为记账货币，为公众所接受，并成为广义货币的记账单位。随着货币金融系统的发展，社会融资规模远大于传统银行负债（各类存款，即狭义货币和广义货币）。现代广义、内生信用货币系统中货币金融资产的信用特征、风险与流动性特征是三位一体的。现代货币金融系统存在脱离两部类循环发展和资本积累规律的内生机制，因而蕴藏了金融不稳定性。[1]后凯恩斯主义的存量流量理论也具有相同思想，不同之处在于存量流量思想是部门资本积累存量和收入流量的货币经济分析，各种存量流量方法为我们具体分析金融不稳定提供了有力的技术工具。另外，越来越多的研究显示，虚拟经济越是高度发展，流动性

---

① 兰德尔·雷. 现代货币理论[M]. 北京：中信出版集团，2017.

风险越会产生于不同信用等级的货币金融资产之间，政府发行的基础货币和有存款保险制度保障的狭义货币就成为最安全的避险手段。随着经济虚拟化程度的加深，金融不稳定就更频繁地从某一市场或整个金融体系的流动性危机开始，金融稳定就更加依赖于政府提供的流动性支持。[①]

11.2.3　债务-美元主导的国际货币制度的本质：帝国循环的嬗变

以上述理论来分析债务-美元主导的国际货币体系，能够更清晰地揭示这种国际货币体系存在的原因及其存在的根本问题。当主权货币制度体系被扩展为国际货币时，该国政府、央行就可以对全球经济体负债，换言之，就是可以从其他国家借钱了。布雷顿森林体系崩溃后，美元就成为不用兑现的国际货币，这种情况持续了 37 年，其净负债规模持续上升，美国对外净债务严重背离其国内 GDP，也偏离国家外债风险水平线。

现代主权国家政府和央行基于税收制度，依托基础货币-与国民经济增长相联系的信用货币创造-国民收入-税收的国内货币循环体系，形成中央财政-中央银行-商业银行构建的基础货币-信用货币-金融资本创造体系，这个货币经济体系要遵循国内长期资本积累、循环规律，形成货币资本循环规律。在这个货币经济运行体系中，现代主权国家政府垄断基础货币发行权，权力被限制在国内，并为国内经济目标服务。但 1971 年布雷顿森林体系崩溃后，美国政府、美联储和美国金融机构将这种信用创造机制扩展到全球贸易、投资和金融活动中，实际上垄断了国际货币金融信用创造机制，美国政府可以从全球获得廉价债务融资，进而为其在全球贸易、金融投机、资本积累融资进行服务，其私人金融机构控制了大部分货币金融资本创造和交易，而美联储和美国政府却不需要担负维护世界经济稳定发展的关键责任。债务-美元国际货币体系，使美国政府和美联储获得了从全球借钱的特权，却不需要承担维护全球通胀和金融稳定的义务。吉川元忠等学者将债务-美元循环机制称为"帝国循环"，债务-美元主导的国际货币实际上没有受到有效的国际共同约束。[②]

这个特权的获得经历了一个长期过程：在 1973 年布雷顿森林体系崩溃时，在欧洲美元基础上，美国与中东石油输出国建立了石油美元定价、结算、清算

---

① Wynne Godley. Money and Credit in a Keynesian Model of Income Determination[J]. Cambridge Journal of Economics, 1999, 23 (4): 393-411; Wynne Godley, Marc Lavoie. Monetary Economics: An Integrated Approach to Credit, Money, Income, Product Ion and Wealth[M]. London: Palgrave MacMillan, 2007.

② 吉川元忠. 金融战败：发自经济大国受挫后的诤言[M]. 北京：中国青年出版社，2000.

和支付机制，欧洲国家、石油生产国和消费国开始使用美元定价、结算、清算和储备，德国、日本等和石油生产国将对美国经常项目盈余以美元形式再次投资和回流到美国。20 世纪 80 年代后，数据显示，美元从依靠实体产业支撑，转换为高度依赖美国金融资产支撑（从政府债务到次级债）①。在美国贸易保护政策的支撑下，经常项目盈余国家不能自由地投资美国高科技产业，而只能继续购买美国国债，这就构成了美元债务与美元之间的循环，脱离了其国内资本积累与循环规律约束。尽管美国实体经济、国际贸易和黄金储备已经不能支撑美元的国际货币地位，但因为美元已经成为石油和大宗商品交易计价、结算、支付的货币，各国央行和金融机构无法撼动美元在国际贸易、石油等大宗商品交易中的霸主地位——没有国际货币替代方案和足够的货币金融控制能力，经常项目盈余国家不得不用手中的美元储备投资美国国债等金融资产，从而确立了债务-美元国际货币体系。

1985 年，美国通过"广场协议"，与德国、法国等欧洲国家，迫使日本进行了汇率协调。美国实施了汇率贬值、同时提高利率的政策，以刺激出口和吸引资金回流美国，但刺激出口的效果并不显著，而吸引资金回流的利率政策收效明显，对美国此后的经济复苏和金融膨胀起到关键作用。奥村洋彦（2000）的数据分析显示，"广场协议"后，20 世纪 90 年代日本央行大规模投资美国债务，随后金融机构和个人投资者大量投资美国金融资产，加之这些投资者已经为其在日本国内获得的收益找到更安全的投资机会，因而日本的企业、金融机构和个人投资者都深入地参与到美元"帝国循环"中来。②20 世纪 90 年代，东南亚国家因为推行出口导向政策，高度依赖美国市场需求，采用美元对贸易进行计价，为维持其货币对美元等主要货币的稳定性、降低出口企业汇率风险，它们实行了盯住汇率制度，为此将所获得的经常项目顺差，以美元形式储备起来，并投资到美国国债等金融资产上。德国、日本、石油生产国、东南亚国家和中国，这些经常项目盈余国家在过去几十年中相继进入"帝国循环"，并交替成为美国债务的关键持有者，成为支撑"帝国循环"的力量。

---

① 如果美元不是国际货币，政府发行债务以实现货币发行就受到通胀机制的束缚，但是作为国际货币，政府债务发行的空间就大大拓展了。

② 奥村洋彦. 日本"泡沫经济"与金融改革[M]. 北京：中国金融出版社，2000。"广场协议"后，美国和欧盟金融机构游说各国政府联合要求日本开放金融市场，外资机构把美国和欧盟的各种金融自由化交易方式和制度引入日本，也刺激了日本经济"脱实向虚"，使其企业、银行和家庭都投身到房地产等虚拟经济活动中，而美欧金融机构可以按照金融创新形式，以金融投资方式参与和影响日本金融市场，进一步刺激了日本经济的虚拟化。

　　我们借助上述理论将美国的货币金融优势具体归结为三种动态优势能力：第一，美元和美国国债、金融资产的"帝国循环"机制，即美国对外债务总规模脱离了其国内资本积累与循环规律的约束，却长期获得其他国家低廉的产品和服务，获得对外超额负债优势。第二，控制全球流动性方向和结构调整优势，美联储、政府及其控制的国际金融机构掌握着国际贸易、投资、金融交易机制，通过利率等政策，影响全球资金流动方向，灵活地实现其国内宏观经济调控目标。第三，控制美国对外债务利息的能力优势，通过美元流动性资产长期持续贬值，降低其实际债务利息，而无须为其他国家宏观经济稳定目标和发展负责。对上述货币金融优势的理解不能停留在静态分析上，即只考虑铸币税及外溢影响是不够的，应该高度关注这种优势使美国可以持续从别国资本积累和循环中获得剩余价值的能力，甚至理论上可以不用支付利息（只要债务-美元体系一直循环下去），并且不需要真正担负维护全球宏观经济发展目标和人民福利的责任。

　　依据该理论，国际货币发行国要有能够依靠本国资本积累持续向世界提供实际产品的能力，并将所获得收益以本币形式为世界经济活动提供信用支持，这就是美国布雷顿森林体系的本质。罗伯特·特里芬（1960）提出"特里芬难题"，即在以黄金-美元体系中，美元作为主要国际储备货币，在黄金生产缓慢的情况下，国际储备的供应就取决于美国的国际收支状况，当美国国际收支保持顺差时，国际储备资产就不能满足国际贸易和投资活动需要；如果美国国际收支出现逆差，国际美元储备资产过剩，美元会发生兑付和贬值危机。特里芬认为这是难以解决的内在矛盾，但美国 1971 年在违约将美元与黄金脱钩后，成功地将美国国债与美元挂钩，建立了国际金融特权这一优势，即能够持续地以超过实体经济资本积累能力的规模对外大幅负债。[①]

第 3 节　美国货币金融优势的量化分析

　　2019 年美国国债总规模已经达到 22.72 万亿美元，GDP 却只有 21.4 万亿美元，在全球持有 29.3 万亿美元资产，国外投资者持有美国 40.38 万亿美元资产，美国对外净债务已经超过 11 万亿美元。

第
11
讲

---

① 罗伯特·特里芬. 黄金与美元危机：自由兑换的未来[M]. 北京：商务印书馆，1997.

11.3.1 超额对外负债能力：债务-美元国际货币

1. 经济虚拟化深刻改变美国经济结构

随着美国经济虚拟化进程的推进，黄金-美元国际货币体系嬗变为债务-美元国际货币体系，国际货币体系的本质发生了根本变化。20 世纪 50 年代，美国的核心经济是制造业，而如今美国经济围绕金融、房地产业和职业服务业运转，显示出美国后工业化经济的特征。[①]如表 11.1 所示，各行业对美国 GDP 的贡献率有显著的差异，其中虚拟经济所创造的利润占国内生产总值的比重逐渐增大，并且几乎为实体经济的 1.5 倍。

2. 所谓经济"复苏"主要仍是虚拟经济复苏，而实体经济再工业化乏力

一方面，从产业结构来看，美国以第三产业为主，美国国际收支自 1983 年起基本保持经常项目逆差逐年扩张，而金融项目顺差的态势，实体产业空心化状况愈发严重。另一方面，再工业化政策没有在根本上扭转经常项目逆差，经常项目的波动主要受净出口波动的影响。对美国而言，经常项目是逆周期波动的，即经济衰退是经常项目逆差受贸易逆差收窄的影响而同步收窄，经济扩张时期逆差扩张。2008 年后，两者仍旧呈现逆周期的特点，但波动幅度明显变小。美国在 2008 年后贸易逆差的下限明显较 2008 年前收窄。我们认为有三方面的原因：其一是本轮复苏较为疲软，美国国内对海外产品的需求不是很强劲（见图 11.1）；其二是美国石油出口猛增，极大地改善了美国净出口形势，若将石油进出口差额从商品贸易差额中剔除，其他商品贸易净出口的逆周期性并未发生改变（见图 11.2）；其三，美国服务净出口改善，2017—2018 年服务净出口顺差较 2007 年峰值增长了一倍，而同期名义 GDP 仅增长了 30% 左右（见图 11.3）。

---

① 张云，刘骏民. 从美元本位制到双本位国际货币体系：全球金融失衡和动荡的根源[J]. 南京社会科学，2010（4）.

表 11.1　2007—2016 年美国各行业 GDP 占美国 GDP 的比例

单位：%

年份	传统实体经济					批发零售产业	信息产业	虚拟经济			其他服务				政府部门
	农业、采矿、公共服务	建筑业	制造业	运输仓储业	总计			金融、房地产业	职业服务业	总计	教育、医疗、救助	娱乐、休闲、餐饮	其他服务业	总计	
2007	4.77	4.94	12.81	2.83	20.58	12.01	4.85	19.87	11.45	31.32	7.35	3.68	2.28	13.31	13.16
2008	5.39	4.44	12.33	2.87	19.64	11.78	4.96	19.05	11.91	30.96	7.78	3.64	2.25	13.67	13.60
2009	4.71	4.00	11.98	2.77	18.75	11.55	4.89	19.93	11.52	31.45	8.442	3.62	2.29	14.352	14.33
2010	5.07	3.62	12.23	2.84	18.69	11.61	4.88	19.72	11.56	31.28	8.34	3.61	2.22	14.17	14.29
2011	5.59	3.52	12.29	2.88	18.69	11.59	4.69	19.67	11.68	31.35	8.29	3.62	2.18	14.09	13.98
2012	5.32	3.61	12.28	2.89	18.78	11.73	4.56	19.99	11.84	31.83	8.27	3.69	2.20	14.16	13.60
2013	5.64	3.72	12.19	2.92	18.83	11.80	4.74	19.73	11.77	31.50	8.22	3.76	2.18	14.16	13.32
2014	5.54	3.87	12.12	2.95	18.94	11.80	4.54	20.11	11.85	31.96	8.11	3.82	2.20	14.13	13.07
2015	4.39	4.08	12.06	3.01	19.15	11.90	4.76	20.50	12.04	32.54	8.20	3.92	2.21	14.33	12.94
2016	3.89	4.26	11.72	3.02	19.00	11.81	4.85	20.85	12.09	32.94	8.35	4.03	2.23	14.61	12.89

资料来源：根据美国经济分析局（BEA）数据整理①。

① https://www.bea.gov/iTable/index_industry_gdpIndy.cfm.

图 11.1　美国经常项目、净出口占 GDP 的比重（单位：%）

资料来源：Fred 数据库。

图 11.2　商品差额逆周期减弱主要来自石油差额的改善（单位：百万美元）

资料来源：Wind 数据库。

图 11.3　服务差额较 2008 年前提升情况（单位：百万美元）

资料来源：Wind 数据库。

3. 超额负债能力支撑美国经济"复苏"

大量新兴经济体持有美元作为主要外汇储备，由于本国金融市场不发达，转而购买大量美国债券作为投资，成为"帝国循环"的重要支撑。美元回流支持美国政府采取宽松的货币政策和财政赤字，支撑着美国经济"高债务、低储蓄"的现象。[①]美国联邦债务（Federal debt）由两部分构成（见图11.4）：公众持有的债务（Publicly held debt）和政府间债务（Intergovernmental debt）。公众持有的债务是政府定期拍卖的各种短期、中长期和长期债券，由非联邦实体的个人、公司、地方政府和外国政府持有，也包括美联储的负债。政府间债务是指联邦政府对信托基金（如社会保障信托基金）和联邦特殊基金的负债。美国之所以没有爆发大规模的债务危机，是因为其掌握了国际主导货币的发行权，不断提高债务上限，将风险转移到其他国家。

图 11.4　1970—2019 年美国联邦债务与公众持有债务（单位：百万美元）

资料来源：Federal Reserve Bank of St. Louis.

截至 2019 年底，美国外债占 GDP 的比重为 93.2%，相比 2011 年虽然有所下降，但是绝对规模却大幅上升（见图 11.5）。

---

① 林江，徐世长. 美国财政悬崖、美元霸权及其对中国经济的影响[J]. 广东社会科学，2013（2）.

图 11.5　2007—2019 年美国外债总额及外债总额占 GDP 的比重（单位：百万美元，%）

此外，美国国债持有人构成中，外国央行占投资者持有美债比率为 35.32%（见图 11.6）。

图 11.6　美国国债持有人权重图（单位：%）

资料来源：Federal Reserve System, Financial Accounts of the United States.

随着美国政府财政赤字不断扩张，其可以通过发债、增加税收或者发行货币的方式来获得财政收入。公众所持有的债务中的中短期债券基本上由外国投资者持有，因此美国政府可以利用美元霸权地位来举债，以获取廉价的资金来源。货币增发意味着美元贬值的压力增加。弱势美元虽然可以填补贸易赤字，但是会导致外国持有的美国金融资产流动性下降，造成公众对美元信心不足，从而抛售美元。而任何国家试图抛售美国债券，必然会引起风险，金融杠杆被放大，引起美国国内经济危机，有损于美元国际货币的主导地位。因此，美联储会通过选择实行量化宽松政策或者加降息等方式来调控，以维持美元汇率稳定。

4. 美国巨额财政赤字与其他国家美元外汇储备和主权财富基金

国际货币基金组织（IMF）发布的官方外汇储备构成中，美元所占比重逐年增大，截至 2019 年，该比重又上升到 60% 以上，这说明欧元区经济相对于美国更差，美元的国际货币主导地位决定了各国不得不选用美元作为主要的外汇储备，以便调节国际收支、进行国际支付。

主权财富基金研究所（SWF Institute）统计数据显示，截止到 2019 年 2 月，全球共有 79 只主权财富基金，资产总额约为 8.12 万亿美元，包括新加坡淡马锡控股公司（Temasek Holdings）、阿布扎比投资局（Abu Dhabi Investment Authority）、美国阿拉斯加永久基金（Alaska Permanent Fund）、俄罗斯稳定基金（Russia Stabilization Fund）、卡塔尔投资局（Qatar Investment Authority），以及 2007 年设立的中国投资有限责任公司等。主权财富基金的兴起是现行国际货币体系失衡的结果，既反映了美国货币金融优势的影响，也反映了全球流动性泛滥的状况。一方面，国际货币体系的"美元本位制"，直接导致主权财富基金资本额的急剧扩张；另一方面，美元贬值及美国国债的低收益率使得拥有巨额外汇储备的国家蒙受巨大的损失，使其不得不以建立主权财富基金的方式进行多元化投资。布雷顿森林体系的解体导致国际货币体系开始震荡，这是主权财富基金兴起的根本原因，非国际货币国家开始应对汇率变动的交易性风险和预防性风险。1999 年后的美元-欧元双本位货币体系，同样缺乏有效约束，全球流动性泛滥依然形势更加严峻。1949—2019 年全球央行储备中美元、欧元占比变化情况如图 11.7 所示。

图 11.7　全球央行储备中美元、欧元占比变化（单位：%）

资料来源：Wind 数据库。

5. 美元、欧元在国际金融交易中使用比例的变化

相对于其他国家货币，美元的优势体现在国际货币市场交易、货币市场发行、国债和票据发行和未清偿规模上（见图 11.8 至图 11.11）。虽然在欧元出现初期，美元的使用比例显著下降，但 2011—2013 年经过一段时间的此消彼长后，美元超过欧元再次成为主要交易货币，这表明欧元区经济的恶化和美国四轮大规模量化宽松经济刺激政策，通过美元流动性泛滥的支持，再次提高了美国国债等金融资产的吸引力。

图 11.8　国际货币市场工具未偿余额：按发行货币（单位：%）

资料来源：Wind 数据库。

图 11.9　国际货币市场工具总发行额：按发行货币（单位：%）

资料来源：Wind 数据库。

图 11.10　国际债券和票据未偿余额：按发行货币（单位：%）

资料来源：Wind 数据库。

图 11.11　国际债券和票据公开发行额：按发行货币（单位：%）

资料来源：Wind 数据库。

11.3.2　美联储在国内实施货币政策，无须为其他国家经济目标负责，美元长期持续贬值，可以降低实际外债价值和实际利息支付

2019 年，美国国债平均收益率约为 2.1%，也就是说，2019 年美国新增财富 8488 亿美元（2019 年 GDP 增量），而仅仅是国债的利息，就要支付 4767 亿美元。如果以 2018 年美国国债收益率 2.63%计算，美国 2019 年利息支出应为 5975 亿美元，实际上少支付了 1208 亿美元利息。在理论上，只要债务-美元国际货币体系这种"帝国循环"机制一直维持下去，美国就不用彻底与其他国家清算债务利息，因此美债利息就不是一个多大的问题。而美国长期实施美元贬值政策，在没有新国际货币制度改革方案和替代货币的情况下，即便美元和美债事实上贬值，各国投资者却仍在持续购买，这是因为要抛出持有的大量美股、

衍生工具等高风险资产，而不得不采取的避险策略，即更高层级的"帝国循环"。2020 年在新型冠状病毒感染冲击下，美股发生四次熔断，多次大跌之后，美债收益率甚至为负，但美元指数竟然能达到 100 以上，这说明全球投资者无法获得足够的其他国家的安全资产，只能在美股等金融资产与美债、美元之间进行风险转移。与之相比，铸币税这种静态损失观点就不重要了。

11.3.3 美元国际货币地位使美联储能够控制全球资金流动性方向，并具有流动性结构调整优势

一方面，美联储、联邦政府及其控制的国际金融机构掌握着国际贸易、投资、金融交易渠道和结算、清算机构，所以美联储货币政策影响着全球资金流动方向，灵活地为实现其国内宏观经济目标服务。

美国可以依托非实体经济和金融资产支撑其货币的国际地位。因此，美国国内金融市场成为吸引其他国家持有美元外汇储备的内部蓄水池和缓冲器。美国可以根据国内宏观经济目标，引导国际资金的流入或流出。美联储、美国金融机构和企业之间，通过长期实践精熟于这种循环机制，从而刺激了美国国内金融规模的膨胀和金融深化；其经常项目逆差可以长期维持，并且是通过对外持续负债来支撑的（即金融项目长期顺差支撑），国内金融机构、政府部门和地方政府通过从海外获取金融资本输入，对内发放消费贷款和房地产贷款，支撑国内消费和投资需求。过去 30 多年来，美国在短期内可以根据国内宏观经济目标，通过强美元与弱美元政策转换来缓冲国内经济压力和调动全球资金的流入、流出，从而获得其他国家实体经济产生的剩余价值，进而取得了支配全球产品、服务和资源配置的优势地位。而且，美国货币金融优势在 20 世纪 80 年代以后显著增强，美联储"金融凯恩斯主义"刺激了美国金融资产规模不断膨胀，其他国家则承受了美元流动性膨胀和金融资产膨胀的冲击。

另一方面，美国对国际货币金融机构的强力控制导致其他国家无法对已经严重失衡的债务-美元国际货币制度进行根本改革。

国际货币基金组织（IMF）、世界银行（WB）和世界贸易组织（WTO）是三大最具影响力的国际经济组织，美国在其中拥有较大的贸易规则制定权和决策权。2007 年，IMF 在美国的操控下实施《对成员国政策双边监督的决定》。该决定在汇率监督方面没有抓住主要矛盾，即对影响"系统性稳定"的主要储备货币发行国的政策加强监督，反而给新兴市场国家的汇率施加了较大压力。美国为了减小本国贸易逆差，以人民币"根本性失衡"为由要求人民币升值，

这实质上对美国有利。此外，根据《国际货币基金协定》第二节（c）"份额的任何变更，需经 85% 的多数票通过"，以及第四节"在国际经济条件允许的情况下，基金得以总投票权 85% 的多数票做出决定，实行一个在稳定但可调整的平价的基础上普遍的外汇安排制度"等条款，都规定了若要通过某项决议，需要 85% 的总投票权。美国的份额约占 18%，意味着其拥有一票否决权。因此，虽然国际经济组织的目的是维持国际货币秩序的稳定，但发达国家依旧是主要的受益者，并且拥有较大的话语权。

11.3.4　美国货币金融政策的两大目标与政策规律

国际货币（包括黄金在内）在全球范围失去有效约束，美国这样的全球最大债务国家可以全球实体经济和金融市场作为依托，实现本国国内宏观经济目标。从 20 世纪 70 年代以来，美国国际经济目标主要有两个：①降低美元汇率，刺激出口；②提高利率，实现强势美元，吸引全球美元资金回流到美国金融市场。美联储常在这两个目标之间转换。在 2008 年以后，美联储实施多轮量化宽松货币政策，在国际上降低美元价值，在国内保持基础利率处于历史最低水平，并且不断向金融市场和金融机构注入流动性，期望同时实现两个经济目标：提高美国产品在国际上的竞争力，实现美国经济"再工业化"；在金融市场上实施"金融凯恩斯主义"，维持美国金融系统不崩溃，最终确保金融-债务-美元货币体系不崩溃。依据吉川元忠（1998）对美国经济结构的分析，美国当时实施的美元贬值政策是不可能使美国实现实体经济的再工业化的，这一观点被总结为"不可逆转性"论点。[1]但是，美国却可以利用其货币金融优势，使国际资本流向美国金融市场，在短期实现虚拟经济复苏，以实现所谓的经济短期繁荣。同时，用各种贸易保护手段保护本国企业和市场，挤压其他国家商品出口空间，使得依靠制造业产品和服务出口支撑经济的国家因为过度依赖美国市场而出现产品生产相对过剩、长期投资出现严重的过度积累，导致实体经济陷入困境。此外，由于这些国家过去获得的经常项目盈余是使用美元结算和储备的，因此不得不继续将其投资于美国金融市场。

美国在建立和运用其货币金融优势地位时，一方面推动资本自由流动，另一方面在 1974 年推出具有贸易保护目的的贸易法案。在实践中，美国设立的"301 条款"，使其充分利用贸易伙伴国对其国内市场的高度依赖，来保护美国国内市场。这类政策也使其货币金融优势变得更加可靠，因为在不使国内出口

① 吉川元忠. 金融战败：发自经济大国受挫后的诤言[M]. 北京：中国青年出版社，2000.

企业受到太大冲击的基础上，美国货币政策具有更大的调控弹性。而贸易伙伴国则不具有这种优势和弹性，在不能持续扩大贸易优势时，不得不将过去的盈余继续投放到美国金融资产上。

11.3.5　美元经常给其他国家制造的难题

自 1973 年布雷顿森林体系崩溃后，国际经济和货币金融格局，以及主要发达国家宏观经济结构都发生了很大变化，美国、欧元区和日本走向不同形式的金融化。作为债务国的美国所具有的货币金融优势本质上就是利用美元在全球创造对其有利的金融信用，分享其他国家实体经济发展带来的好处，影响全球资本流动，通过货币政策调控对外负债的实际水平。

1. "小国原罪"

从 1997 年亚洲金融危机开始，国际资本冲击对东南亚国家及韩国经济和金融市场造成了不小的冲击。麦金农在分析这些国家遇到的货币危机时，将其概括为"小国原罪"，即这些国家因为不具备国际货币金融优势地位，在经济发展中必然以出口为导向，为此必须稳定本币与国际货币的汇率，以保持出口稳定增长。在发展初期，因为国内不能创造足够的金融信用，不能实现从国外获得技术、管理、资本及出口商品的国际销售渠道和市场，因此这些国家必须争取国际美元信用支持，并采取盯住美元的固定汇率制度以维持出口定价，同时又开放了本国金融市场，积累了大量短期外债。在亚洲金融危机爆发后，这些国家发现积累的大量短期外债在国际投机资本的冲击下，无法以其所持有的外汇储备进行支付，出口赖以稳定的固定汇率制度进而无法维持，陷入所谓的货币错配的困境。[1]2007 年，越南再次经历了国际货币冲击，遭受国际投机资本的"剪羊毛"之祸。2016 年以来，美国引导国际资本流向美国并实行贸易保护政策，导致阿根廷、印度、俄罗斯等新兴市场国家的货币都出现了大幅贬值，对各国国内经济造成很大冲击。对于墨西哥、巴西和阿根廷，美国作为债务国，如果拥有国际货币地位，就可以操控其对外负债的贬值。墨西哥、巴西和阿根廷是美国对外投资和金融投资的重要市场。作为对美债务国，墨西哥在 1984 年和 1994 年两次债务危机中，遭到经济不景气拖累，且美国货币政策加剧了墨西哥货币贬值，造成其美元负债大幅增加，需要偿还的利息大幅上升，引发了债务危机。

---

① 罗纳德·麦金农. 麦金农经济学文集[M]. 北京：中国金融出版社，2006.

2. 日本、中国和东盟国家等对美债权国家的问题——"高储备两难"

在 2007 年美国次贷危机之后，随着美国实施量化宽松货币政策，我们所持有的大量美元外汇储备和美元资产都面临贬值风险，麦金农将这种情况称为"高储备两难"。

日本与早期具有国际货币地位的英国的根本差异就在于，日本作为债权国，不具有国际货币地位，所以无法降低债务国汇率贬值而引起的金融投资风险。相对于美国的国际货币金融地位和大规模金融化，日本在国际货币金融体系中的地位是非常低下的，这使得日元几乎没有大规模输出和循环机制，即没有利用其经常项目顺差，建立以日元对外投资的计价、结算机制，从而不具备利用国际货币金融优势在全球为自己创造金融信用的能力。同时，日本对美实际投资和债权都是用美元进行的，只在亚洲很小区域范围形成日元输出和资金回流循环，没有在国际贸易、资源定价和金融交易中建立日元地位。因此，在 1985 年面临国内需求饱和、制造业利润率下降，以及美欧要求日元升值的多重压力下，日本中央银行刺激经济的低利率货币政策使大量日元在日本国内累积，进入房地产和股票市场，并且不是以日元形式，而是以美元形式对外进行大规模投资。因此，可以说日本不具有国际货币金融优势地位，这严重阻碍了日本后工业化的经济发展，从而在错误政策下陷入泡沫经济。中国与日本一样，在成为对美国最大债权国后，对美国债权是以美元计价和储备的，对外直接投资和金融投资都是以美元进行的。中国实质上与日本和东南亚国家一起陷入了美元的"帝国循环"，因此总是受到美国国内货币金融政策的影响。在未来，中国要巩固当前在国际贸易和投资领域取得的成果，稳步提高人民币和中国金融地位，以适应双边和多边投资和贸易需求。

欧元区国家国际货币金融优势地位对欧元区经济发展的影响也是显著的。欧元[①]的出现在很大程度上是主要欧盟国家希望降低在国际贸易和金融交易中对美元的依赖。但欧元区最大的问题就在于它是货币和经济联盟，在财政上是不统一的。欧元区内部以德、法为核心，其他国家充分利用德、法经济优势，获得发行欧元债务的能力，而忽视了欧元区内部经济差异和财政不统一的巨大影响。欧元区国家在 2000 年以来发行了大量债券，并且这些国家债券主要是在欧元区和欧盟内部形成的，形成了内部欧元和债务的国际资金循环。欧债危机、英国脱欧和新型冠状病毒感染的冲击很可能会进一步削弱欧元的影响。

---

① 欧元的出现总体上被解释为是为了推动欧洲经济一体化，减少欧元区内部汇兑等方面引起的大量成本和不便。

第 4 节　结论与未来趋势

11.4.1　债务-美元国际货币体系不可维持的原因

邓肯（Duncan，2005）认为，货币最主要的两大功能是清偿债务和价值储藏。对信用的需求和对货币的需求，随着以营利为目的的资本主义生产而产生。资本主义将信用作为最重要的货币功能，货币必须具有充分的流动性来支持经济活动，流动性短缺会阻碍需求，导致产出和就业下降。国际货币同样承担着国内货币的职能，即选择流动性最强的货币，但是它们同样注重发行国家的生产的规模和实力，即经济体必须有一个强大的生产基础，以支持流通中所需要的大量货币。此外，一个国家的生产能力是保持政治经济领先的根本力量。后凯恩斯主义者反对将国际货币控制在一个国家的手中，随着美国生产力基础不断遭到侵蚀，以美元代表国际债务和承担价值贮藏是不可靠的，最终将导致美元彻底崩溃，国际货币秩序重组。美国生产能力的下降和经常账户赤字的不断增长是美元面临崩溃的主要原因，其世界货币的地位将被替代。[1]施迈德勒（Schmeidler，2008）认为，通过进出口的变化和世界 GDP 份额的下降可看出，美国较低的生产力和竞争力将无法支持美元的大量流通，美元将变得难以被接受，经济主体远期合约会选择其他货币或者另选方式存储值。这是后凯恩斯主义者认为美元作为世界货币贬值的原因。[2]施迈德勒指出，新古典主义和后凯恩斯主义这两种理论都认为随着时间推移，美元在各种类型国际交易中的使用将有所减少，会越来越少地用于贸易票据融资，国际贸易商品也会越来越少地用美元计价，这就说明各国开始意识到持有大量美元外汇储备是不稳定的。

新古典主义和后凯恩斯学派都认为美元的重要职能地位将下降。新古典主义学者认为，美元供给的剧烈增加，以及随之而来的不断上升的通货膨胀，将导致美元缺乏稳定性。后凯恩斯学派则认为，缺乏生产力和竞争力的美国经济，是造成美国在世界 GDP 占比不断下降和美国天文数字的经常账户逆差的原因。笔者认同后凯恩斯学派的观点，认为美国经济缺乏生产力与竞争力是美元衰落

---

① R Duncan. The Dollar Crisis: Causes, Consequences, Cures[J]. John Wiley & Sons, 2005.

② L Schmeidler. Instability, Liquidity and World Money[J]. Lap Lambert Academic Publishing, 2008.

的根本原因，但美联储继续滥发美元和美债的政策将加快美元衰落。在短期内，美元和其他国际货币会存在此消彼长的波动过程。马提奥·马吉欧里、布伦特·内曼和杰西·施雷德提出，国际货币除了作为外汇储备外，最常用于计算公司和政府债券、银行贷款及进出口票据融资。[①]这些货币占全球外汇市场交易量的大部分，提供了至关重要的流动性，并且通常被实施汇率管理制度，以及与美元、欧元挂钩汇率制度的国家作为外汇储备目标货币。他们提出，近期数据显示，在近 10 年内，美元的国际货币影响力在不断增强，而欧元的国际货币影响力在不断减弱。

11.4.2　债务-美元货币金融体系格局终将转变的原因

我们认为，经济虚拟化和产业空洞化的美国经济必将导致美元地位的进一步衰弱，债务-美元的国际货币体系不可能持续。2020 年的新型冠状病毒感染疫情对债务-美元主导的国际货币和国际经济体系造成结构性冲击。2020年 2 月底以来，美国股市、债市及大宗商品价格已经持续大跌，美国股市四次熔断，在美国经济结构、产业结构和收入分配制度没有深刻改革却继续推行贸易战政策的背景下，新型冠状病毒感染疫情冲击和政府治理不力已成为压垮美国本已脆弱的经济的"一根稻草"，美国经济事实上已经进入阶梯式衰落的新阶段。2020 年 3 月 23 日，美联储实施无限量化宽松政策，在短期严重破坏了国际金融体系，是自 1971 年布雷顿森林体系崩溃以来的第二次严重违约。这是一种饮鸩止渴的行为，将使美国快速失去在国际上的国家信用，并且这种量化宽松政策也不可能帮助其解决国内的根本经济困境——经济虚拟化、两极分化、就业岗位缺乏、消费支持不足等问题。

为了维护美国金融资本利益，美联储实施无限量化宽松政策，向全球金融市场扔了一个"金融核弹"，对中国来说损失的是美国债券利息，中国国内经济、金融市场会受到一定程度冲击。但是我们认为，因为制造业掌握在我们手里，对外债权财富的账面损失可以通过短期投资组合尽量降低损失风险，从而稳定国内金融体系。首先，从国内政策来看，为应对上述局面，积极开展新基建和坚持发展制造业是国民经济立国之本。扎实做好 5G、大数据、人工智能等新技术产业升级，创造性地建设现代化新基础设施体系，大力落实扶贫工作，解决

---

① Matteo Maggiori, Brent Neiman, Jesse Schreger. The Rise of the Dollar and Fall of the EURO as International Currencies, Working Paper 25410, 2018, http://www.nber.org/papers/w25410.

广大人民群众的就业和收入问题，提升国内消费市场，是中国当前和未来经济工作的根本。其次，中国要通过适度、有次序地加快开放金融市场，积极落实金融开放政策，吸引国际人才和资金。最后，加强区域贸易合作，筑牢"一带一路"国际经济合作，以强化贸易、投资活动支撑国际金融合作，从而切实增强中国及人民币在国际货币和金融体系中的话语权。

第 12 讲

债务-美元国际货币霸权体系的支柱及优势——基于存量流量一致模型分析

本讲资料来源:《资本论》,以及兰德尔·雷、陈雨露、麦金农、奥村洋彦、吉川元忠、张云、李宝伟等相关研究。

本讲核心内容:本讲基于马克思主义政治经济学的货币金融思想和后凯恩斯货币经济学存量流量一致(SFC)模型分析方法,考察债务-美元国际货币体系的本质,梳理了支撑其霸权地位的六个主要支柱,阐述了影响其主要支柱变化的因素与机制;考察了其霸权性质的具体表现,即美国国债国际实际利息支付下降与美国国际投资头寸中资产端相对负债端的"超额收益率"现象。进一步测算出美国从 2006 年第一季度至 2022 年第四季度超额收益率在国际收支总头寸平均值为 0.397%,直接投资头寸平均值为 0.999%。当前,美国实体经济弱化、美元和美国国债国际使用度下降等关键因素的变化使得债务-美元体系的国际货币霸权地位发生动摇。未来我国应该持续推进人民币国际化,提升我国在国际货币和金融体系中的话语权。

1971 年布雷顿森林体系崩溃之前,国际货币体系是美元与黄金挂钩的制度,名义上由国际货币基金组织、国际清算银行和世界银行共同落实该制度,但实际上这种国际货币组织制度根本不能有效监督和约束美联储发行美元。1971 年开始，美国名义上实施浮动汇率制度，1973—1976 年，美联储和美国政府成功将国际美元的黄金支柱转换为石油、大宗商品、美国国债等支柱，而黄金-美元主导的国际货币体系也转换为石油、大宗商品、美国国债-美元主导的美元国际货币体系①。美国债务-美元国际货币金融体系与之前的国际货币体系相比，支撑美元国际货币地位的主要支柱发生根本变化，即美国国债成为支撑美元国际货币地位的核心支柱。截至 2022 年末，全球外汇储备中美元的规模达 6.47 万亿，而各国官方持有的美债总规模达 3.68 万亿，约占前者的 57%②，即美元国际货币地位在很大程度上是由美国虚拟资本支撑，从而构建一整套美债-美元、美国金融资本相互复杂联系的广义信用货币金融体系。美联储作为该体系中的国际货币发行者，却不承担全球经济稳定的职责；美国金融资本则以廉价的美元融资，在全球获取高额利润。相对应，美国政府持续累积着自身债务，特别是对外债务，美国未偿国债总额达 30.93 万亿美元，占 GDP 的比重高达 121.5%。1997—2022 年，美国共提高债务上限 22 次，过去 20 年联邦债务法定上限从 6.4 万亿美元提高至 31.381 万亿美元③。

然而，债务-美元循环需建立在美国全球霸权与经济虚拟化基础上，具有内生脆弱性与不可持续性，近年来，伴随着美国国际地位下降，其内在矛盾进一步凸显。2020 年以来，美国为治理国内通胀，采取了持续加息政策，最终对美国金融资产价格造成巨大压力，美国国债收益率恶化，硅谷银行（SVB）、签名银行、瑞士信贷集团等金融机构资产收益恶化，一些国家开始陆续决定在国际贸易中不再使用美元作为结算、清算货币，降低外汇储备中美元的资产比重，进而影响到美元的国际需求。这暴露了美元-美债循环机制陷入了两难困境，美债-美元相互支撑的美元国际货币体系脆弱性加剧。本讲将分析支撑债务-美元霸权地位的具体支柱，运用存量流量一致（SFC）模型梳理债务-美元循环的基本逻辑，量化美元霸权特权的具体表现，分析支撑债务-美元国际货币地位的主要支柱的变化及其脆弱性，考察这些因素变化在多大程度上削弱债务-美元的

---

① 概括起来，债务-美元主导的国际货币体系包括美联储-美国财政部，美国金融机构和各金融交易系统（特别是石油和大宗商品交易系统），国际货币基金组织、世界银行和国际清算银行（包括国际清算组织、制度和系统）。它们共同构成了美元霸权的制度支柱。

② 外汇储备数据来自 IMF 官网，https://data.imf.org/?sk=E6A5F467-C14B-4AA8-9F6D-5A09EC4E62A4. 美债数据来源于美国财政部官网，https://home.treasury.gov/data/treasury-international-capital-tic-system-home-page/tic-forms-instructions/securities-b-portfolio-holdings-of-us-and-foreign-securities.

③ 杨子荣. 美国再陷债务上限僵局（经济透视）[N]. 人民日报，2023-02-03.

国际循环能力。

根据马克思货币、信用和虚拟资本理论及后凯恩斯货币经济思想，美国债务-美元国际货币体系最根本的特权是：第一，美联储可以在国际上扩散美元，而不用对美元在国际经济中造成的通胀（美元贬值）负责；第二，美国财政部发行的美国国债没有有效的国际约束机制，其发行国债是为了服务其国内经济目标，而不对其他国家和国际公共事务负责。同时，美联储和美国财政部通过控制基础利率，实际上能减少美国国债利息的实际偿付。所以，美国国债规模会持续上升，但美国国债实际利息支付却可能相对减少，因而损害其他持有美元和美国国债的国家的利益。该体系意味着通过美元已经不能实现美国与其他国家的等价交换，美国经济或是借债消费，或是利用美元的国际货币金融优势，通过持续扩大美债、美元，实现对全球剩余价值的掠夺。

本讲首先系统梳理以美国债务为主要支柱的美元国际货币体系的帝国循环本质，阐述支撑该体系的六大支柱；然后运用后凯恩斯 SFC 模型分析方法，建立美国和世界其他国家的六部门交易流量模型，系统分析债务-美元体系中美元支柱与霸权的具体体现；最后提出观测美元霸权优势的主要量化指标，包括美国公共部门国债实际支付利率指标与美国私人部门攫取全球利益的"超额收益率"指标，并对上述指标进行测算。

第 1 节　债务-美元体系是美国金融资本在全球攫取高收益的制度基础

当代债务-美元主导的国际货币体系下美国具有的货币金融霸权优势的基本事实如下：第一，依据现代法币-信用货币制度经验，美联储事实上掌握着国际"法币"发行权力，美国财政部对外输出债务，并建立了两者间的国际货币循环机制，形成了对全球的"征税"权。事实上，美国把主权国家货币金融强制发行权和收益权扩展运用到了全球经济体系中，掌握了国际经济的货币金融系统的主导权。第二，美国私人金融系统通过美国货币金融系统为国际实体经济活动和虚拟经济活动提供融资，这些融资不是源于过去美国实体经济利润收益的信用货币积累，而是在相当程度上来自美国货币金融系统的自我复制和循环。第三，其他国家之所以使用美元，是因为美国以金融手段渗透和控制各国的产业、能源与金融业，各国不得不用其进行结算和储备。

12.1.1 美国对外资产和负债的规模

作为全球最大的债务国，美国外资产和对外债务规模庞大且呈现上升趋势。随着全球的经济联系日益密切，在 2000 年之后美国对外资产和负债的规模增加明显加快。2008 年受到全球金融危机的负面影响，美国对外资产和负债的规模出现了短暂的下降，后又恢复了增长态势，并且对外负债规模比对外资产规模的增长速度更快，体现了美国经济发展对外部债务的依赖（见图 12.1）。

图 12.1　美国对外资产和负债规模（1976—2022 年）

资料来源：BEA 官网。

随着对外净负债的扩大，美国的国外净负债头寸也在逐渐扩大，即美国持有的境外资产和其他国家持有的美国资产之间的差额不断扩大，美国逐渐由债权国转变为债务国。由图 12.2 可以看到，1989 年之后美国的净资产头寸由正值变为负值，并且逐渐扩大。以 2008 年全球金融危机为分界，前后两段时间呈现较大差异。1998—2008 年，净资产头寸占国内生产总值的比例上下波动，但大致保持在-20%的水平，2008 年之后出现急剧扩大，近些年甚至下降到-50%以下。这种转变的直接原因是美国迅速的债务扩张，即对外负债头寸比对外资产头寸的规模增长更加剧烈。

图 12.2　美国净国际投资头寸与国内生产总值之比（1976—2022 年）

资料来源：BEA 官网。

12.1.2　美国对外资产和对外负债结构

根据美国联邦经济分析局发布的美国国际投资头寸表（表 12.1），美国对外资产和对外负债的资产类型可以分为四类：一是直接投资；二是证券投资，又可以分为股权投资和债权投资；三是其他投资，主要包括货币和存款、贸易信用证等资产；四是储备资产，只出现在资产端。

表 12.1　美国国际投资头寸表分类

资产端	负债端
直接投资	直接投资
证券投资	证券投资
其他投资	其他投资
储备资产	

如图 12.3 所示，在美国的对外资产中，股票资产和直接投资这类高盈利性资产所占比重最多，自 20 世纪 80 年代起持续升高，在 2008 年发生全球金融危机时出现短暂的下降，之后又缓慢升高，在对外资产中两者占比超过 60%。在过去的四十多年间，直接投资占比始终最高，是美国对外资产中最重要的形式。同

时美国对外投资中的股权类资产的比重逐渐上升，在 2017 年已经超过直接投资。

图 12.3　美国持有的外部资产（1976—2022 年）

资料来源：BEA 官网。

　　如图 12.4 所示，与资产端相反，美国的对外负债中，低风险、低收益的债权投资和其他投资的占比较高，债权投资的占比略高于 30%。对外负债中最主要的债权投资也呈现一些明显的特点。从期限结构来看，以长期债券为主，长期债券中又以美国国债为主。美国国债由美国政府提供担保，安全性较高，但收益率较低。图 12.5 和图 12.6 分别列示了外国持有的美国国债情况和美国长期债券构成情况。从世界范围来看，美国国债的持有者较为集中，中国大陆和日本长期持有的美国国债最多。

图 12.4　外国持有的美国资产（美国负债）（1976—2022 年）

图 12.5　外国持有的美国债券情况（1976—2022 年）

资料来源：BEA 官网。

图 12.6　外国持有的美国长期债券构成（2011—2022 年）

资料来源：美国财政部。

图 12.7　美国国债的主要持有者（2011—2022 年）

资料来源：美国财政部。

第 2 节　美国国债支撑美元霸权地位：怎样理解？

美元特权的概念来自 20 世纪 60 年代的法国戴高乐政府，最初是指美元作为世界货币体系的基础，美国政府可以享有依靠发行美元为经常项目融资的能力。这种特权的定义随着国际货币体系的发展和变化，也逐渐丰富起来。随着世界资本市场越来越一体化，金融工具越来越复杂化，美国已经从"世界银行家"发展成为杠杆作用日益增强的"世界风险资本家"，它发行短期和固定收益债券，并主要投资于海外的股权等，将主权货币的发行权和收益权扩张到了全球经济体系。

12.2.1　以美国为中心的美元流动

在美元本位制背景下，美元流动处于一个动态循环的过程。最初杜利（Dooley，2004）[1]等学者将不同区域划分为由亚洲国家组成的贸易账户区和由

---

① Michael P Dooley, David Folkerts-Landau, Peter Garber. The Revived Bretton Woods System[J]. International Journal of Finance & Economics, 2004, 9 (4): 307-313.

欧洲与加拿大等国组成的资本账户区，指出美国的经常账户赤字可以由贸易区国家的官方流入和资本区国家的私人流入所支撑。

一些学者在观察美元国际循环链条的基础上，对美元循环的形式进行更加深入的分析和研究。张纯威（2008）[①]基于国际收支平衡的原理，采用比较分析的方法，概括出两类美元循环方式，分别是在金融渠道投放、从贸易渠道回流，以及在贸易渠道投放、从金融渠道回流。张彬和吴云雁（2010）[②]运用时间序列分析方法，说明美国经常账户赤字和净外债具有共生性，表明美国通过支付贸易逆差向世界输出大规模的美元，同时流向境外的美元通过购买美元金融资产形成回流，又为经常账户的逆差进行了融资，实现了本土的长期繁荣。沈頔（2011）的研究[③]表明，美元与黄金脱钩，美国使用美元购买世界商品形成贸易逆差并通过发行债券与金融资产将逆差债务化，形成了债务经济模式。美国可以使用自己发行的美元购买其他国家的资源，而各国只能购入美国的国债和金融产品。

这些学者对于美元动态循环机制形成了一些共同的认识，即美元的国际循环是客观存在的现象，该循环的基本路径是：美联储不受约束地发行美元，购买他国提供的商品和服务，美元通过贸易账户的国际收支逆差流向其他国家和地区，得到美元的国家获得非自愿的储蓄增长。美国境内发达的金融市场又为金融机构的创新提供了平台，获得美元的国家再通过金融账户购买美国债券等金融产品，使得美元回流到美国。美元的地位通过与境外持续的贸易账户和金融账户交换得到支撑。

12.2.2　美国金融机构更容易从国际金融投资中攫取差额收益

美国可以通过向世界输送美元从海外市场获取利益。一是铸币税收入。关于铸币税收入，李翀（2012）[④]指出，从流量角度分析，是指国际储备货币发行国通过国际收支逆差获得的铸币税收益；从存量角度分析，是指某时刻国际储备货币发行国持有的货币资产减去为此支付的利息。通过测算 2001—2012 年美国获得的国际铸币税，他发现此期间内受益于世界各国外汇储备的增加，美国获得的国际铸币税也随之增加。二是国内消费和福利增长。尹应凯、崔茂中

---

① 张纯威. 美元本位、美元环流与美元陷阱[J]. 国际金融研究，2008（6）.

② 张彬，吴云雁. 美元国际循环问题的实证分析[J]. 世界经济研究，2010（4）.

③ 沈頔. 后布雷顿森林体系下美元国际循环问题与中国的对策[J]. 四川行政学院学报，2011（3）.

④ 李翀. 关于国际铸币税收益的探讨[J]. 当代经济研究，2012（8）.

（2009）①认为，美元霸权表现在"美元的超中心地位及发行自由化"和"美国福利增长及对全球造成的不和谐影响"。宋绪超（2009）②认为，美元本位下的霸权满足了美国境内超前消费的需求，推动了全球市场的通货膨胀。三是通过调整汇率来应对国际收支失衡。李黎力（2020）③表明，除可观的铸币税收益外，美元特权还会在短期内为美国带来资本和汇兑收益，在长期带来经济及政治利益。李骏（2021）④指出，美元霸权有五种表现形式：通过国际贸易从别国掠取实体经济资源；通过美元价格变动引导国际资本流动，制造经济金融危机；通过发动金融战来掠夺货币财富；大力发展虚拟经济，吸引美元回流，进行低成本融资；通过大量增发货币转嫁自身危机。

第 3 节　美元债务-美元体系六大支柱：马克思基础理论与 SFC 模型分析

12.3.1　债务-美元体系六大支柱

根据大量经验事实和经典文献，将美元债务-美元国际货币体系的主要支柱归纳为六个方面，如图 12.8 所示。

六大支柱的相互作用关系为：前三大支柱为制度支柱，保障美元能够顺利交换到更多国际产品，石油美元、大宗商品美元确保美元与世界重要商品挂钩，为国际美元的流通提供了商品基础。美元作为世界货币的购买范围持续扩大，而流出的巨量美元成为世界经济与美国绑定的纽带，进一步巩固了美联储"世界央行"的地位。以高科技产业为代表的产业支柱为美国赢得了世界产业主导地位。在金融支柱中，国债发行与美联储利率调控（支柱五）是债务-美元帝国循环的关键，理论上债务的无限增发支撑了美国财政赤字。支柱六为私人金融资本的获利，表现为对国外优质核心资产的控制和超额收益率的获得。

① 尹应凯，崔茂中. 美元霸权：生存基础、生存影响与生存冲突[J]. 国际金融研究，2009（12）.
② 宋绪超. 从美元霸权看美国低储蓄的消费模式——基于美元供给机制的视角[J]. 金融教学与研究，2009（6）.
③ 李黎力. 货币权力与美元霸权[J]. 金融博览，2020（5）.
④ 李骏. 美元霸权的运行机制研究[J]. 特区经济，2021（12）.

图 12.8　债务–美元体系的支撑系统

六大支柱的相互作用机制如图 12.9 所示。在支柱五的作用下，美国财政部掌握了美债发行与利率控制，本质上拥有了无限发行国际基础货币和国债的能力，该能力一方面支撑着美国日益扩大的财政赤字，另一方面低利率政策也为美国私人资本融资提供流动性支持。美国私人金融资本不断扩张，在美国国内造成金融凯恩斯政策与金融部门的相互推动，美国经济不断走向虚拟化，实体经济相对衰弱与金融部门不断膨胀相互作用，共同导致家庭信贷消费与贸易赤字的不断扩大，而美元的国际支付功能可在美国对外贸易赤字中转移美国国内的通胀压力，支持美国虚拟经济进一步扩张；在国际上，美国强大的私人金融资本借助支柱四（高科技产业主导权）与支柱六（对美投资壁垒与美国国际资本自由流动），在实现跨国资产并购的同时禁止其他国家的资本并购美国实际核心资产，并在制度支柱一、二、三的加持下，掌握支付和清算交易系统控制权、国际货币系统控制权与大宗商品交易定价权，继续强化美元国际核心货币地位。其他国家则面临"小国原罪"危机和高储蓄两难，在自身外汇储备不能直接支撑本国实体经济的情况下，央行或主权财富基金被迫持有美国国债，形成支柱五美国债务循环中的最后一道闭环。

图 12.9　债务-美元国际货币的帝国循环机制

12.3.2　SFC 模型分析

20 世纪 70 年代，以戈德利（Godley）为首的经济学家创建了存量流量一致（SFC）模型，将货币金融系统纳入模型，基于存量流量一致的会计核算原则，借助各部门的行为方程和核算等式闭合模型，考察各个存量、流量的动态互动与均衡，为宏观经济学研究提供了全新的分析框架。下面将基于戈德利[①]提出的包括家庭、厂商、银行、政府、央行的五部门存流量一致模型，拓展国外作为第六个部门，构建一个开放交易流量模型，呈现美国各部门与世界其他国家的交易流量关系，从而得出美元环流的基本途径，以及美元霸权支柱的直观体现。

1. 交易流量表构建

参照戈德利构建的存量流量一致模型，对家庭、厂商、银行、政府、央行、国外六部门的交易行为进行拟合，得到如表 12.1 所示的交易流量表。

---

① Wynne Godley, Marc Lavoie. Monetary Economics: An Integrated Approach to Credit, Money, Income, Production and Wealth[M]. London: Palgrave Macmillan, 2007: 23-56.

表 12.1 交易流量表

	家庭		生产厂商		银行		政府	中央银行		国外	总额
	资金流	资本	资金流	资本	资金流	资本		资金流	资本		
消费	$-C_h-C_e$		$+C+C_f$							$+C_e-C_f$	0
投资	$-I_f-I_e$		$+I$	$-I_c$						$+I_e-I_f$	0
政府支出			$+G$				$-G$				0
工资	$+WB$		$-WB$								0
厂商利润	$+\pi_h+\pi_f$		$-\pi$	$+\pi_c$						$+\pi_e-\pi_f$	0
银行利润	$+FD_b$				$-F_b$	$+FU_b$					0
中央银行利润							$+F_{cb}$	$-F_{cb}$			0
贷款利息	$-r_{l(-1)} \cdot L_{h(-1)}$		$-r_{l(-1)} \cdot L_{f(-1)}$		$+r_{l(-1)} \cdot L_{(-1)}$						0
存款利息	$+r_{m(-1)} \cdot M_{h(-1)}$				$-r_{m(-1)} \cdot M_{(-1)}$						0
债券利息	$+r_{b(-1)} \cdot B_{h(-1)}$				$+r_{b(-1)} \cdot B_{b(-1)}$		$-r_{b(-1)} \cdot B_{(-1)}$	$+r_{b(-1)} \cdot B_{cb(-1)}$		$+r_{b(-1)} \cdot B_{f(-1)}$	0
金融产品利息	$+r_{p(-1)} \cdot P_{h(-1)}$				$-r_{p(-1)} \cdot P_{(-1)}$					$+r_{p(-1)} \cdot P_{f(-1)}$	0
净税收转移	$-T_h$		$-T_c$		$-T_b$		$+T$				0
贷款的变动		$+\Delta L_h$		$+\Delta L_f$		$-\Delta L$					0
现金的变动		$-\Delta H_h$				$-\Delta H_b$			$+\Delta H$	$-\Delta H_f$	0
存款的变动		$-\Delta M_h$				$+\Delta M$					0
票据的变动		$-\Delta B_h$				$-\Delta B_b$	$+\Delta B$		$-\Delta B_{cb}$	$-\Delta B_f$	0
股票的变动		$-\Delta e_1 \cdot p_{ec}-\Delta e_2 \cdot p_{eb}$ $-\Delta e_3 \cdot p_{ef}$		$+\Delta e_c \cdot p_{ec}$		$+\Delta e_b \cdot p_{eb}$				$-\Delta e'_1 \cdot P_{ec}-\Delta e'_2 \cdot P_{eb}$ $+\Delta e'_f \cdot P_{ef}$	0
金融产品变动		$-\Delta P_h$				$+\Delta P$				$-\Delta P_f$	0
总额	0	0	0	0	0	0	0	0	0	0	0

2. 模型基本假设

假设各部门每期交易行为按如下方式进行。

消费：家庭每期消费 $C_i + C_e$，其中 C_i 为购买本国产品，C_e 为购买国外产品。国外每期消费 C_f 购买国内产品。

投资：家庭每期投资 $I_i + I_e$，其中 I_i 为国内投资，I_e 为国际投资。国外每期投资 I_f 至国内厂商。厂商每期需支付 I_c 用于资本折旧。

政府：政府每期花费 G_e 购买厂商产品。

工资：厂商每期支付工资 WB 给家庭。

厂商利润：厂商利润 π 每期分配给家庭 π_h、自身 π_c、国外投资者 π_e。国外厂商利润中 π_f 分配给国内投资者。

银行利润：银行利润 F_b 每期分配给家庭 FD_b、自身 FU_b。

中央银行利润：这里沿用戈德利的假设，中央银行利润全部归政府所有。

贷款利息：假设家庭、厂商持有商业银行贷款，上期末贷款余量分别为 $L_{h(-1)}$、$L_{f(-1)}$，贷款利率均为 $r_{l(-1)}$，每期向银行支付贷款利息，银行共获得资金流 $r_{l(-1)} \cdot L_{(-1)}$。

存款利息：假设家庭持有银行存款，上期存款余量为 $M_{h(-1)}$，存款利率为 $r_{m(-1)}$。银行每期向家庭支付利息 $r_{m(-1)} \cdot M_{h(-1)}$。

债券利息：假设政府发行国债，由家庭、银行、央行、国外投资者购买，上期末各部门持有的国债余量分别为 $B_{h(-1)}$、$B_{b(-1)}$、$B_{cb(-1)}$、$B_{f(-1)}$，上期国债利率为 $r_{b(-1)}$，则政府应分别支付国债利息 $r_{b(-1)} \cdot B_{h(-1)}$、$r_{b(-1)} \cdot B_{b(-1)}$、$r_{b(-1)} \cdot B_{cb(-1)}$、$r_{b(-1)} \cdot B_{f(-1)}$，政府部门的总支付为 $r_{b(-1)} \cdot B_{(-1)}$。

金融产品利息：假设只有银行部门可以发售投资产品，由家庭和国外投资者购买，上期末家庭和国外的持有量分别为 $P_{h(-1)}$、$P_{f(-1)}$，利率为 $r_{p(-1)}$，则支付利息分别为 $r_{p(-1)} \cdot P_{h(-1)}$、$r_{p(-1)} \cdot P_{f(-1)}$，银行的总支付为 $r_{p(-1)} \cdot P_{(-1)}$。

净税收转移：家庭、厂商和银行分别向政府支付税收 T_h、T_c、T_b，政府总税收为 T。

贷款变动：假设本期家庭和厂商贷款净变动量分别为 ΔL_h 和 ΔL_f。

现金变动：假设本期家庭获得一笔现金 ΔH_h（为实现表格均衡，沿用戈德利的假设，将现金视为一种金融资产，现金的增加理解为对现金这种资产的购买，故符号为负，现金减少则符号为正）。同时，银行获得一笔现金 ΔH_b、国外获得一笔现金 ΔH_f，这部分货币由央行发出，计为 ΔH。

存款的变动：假设家庭存入一笔存款 ΔM_h，同时银行获得该存款 ΔM。

票据的变动：政府新发行债券 ΔB，家庭、银行、央行和国外投资者分别购买 ΔB_h、ΔB_b、ΔB_{cb} 和 ΔB_f。

股票的变动：厂商和银行分别新发行股票 Δe_c 与 Δe_b，其价格分别为 p_{ec} 与 p_{eb}。发行的股票由家庭和国外投资者购买，家庭购买的国内厂商、银行股票分别为 Δe_1 与 Δe_2，国外投资者购买的国内厂商、银行股票分别为 $\Delta e'_1$ 与 $\Delta e'_2$。此外，家庭还会以价格 P_{ef} 购买国外发行股票 Δe_f。

金融产品变动：银行新发行价值为 ΔP 的金融产品，家庭和国外投资者分别购买 ΔP_h 与 ΔP_f 的金融产品。

3. 美元国际环流的基本渠道

由模型可得美元在美国和国外环流的基本渠道，如表 12.2 所示。

表 12.2　美元国际环流的基本渠道

美元流向	交易行为	符号
美国→国外	进口	C_e
	对外投资	I_e
	厂商利润分配给国外投资者	π_e
	支付债券利息	$r_{b(-1)} \cdot B_{f(-1)}$
	支付金融产品利息	$r_{p(-1)} \cdot P_{f(-1)}$
	购买国外股票	$\Delta e_f \cdot P_{ef}$
国外→美国	出口	C_f
	国外对美投资	I_f
	国外厂商利润分配给美国投资者	π_f
	国外居民减持美元	ΔH_f
	国外购买美国政府债券	ΔB_f
	国外购买美国股票	$-\Delta e'_1 \cdot P_{ec} - \Delta e'_2 \cdot P_{eb}$
	国外购买美国金融产品	ΔP_f

4. 美元-美债循环模式分析

至此，我们可以借用该框架得到一个简易的美元-债务循环模式过程。

假设家庭消费外国商品，外国用该资金购买美国国债，则过程如下：

第一步，家庭用一笔现金 ΔH 购买国外商品，消费量为 C，国外获得一笔现金 ΔH（见表 12.3）。

表 12.3　家庭购买国外商品

变量	家庭	厂商	政府	国外	总额
消费	$-C$			$+C$	0
工资					0
政府购买					0
票据变动					0
现金变动	$+\Delta H$			$-\Delta H$	0
总额	0	0	0	0	0

第二步，国外用该资金购买美国政府国债 ΔB，政府获得一笔现金 ΔH（见表 12.4）。

表 12.4　国外购买美国政府国债

变量	家庭	厂商	政府	国外	总额
消费	$-C$			$+C$	0
工资					0
政府购买					0
票据变动			$+\Delta B$	$-\Delta B$	0
现金变动	$+\Delta H$		$-\Delta H$		0
总额	0	0	0	0	0

第三步，美国政府用发行债务获得的资金支持其扩张性财政政策 G，厂商获得一笔现金收入 ΔH（见表 12.5）。

表 12.5　美国政府扩张性财政政策

变量	家庭	厂商	政府	国外	总额
消费	$-C$			$+C$	0
工资					0
政府购买		$+G$	$-G$		0
票据变动			$+\Delta B$	$-\Delta B$	0
现金变动	$+\Delta H$	$-\Delta H$			0
总额	0	0	0	0	0

第四步，厂商用获得的收入支付家庭部门工资 WB（见表 12.6）。

表 12.6　厂商支付家庭部门工资

变量	家庭	厂商	政府	国外	总额
消费	$-C$			$+C$	0
工资	$+WB$	$-WB$			0
政府购买		$+G$	$-G$		0
票据变动			$+\Delta B$	$-\Delta B$	0
现金变动					0
总额	0	0	0	0	0

至此，美元-美债循环完成。该循环的最终结果为：家庭部门用工资购买了国外产品；厂商用收入向家庭支付工资；政府发布的债务由国外投资者购买，转而支持自身财政政策扩张；国外部门不仅向美国输送实物商品，同时承担美国政府债务。在这个过程中，政府部门债务不断扩大，而家庭部门与企业部门获得了实际利益。

5. 美元-金融产品循环模式分析

除购买国债外，国外投资者可以用所得资金购买美国金融产品，如企业债、各类金融衍生品等，在模型中，银行是这些金融产品的唯一发行人。当投资者这样选择时，其循环模式如下：

第一步，家庭用一笔现金 ΔH 购买国外商品，消费为 C（见表 12.7）。

表 12.7　家庭购买国外商品产生的消费

变量	家庭		厂商	银行	国外	总额
	资金流	资本				
消费	$-C$				$+C$	0
投资						
工资						0
贷款变动						0
金融产品变动						0
现金变动	$+\Delta H$				$-\Delta H$	0
总额	0	0	0	0	0	0

第二步，国外持现金 ΔH 购买银行的金融产品 ΔP（见表 12.8）。

表 12.8　国外购买银行金融产品

变量	家庭	厂商		银行	国外	总额
		资金流	资本			
消费	$-C$				$+C$	0
投资						
工资						0
贷款变动						0
金融产品变动				$+\Delta P$	$-\Delta P$	0
现金变动	$+\Delta H$			$-\Delta H$		0
总额	0	0	0	0	0	0

第三步，银行向厂商放贷，贷款额度为 $\Delta L=\Delta H$（见表 12.9）。

表 12.9　银行对厂商的贷款

变量	家庭	厂商		银行	国外	总额
		资金流	资本			
消费	$-C$				$+C$	0
投资						
工资						0
贷款变动		$+\Delta L$		$-\Delta L$		0
金融产品变动				$+\Delta P$	$-\Delta P$	0
现金变动	$+\Delta H$		$-\Delta H$			0
总额	0	0	0	0	0	0

第四步，企业将贷款资金投入生产，且最终利润转化成家庭的收入 $WB=\Delta H$（见表 12.10）。

表 12.10　企业最终利润转化为家庭收入

变量	家庭	厂商		银行	国外	总额
		资金流	资本			
消费	$-C$				$+C$	0
投资		$+I$	$-I$			
工资	$+WB$	$-WB$				0
贷款变动		$+\Delta L$		$-\Delta L$		0
金融产品变动				$+\Delta P$	$-\Delta P$	0
现金变动						0
总额	0	0	0	0	0	0

至此，循环结束。该循环的最终结果为：家庭购买国外产品，企业向银行贷款扩张，而该部分贷款最终以金融产品的方式由国外投资者承担。

6. 美国私人资本流动的优势分析

美国利用其货币金融优势，对外投资、收购优质资产，获取较高的对外直接投资收益率。同时，通过限制或禁止国外投资、收购等方式，对国内优质产业采取保护主义措施。最终美国资本获得了对全球重要产业的控制权，同时在直接投资领域获取持续的超额收益，在表 12.1、表 12.2 中体现为 π_e 收益率远低于 π_f。

本节运用包含外国部门的 SFC 模型解释了美元-美债的国际循环机制。美元的国际外循环与国内循环共同支撑着美国当今的货币金融体系，其中外循环机制是重要组成部分。一旦外循环减弱，如出现国际美债持有者抛售或不再增持美债、美元国际支付货币地位减弱等，内循环的矛盾就会进一步凸显，从而体现为美国国内通胀压力与流动性压力，最终导致债务-美元循环的崩溃。

第 4 节　美国货币金融优势的量化分析

在机制探究的基础上，本节继续对美国货币金融优势进行量化分析，重点聚焦于支柱五、支柱六的影响。其中美元-美债支柱（支柱五）下重点关注美国债务规模的扩大与实际利息支付的下降指标，美国私人资本流动支柱（支柱六）则重点关注"超额收益率"现象。

12.4.1　美国国债国际实际利息支付下降

美国国际资产负债表中的国债头寸及支付的利息如图 12.10 所示。2006 年以来，国际持有的美国国债总规模总体不断上升，且每年美国国际国债总利息支付上升，但总利息支付/总国际负债规模整体呈下降趋势，这表明实际上美国的国际负债成本持续下降。美国政府虽然不断扩大负债规模，却无须担心偿付问题，且偿付实际利息不断下降。但我们看到，自 2020 年以来，实际利率出现明显回升，接近 2008 年全球金融危机前的水平，该逆转趋势表明美国对国债实际支付掌控能力弱化（见图 12.11）。

图 12.10　其他国家持有的美国国债总规模（左）与美国国债国际利息支付（右）
（2006—2022 年）

资料来源：BEA 官网。

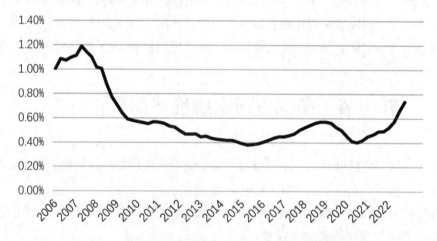

图 12.11　美国国债国际实际支付利率（2006—2022 年）

资料来源：BEA 官网。

12.4.2　美国资产端相对于负债端的超额收益率

参考美国国际投资头寸与美国国际收支数据，我们可以进一步分析美国资产端相对于负债端的超额收益率，以量化美国利用美元货币霸权攫取全球利润的能力。

首先是总头寸收益。如前文所述，国际投资头寸可根据投资类别进一步细分为直接投资、证券投资和其他投资。以上二级指标在 SFC 模型中均有对应，其中直接投资对应投资与厂商利润；证券投资包括权益与债券投资，在表 12.1 中对应票据、股票和金融产品变动，以及利息和股息支付等项。因此，对美国投资头寸及其收益的综合考量，即对美国货币金融的债务、金融产品、私人资本支柱进行多角度且全面的观察。这些指标共同体现了美国利用美元国际货币地位，自国外攫取超额收益的渠道。

由图 12.1 可知，美国对外负债规模远超其在国外持有资产，然而每年负债支出（包括国债利息支出）却小于资产收入，如图 12.12 所示。

图 12.12　国际头寸总收入与总支出（2006—2022 年）

资料来源：BEA 官网。

因此，虽然从资产负债表总体看，美国是净负债国，可实际上美国却凭借对海外优质资产的掌控，通过高直接投资收益率等渠道，每年从国外获取实际净收益。下面对资产端与负债端的收益率差值进行测算，计算过程及结果如下：

首先定义如下变量（见表 12.11），其中 t 取 2006 年第一季度至 2022 年第四季度，共 n 期（$n=68$）。

表 12.11　超额收益率计算所用符号及含义

符号	含义
A_t	t 期美国国际资产存量
L_t	t 期美国国际负债存量
IA_t	t 期美国国际资产收入
IL_t	t 期美国国际负债支出
r_{At}	t 期资产端收益率
r_{Lt}	t 期负债端收益率
r_{St}	t 期收益率差值
r_D	平均收益率差

如下等式成立：

$$r_{At} = \frac{IA_t}{A_t} \times 100\%$$

$$r_{Lt} = \frac{IL_t}{L_t} \times 100\%$$

$$r_{St} = r_{At} - r_{Lt}$$

$$r_D = \frac{1}{n} \sum_{t=1}^{n} r_{St}$$

综合公开数据，可以算得 2006 年第一季度至 2022 年第四季度美国国际投资头寸总超额收益率的平均值 r_D 为 0.397%。该时段美国国际资产端、负债端收益率与超额收益率如图 12.13 所示。

图 12.13　美国国际投资头寸资产与负债端收益率（2006—2022 年）

资料来源：BEA 官网。

其次重点关注直接投资领域的超额收益率，对应支柱六下的私人资本流动。直接投资超额收益率是总头寸超额收益率的主要贡献项，对总超额收益率的贡献率超过 50%。关于美国在直接投资领域高收益特权的原因，传统观点通常从美国投资者拥有较高的投资经验与技术优势进行解释，也有学者从避税角度和表外收益解释超额收益率现象①。古兰查斯和雷（Gourinchas 和 Rey，2007）② 则借用法国总统戴高乐的评论，称该现象为"美国的特权"。该特权允许美国投资国际优质股权，获得较高回报率，而其在负债端发行收益率相对低廉的债券行为相对不受制约。这种高杠杆的投资模式使得美国在世界范围内扮演着"风险资本家"的角色。这与本书观点相符。由于美国具有高科技产业支柱，同时设置私人投资壁垒，国外投资者无法进入美国核心资产，外国对美直接投资收益率极低。"外高内低"的模式导致直接投资项的超额收益率，同时也是美国私人资本获取全球利益的重要表现形式。在 SFC 模型中，该优势体现为 π_e 收益率远低于 π_f。与总超额收益率计算方法类似，笔者测得 2006 年第一季度至 2022 年第四季度直接投资头寸的超额收益率的平均值为 0.999%。

图 12.14　美国国际直接投资资产与负债端收益率（2006—2022 年）

资料来源：BEA 官网。

　　① Thomas R Tørsløv, Ludvig S Wier, Gabriel Zucman, Guillermo A Calvo. The Missing Profits of Nations. 2018, NBER Working Paper Series No. 24701, http://www.nber.org/papers/w24701.

　　② Pierre-Olivier Gourinchas, Hélène Rey. From World Banker to World Venture Capitalist: US External Adjustment and the Exorbitant Privilege[M]. in Richard H. Clarida, G7 Current Account Imbalances: Sustainability and Adjustment, Chicago: University of Chicago Press, 2007: 11-66.

第 5 节　结论

本讲基于马克思主义政治经济学的货币金融思想和后凯恩斯主义货币经济学的存量流量一致模型分析方法，考察了债务-美元国际货币体系的六个主要支柱。其中，国债发行与美联储利率调控是美元-美债帝国循环的关键。在美元-美债循环下，外国部门用贸易所获美元支持美国国内财政赤字或成为美国企业信贷的最终承担者；美国政府债务规模不断扩大，却无须对偿还债务负责；美国私人金融资本以极低的融资成本，进行跨国资产并购并享受"超额收益"特权。本讲同时考察了其霸权性质的具体表现，尤其是美国国际投资头寸中资产端相对于负债端的超额收益率现象，测算出美国 2006 年第一季度至 2022 年第四季度资产端与负债端收益率差额的平均值为 0.397%。

随着经济虚拟化进程的加速与债务-美元体系弊端愈发明显，该体系的崩溃已初现端倪。伴随着俄乌战争的持续和硅谷银行破产事件的爆发，国际上对美国金融体系的信心不断下降，各国央行都在调整外汇储备结构，降低对美元和美债的依赖程度。这既是国际货币体系的关键转折点，也是我国推动人民币走向国际化、打破美国货币金融霸权的一大契机。从国内政策来看，为应对以上局面，一是继续推动人民币国际化进程，坚持以创新和科技为导向，提高技术能力，争取进入全球价值链的上游，减轻核心领域对于发达国家商品的依赖度，提高人民币在贸易领域的话语权。同时扩大人民币海外投资规模，本土企业进一步融入国际生产链条，促进人民币在更大范围内流通。二是加快金融市场建设，在保持相对稳定的基础上，进一步完善政策支持体系和基础设施安排，立足市场驱动和自主选择，推动金融市场双向开放，营造更加便利的环境，积极落实金融开放政策，吸引国际人才和资金。三是要在国际领域内探索新型合作模式和协调机制，拓展务实合作，通过优势互补和友好协商等方式，体现大国担当，推动建立国际合作新秩序，从而切实提升我国在国际货币和金融体系中的话语权。

主要参考文献

[1] 盛松成，施兵超，陈建安. 现代货币经济学——西方货币经济理论研究[M]. 北京：中国金融出版社，2014（3）.

[2] 范一飞. 中国法定数字货币的理论依据和架构选择[J]. 中国金融，2016（17）：10-12.

[3] 穆杰. 央行推行法定数字货币 DCEP 的机遇、挑战及展望[J]. 经济学家，2020，3：95-105.

[4] 本杰明·M. 弗里德曼，弗兰克·H. 哈恩. 货币经济学手册（2 卷）[M]. 北京：经济科学出版社，2002.

[5] 卡尔·E·瓦什. 货币理论与政策[M]. 北京：中国人民大学出版社，2001.

[6] 米什金. 货币金融学[M]. 北京：中国人民大学出版社，1998.

[7] 杰格迪什·汉达. 货币经济学[M]. 北京：中国人民大学出版社，2005.

[8] 约瑟夫·斯蒂格利茨，布鲁斯·格林沃尔德. 通往货币经济学的新范式[M]. 北京：中信出版社，2005.

[9] 卡尔·马克思. 资本论（第三卷）[M]. 北京：人民出版社，2004.

[10] 柳欣. 经济学与中国经济[M]. 北京：人民出版社，2005.

[11] 樊苗江，柳欣. 货币理论的发展与重建[M]. 北京：人民出版社，2005.

[12] 李宝伟，张云. 货币、金融信用与宏观流动性[M]. 北京：中国金融出版社，2015.

[13] 马克思，恩格斯. 马克思恩格斯全集（第 24 卷，第 25 卷，第 26 卷）[M]. 北京：人民出版社，1974.

[14] 刘骏民. 从虚拟资本到虚拟经济[M]. 济南：山东人民出版社，1998.

[15] 约翰·G. 格利，爱德华·S. 肖. 金融理论中的货币[M]. 贝多广，译. 上海：上海人民出版社，1994.

[16] 石晶莹. 再论马克思利息理论与凯恩斯利息理论的不同点[J]. 当代经济研究，2007（2）.

[17] 王璐，柳欣. 马克思经济学中的古典一般均衡理论[M]. 北京：人民出版社，2005.

[18] 拉帕维查斯，伊藤·诚. 货币金融政治经济学[M]. 北京：经济科学出版社，2001.

[19] 大卫·哈维. 资本的限度[M]. 北京：中信出版社，2017.

[20] 樊苗江. 论重商主义的货币理论及其与现代货币理论争论的关系[J]. 南开经济研究，2002（2）.

[21] 樊苗江. 货币理论中内生货币和外生货币的争论[J]. 开放导报，2003（12）.

[22] 谷书堂. 社会主义经济学通论：社会主义经济的本质、运行与发展[M]. 上海：上海人民出版社，1989。

[23] 谷书堂，柳欣. 新劳动价值论一元论[J]. 中国社会科学，1993（6）.

[24] 郭亚宁. 比特币、天秤币两种加密货币解析[J]. 数字技术与运用，2021，39（6）：186-188.

[25] 黄达. 货币银行学（第 2 版）[M]. 北京：中国人民大学出版社，2000.

[26] 栗原. 凯恩斯学派经济学[M]. 北京：商务印书馆，1964.

[27] 柳欣. 资本理论：价值、分配与增长理论[M]. 西安：陕西人民出版社，1994.

[28] 柳欣. 资本理论争论：给定的技术还是变动的技术[J]. 经济学动态，1996（2）.

[29] 柳欣. 中国宏观经济运行的理论分析：宏观经济研究的一种新方法[J]. 南开经济研究，1999（5）.

[30] 柳欣. 中国的宏观经济运行[J]. 东岳论丛，1999（3）.

[31] 柳欣. 货币、资本和一般均衡理论[J]. 南开经济研究，2000（5）.

[32] 柳欣. 劳动价值论和马克思主义经济学[J]. 南开经济研究，2001（5）.

[33] 陆晓明. 货币供给、货币需求与价格：西方货币数量论研究[M]. 北京：北京大学出版社，1991.

[34] 宁咏. 内生货币供给：理论假说与经验事实[M]. 北京：经济科学出版社，2000.

[35] 钱荣堃. 西方宏观经济学中的新流派[J]. 世界经济，1981（6）.

[36] 帅勇. 货币与利息决定理论：存量和流量分析史[M]. 北京：人民出版社，2005.

[37] 本·伯南克. 通货膨胀目标制[M]. 大连：东北财经大学出版社，2006.

[38] 劳伦斯·H. 怀特. 货币制度理论[M]. 北京：中国人民大学出版社，2004.

[39] 姜建清. 流动性黑洞[M]. 北京：中国金融出版社，2008.

[40] 彭兴韵. 流动性、流动性过剩与货币政策[J]. 经济研究，2007（11）.

[41] 麦金农. 麦金农文集[M]. 北京：中国金融出版社，2006.

[42] 向松祚. 不要玩弄汇率[M]. 北京：北京大学出版社，2006.

[43] 张明. 流动性过剩的测量、根源和风险涵义[J]. 世界经济，2007（11）.

[44] 陶君道. 国际金融中心与世界经济[M]. 北京：中国金融出版社，2010.

[45] 张云，刘骏民. 经济虚拟化与金融危机、美元危机[J]. 世界经济研究，2009（3）.

[46] 张云，刘骏民. 关于马克思货币金融理论的探析[J]. 南京社会科学，2008（7）.

[47] 吉川元忠. 金融战败：发自经济大国受挫后的诤言[M]. 北京：中国青年出版社，2000.

[48] 韩文秀. 国际货币、国际语言与国家实力[J]. 管理世界，2011（6）.

[49] 张定胜，成文利. "嚣张的特权"之理论阐述[J]. 经济研究，2011（9）.

[50] 李向阳. 国际金融危机与国际贸易、国际金融秩序的发展方向[J]. 经济研究，2009（11）.

[51] 谢平，陈超. 论主权财富基金的理论逻辑[J]. 经济研究，2009（2）.

[52] 陈建奇. 破解"特里芬"难题——主权信用货币充当国际储备的稳定性[J]. 经济研究，2012（4）.

[53] 中国经济增长与宏观稳定课题组. 全球失衡、金融危机与中国经济的复苏[J]. 经济研究，2009（5）.

[54] 朱月. 全球经济失衡与全球金融危机[J]. 管理世界，2009（12）.

[55] 李宝伟，张云. 国际金融危机再认识[M]. 天津：南开大学出版社，2013.

[56] 柳欣. 资本理论：货币理论与有效需求[M]. 北京：人民出版社，2003.

[57] 兰德尔·雷. 货币的本质：后凯恩斯主义的观点[J]. 政治经济学评论，2012（1）：169-180.

[58] 兰德尔·雷. 现代货币理论[M]. 北京：中信出版集团，2017：37-51.

[59] 朱太辉. 货币信贷内生扩张及其经济效应研究[M]. 北京：中国金融出版社，2015.

[60] 大卫·哈维. 资本的限度[M]. 北京：中信出版集团，2017.

[61] 伊藤·诚. 货币金融政治经济学[M]. 北京：经济科学出版社，2001.

[62] 柳欣，吕元祥，赵雷. 宏观经济学中存量流量一致模型研究述评[J]. 经济学动态，2013（12）.

[63] 格·R. 克里普纳. 美国经济的金融化（上）[J]. 国外理论动态，2008（6）.

[64] 迈克尔·赫德森. 从马克思到高盛：虚拟资本的幻想和产业的金融化（上）[J]. 国外理论动态，2010（9）.

[65] 考斯达斯·拉帕维查斯. 金融化了的资本主义：危机和金融掠夺[J]. 政治经济学评论，2009（11）.

[66] 何干强. 货币流回规律和社会再生产的实现——马克思社会总资本的再生产和流通理论再研究[J]. 中国社会科学，2017（11）.

[67] 李黎力. "大衰退"以来明斯基思潮之动向——一个批判性评述[J]. 经济评论，2014（1）.

[68] 李建军，朱烨辰. 数字货币理论与实践研究进展[J]. 经济学动态，2017（10）.

[69] 李翀. 比特币会成为货币吗？[J]. 当代经济研究，2015（4）.

[70] 上海新金融研究院课题组. 数字货币与金融技术监管的崛起[J]. 新金融评论，2017（6）.

[71] 王永利. 货币的本质与比特币、央行数字货币[A]. 中国人民大学国际货币研究所.《IMI 研究动态》2017 年下半年合辑[C]. 中国人民大学国际货币研究所，2017：13：8-20.

[72] 陈资灿. 货币本质之谜的终结：四种货币本质观的比较研究[J]. 宁夏社会科学，2019（2）.

[73] 王东风，张荔. 东亚金融危机与美国次贷危机发生机理比较——基于明斯基理论的分析[J]. 国外社会科学，2010（4）.

[74] 徐则荣，张一飞. 马克思与明斯基经济危机理论比较研究[J]. 经济纵横，2014（8）.

[75] 韦森. 货币本质的再反思[J]. 财经问题研究，2016（10）：56-58.

[76] 梁斯. 信用货币制度下对货币创造和货币本质的再认识[J]. 金融理论与实践，2020（5）：9-14.

[77] 刘新华，郝杰. 货币的债务内涵与国家属性：兼论私人数字货币的本质[J].

经济社会体制比较，2019（3）：58-70.

[78] 方建国. 商品与信用：货币本质二重性的历史变迁[J]. 社会科学战线，2020（2）：49-57.

[79] 钱学宁. 货币本质与数字货币解析[J]. 中国金融，2019（24）：34-36.

[80] 赵峰，马慎，冯志轩. 金融化与资本主义危机：后凯恩斯主义金融化理论述评[J]. 当代经济研究，2013（1）.

[81] 王力伟. 宏观审慎研究的最新进展：从理论基础到政策工具[J]. 国际金融研究，2010（11）：62-72.

[82] 李文泓. 关于宏观审慎框架下逆周期政策的探讨[J]. 金融研究，2009（8）：7-24.

[83] 白倩. 宏观审慎政策工具和框架[J]. 金融会计，2011（5）：59-66.

[84] 徐明东，刘晓星. 金融系统稳定性评估：给予宏观压力测试方法的国际比较[J]. 国际金融研究，2008（2）：39-46.

[85] 谢平，邹传伟. 金融危机后有关金融监管改革的理论综述[J]. 金融研究，2010（2）：1-17.

[86] 珀森德. 流动性黑洞：理解、量化与管理金融流动性风险[M]. 姜建清，译. 北京：中国金融出版社，2007.

[87] 贾卢魁. 私人发行数字加密货币的价格波动——以比特币为例的主成分动态因子分析[J]. 金融发展研究，2019（11）：53-57.

[88] 伦纳德·麦茨，彼得·诺伊. 流动性风险计量与管理[M]. 北京：中国金融出版社，2010.

[89] 周永林. 加密货币的本质与未来[J]. 中国金融，2018（17）：57-58.

[90] 廖晓琼，赵华伟，苏志伟，等. 数字货币币值的动态特征分析——以比特币、以太币和瑞波币为例[J]. 金融与经济，2021（2）：11-18.

[91] Anton Korinek, Alp Simsek. Liquidity Tray and Excessive Leverage[C]. NBER Working Papers 19970, 2014.

[92] Akther Uddin, Hakim Ali, Mansur Masih. Bitcoin—A Hype or Digital Gold? Global Evidence[J]. Australian Economic Papers, 2020, 59 (3): 215-231.

[93] Athey S, I Parashkevov, V Sarukkai, et al. Bitcoin Pricing, Adoption, and Usage: Theory and Evidence[D]. Stanford: Stanford University, 2016.

[94] Danmarks Nationalbank. Central Bank Digital Currency in Denmark?[R]. Analysis, No.28, 2017.

[95] Bank for International Settlements. Central Bank Digital Currencies, BIS Committee on Payments and Market Infrastructures[R]. Market Committee, 2018.

[96] Norges Bank. Central Bank Digital Currencies[R]. Norges Bank Paper, 2018.

[97] Adrian T T. Mancini-Griffoli: The Rise of Digital Money[R]. International Monetary Fund, 2019.

[98] Barontini Ch H. Holden: Proceeding with Caution A Survey on Central Bank Digital Currency[R]. BIS, 2019, No. 101.

[99] Barry Eichengreen. From Commodity to Fiat and Now to Crypto: What Does History Tell Us?[R]. NBER Working Paper No. 25426, 2019.

[100] Boar, et al. Impending Arrival – A Sequel to the Survey on Central Bank Digital Currency[R]. BIS Papers, 2020.

[101] Craig Warmke. What is Bitcoin[OL]. (2021-01-11)[2022-4-22]. https://www.tandfonline.com/loi/sinq20.

[102] Committee on Payments and Market Infrastructures and Markets Committee. Central Bank Digital Currencies[R]. CPMI Papers, 2018.

[103] Engert Walter, Fung Ben Siu-Cheong. Central Bank Digital Currency: Motivations and Implications[R]. Bank of Canada Staff Discussion Paper, 2017.

[104] Eric Budish. The Economic Limits of Bitcoin and the Blockchain[R]. NBER Working Paper, 2018.

[105] Giuseppe Fontana. Post Keynesian Approaches to Endogenous Money: A Time Framework Explanation[J]. Review of Political Economy, 2003: 291-314.

[106] Glaser, et al. Bitcoin-Asset or Currency? Revealing Users' Hidden Intentions [R]. ECIS, 2014.

[107] He D, Habermeier K, Leckow R, et al. Virtual Currencies and Beyond: Initial Considerations[R]. International Monetary Fund, 2016.

[108] Mancini Griffoli et al. Casting Light on Central Bank Digital Currency[R]. IMF Staff Discussion Notes, 2018.

[109] Mark Schaub. Cryptocurrency Value Changes in Response to National Elections: Do They Behave Like Money or Commodities[J]. Applied Economics Letters, 2020, 27 (14): 1135-1140.

[110] Jermann U J. Bitcoin and Cagan's Model of Hyperinflation[R]. Pennsylvania: University of Pennsylvania, 2018.

[111] Schilling L, H Uhlig. Some Simple Bitcoin Economics[J]. Journal of Monetary Economics, 2019 (106): 16-26.

[112] L Yunkun, Aleh. Risks and Returns of Cryptocurrency[J]. The Review of Financial Studies, 2020, 34 (6): 2689-2727.

[113] Sockin W Xiong. A Model of Cryptocurrencies[R]. New Jersey: Princeton University, 2019.

[114] Peterson Owusu Junior, Anokye M Adam, George Tweneboah. Connectedness of Cryptocurrencies and Gold Returns: Evidence from Frequency-dependent Quantile Regressions[J]. Cogent Economics & Finance, 2020, 8 (1): 1-20.

[115] Nakamoto Satoshi. Bitcoin: A Peer-to Peer Electronic Cash System[EB/OL]. 2008, https://bitcoin.org/bitcoin.pdf.

[116] Norges Bank. Central Bank Digital Currencies[R]. Norges Bank Paper 1, 2018.

[117] Rainer Böhme, et al. Bitcoin: Economics, Technology, and Governance[J]. The Journal of Economic Perspectives, 2015, 2 (29): 213-238.

[118] Reid Fergal, Martin Harrigan. An Analysis of Anonymity in the Bitcoin System[J]. Security and Privacy in Social Network, 2012: 197-223.

[119] ECB. Crypto-Assets: Implications for Financial Stability, Monetary Policy, and Payments and Market Infrastructure[R]. Occasional Paper Series, 2019.

[120] Schilling L, H Uhlig. Some Simple Bitcoin Economics[J]. Journal of Monetary Economics, 2019: 16-26.

[121] Liu Yukun, Tsyvinski, Risks and Returns of Cryptocurrency (August 6, 2018) [EB/OL]. Available at SSRN: https://ssrn.com/abstract=3226952 or http://dx.doi.org/10.2139/ssrn.3226952.

[122] Bordo M, A T Levin. Central Bank Digital Currency and the Future of Monetary Policy[R]. NBER Working Paper, 2017.

[123] Barontini Ch, H Holden. Proceeding with Caution A Survey on Central Bank Digital Currency[R]. BIS Paper No 101, 2019.

[124] Davoodalhosseini S M R. Central Bank Digital Currency and the Future of Monetary Policy[R]. Bank of Canada Staff Working Paper, 2018.

[125] Davidson P. Keynes and Money, in R. Hill (ed.), Keynes, Money and

Monetarism[M]. London: Macmillan, 1989.

[126] Eatwell J, Milgate M, Newman P. The New Palgrave: A Dictionary of Economics[M]. London: Macmillan, 1987.

[127] Fischer S. Recent Development in Macroeconomics[J]. Economic Journal, 1988(6).

[128] Fischer S. Rules, Versus Discretion in Monetary Policy[M]. Amsterdam: North Holland, 1990.

[129] Foley D. Money in Economic Activity, in The New Palgrave: A Dictionary of Economics[M]. London: Macmillan, 1987.

[130] Friedman M, Schwartz A J. Has Government Any Role in Money?[J]. Joural of Monetary Economics, 1986.

[131] Friedman M. A Program for Money Stability[M]. New York: Fordham University Press, 1960.

[132] Goodhart C A E. Has Moore Become Too Horizontal?[J]. Journal of Post Keynesian Economics, 1989, 12 (1).

[133] Kaldor N. Alternative Theories of Distribution[J]. Review of Economic Studies, 1956, 28.

[134] Kaldor N. Increasing Returns and Economic Progress[J]. Oxford Economic Papers, 1961, 13.

[135] Kaldor N. The New Monetarism[J]. Lioyds Bank Review, 1970 (7).

[136] Kaldor N. The Scourge of Monetarism[M]. Oxford: Oxford University Press, 1982.

[137] Kaldor N. The Scourge of Monetarism, Second Edtion[M]. Oxford: Oxford University Press, 1985.

[138] Kaldor N. How Monetarism Failed[J]. Challenge, 1985 (5).

[139] Kalecki M. Essays in the Theory of Economic Fluctuations[M]. London: Allen & Unwim, 1939.

[140] Keynes J M. A Tract on Monetary Reform[M]. London: Macmillan for the Royal Economic Society, 1971.

[141] Keynes J M. A Treatise on Money[M]. London: Macmillian & Co, 1930.

[142] Koning J P. Approaches to a Central Bank Digital Currency in Brazil[R]. R3 Reports, 2018.

[143] Keynes J M. The General Theory of Empioyment, Interest and Money[M]. London: Macmillian & Co, 1936.

[144] Kiyotaki N, Wright R. On Money as a Medium of Exchange[J]. Journal of Political Economy, 1989, 97 (4): 927-954.

[145] Kiyotaki N, Wright R. A Search-Theoretic Approach to Monetary Economics [J]. American Economic Review, 1993.

[146] Kregel J A. The Reconstruction of Politic Economy: An Introduction to Post-Keynesian Economics[M]. London: Macmillan, 1973.

[147] Kregel J A. Capital Theory[M]. London: Macmillan, 1976.

[148] Kregel J A. Effective Demand, in Eatwell, J, Milgate, M. and Newman, P. (eds)[J]. 1987 (2): 99-102.

[149] Leijonhufvud A. Information and Co-ordination: Essays in Macroecnomic Theory[M]. Oxford: Oxford University Press.

[150] Leijonhufvud A. IS-LM Analysis, in Eatwell, J, Milgate, M. and Newman, P. (eds)[J]. 1987 (2): 1002-1004.

[151] Leijonhufvud A. Keynesian Economics: Past Confusions, Future Prospects [M]. Oxford: Oxford University Press, 1992.

[152] Pollin R. Two Theories of Money Supply Endogenetity: Some Empirical Evidence[J]. Journal of Post Keynesian Economics, 1991 (13).

[153] Pollin R. Money Supply Endogenetity: What are the Questions and Why Do They Matter?[M]. London: Macmillan, 1991.

[154] Richard Duncan. The New Depression[M]. John Wily & Sons, 2012.

[155] Bernanke, Ben, Mark Gertler, Simon Gilchrist. The Financial Accelerator and the Flight to Quality[J]. Review of Economics and Statistics, 1996, 78 (1): 1-15.

[156] Moritz Schularick, Alan M Taylor. Credit Booms Gone Bust: Monetary Policy, Leverage Cycles and Financial Crises, 1870-2008[J]. American Economic Review, 2012, 102 (2): 1029-1061.

[157] Matteo Maggiori, Brent Neiman, Jesse Schreger. The Rise of the Dollar and Fall of the EURO as International Currencies[R]. Working Paper 25410, http://www.nber.org/papers/w25410.

[158] Norges Bank. Central Bank Digital Currencies[R]. Norges Bank Paper, 2018.

[159] N Kiyotaki, J Moore. Liquidity, Business Cycles, and Monetary Policy[R]. NBER Working Papers, 2012.

[160] Thomas I Pally. Financialization: What it is and Why it Matters[R]. Political Economy Research Institute, Working Paper Series, 2007.

[161] Richard Senner, Didier Sornette. The Holy Grail of Crypto Currencies: Ready to Replace Fiat Money?[J]. Journal of Economic Issues, 2019, 53(4): 966-1000.

[162] Sveriges Riksbank. Riksbank E-krona Project[R]. Report 1, 2017-09.

[163] Sveriges Riksbank. Riksbank E-krona Project[R]. Report 2, 2017-10.

[164] Sudipto Bhattacharya, Charles A E Goodhart. Minsky's Financial Instability Hypothesis and the Leverage Cycle[R]. Working Paper, 2011.

[165] World Bank Group. Cryptocurrencies and Blockchain[R]. World Bank, 2018.

[166] Wynne Godley. Money and Credit in A Keynesian Model of Income Determination[J]. Cambridge Journal of Economics, 1999, 23 (4): 393-411.

[167] Wynne Godley, Marc Lavoie. Monetary Economics: An Integrated Approach to Credit, Money, Income, Product ion and Wealth[M]. London: Palgrave MacMillan, 2007.

[168] Ben S Bernanke. Credit in the Macroeconomy[J]. Quarterly Review, 1993, 18: 50-70.

[169] Sebastian Becker. Global Liquidity "Glut" and Asset Price Inflation[R]. Deutsche Bank Research, 2007.

[170] Sebastian Becker. Is the Next Global Liquidity Glut on Its Way?[R]. Deutsche Bank Research, 2009.

[171] Klass Baks, Charles Kramer. Global Liquidity and Asset Prices: Measurement, Implications, and Spillovers[R]. IMF Working Paper, 1999.

[172] Barry Eichengreen. From the Asian Crisis to the Global Credit Crisis: Reforming the International Financial Architecture Redux[J]. International Economics and Economic Policy, 2009, 6 (1): 1-22.

[173] B J Cohen. The Benefits and Costs of an International Currency: Getting the Calculus Right[J]. Open Economies Review, 2012, 23 (1): 13-31.

[174] K Spantig. International Monetary Policy Spillovers—can the RMB and the Euro Challenge the Hegemony of the US Dollar?[J]. Asia Europe Journal,

2015, 13 (4): 459-478.

[175] M Vermeiren. International Monetary Power: A Comparative Capitalism Perspective. Power and Imbalances in the Global Monetary System[M]. UK: Palgrave Macmillan, 2014.

[176] R Duncan. The Dollar Crisis: Causes, Consequences, Cures[M]. John Wiley & Sons, 2005.

[177] L Schmeidler. Instability, Liquidity and World Money[M]. Lap Lambert Academic Publishing, 2008.

[178] Paul De Grauwe. Crisis in the Eurozone and How to Deal With It[J]. CEPS Policy Brief, 2010 (2): 204.

[179] Daniel Gros, Thomas Mayer. How to Deal with Sovereign Default in Europe: Towards a European Monetary Fund[J]. CEPS Policy Brief, 2010 (2): 202.

[180] G P Kouretas, P Vlamis. The Greek Crisis: Causes and Implications[J]. Panoeconomicus, 2010, 57 (4): 391-404.

[181] Martin S Feldstein. What's Next for The Dollar?[R]. Working Paper 17260.

[182] F V D Spiegel. Will the Role of the Dollar as the International Reserve Currency be Challenged?[J]. International Economics & Economic Policy, 2005, 1 (4): 293-304.

[183] Michael D. Bordo, Angela Redish. Putting the "System" in the International Monetary System[R]. NBER Working Paper, 2013.

[184] Claessens, Stijn, Kose, et al. Financial Cycles: What? How? When?[M]. NBER International Seminar on Macroeconomics.

[185] Macroprudential Instruments and Frameworks: A Stocktaking of Issues and Experiences[M]. CGFS Publications, 2010.

[186] Gabriele Galati, Richhild Moessner. Macroprudential Policy - a Literature Review[R]. BIS Working Paper, 2011.

[187] Avinash Persaud. Macro-Prudential Regulation[R]. The World Bank, 2009.

[188] Charles Goodhart. The Roles of Macro-Prudential Supervision[R]. 2010 Financial Markets Conference, 2010.

[189] Piet Clement. The Term "Macroprudential": Orgins and Evolution[J]. BIS Quaterly Review, 2010 (3).

[190] Samuel G. Hanson, Anil Kashyap, Jeremy C Stein. A Macroprudential

Approach to Financial Regulation[J]. Global Markets, 2010 (7).

[191] Claudio E V Borio, Ilhyock Shim. What can (Macro-) Prudential Policy do to Support Monetary Policy?[R]. BIS Working Papers, 2007.

[192] Tobias Adrian, Hyun Song Shin. Monry, Liquidity and Financial Cycles[R]. the Fourth ECB Central Banking Conference, 2006.

[193] Blum J, M Hellwig. The Macroeconomic Implications of Capital Adequacy Requirements for Banks[J]. European Economic Review, 1995 (3).

[194] Grossman R S. Double Liability and Bank Risk Taking[J]. Journal of Money, 2001 (5).

南开大学"十四五"规划精品教材丛书

哲学系列

世界科技文化史教程（修订版）　　李建珊　主编；贾向桐、张立静　副主编

实验逻辑学（第三版）　　李娜　编著

模态逻辑（第二版）　　李娜　编著

经济学系列

货币与金融经济学基础理论 12 讲　　李俊青、李宝伟、张云　等编著

数理马克思主义政治经济学　　乔晓楠　编著

旅游经济学（第五版）　　徐虹　主编

法学系列

知识产权法案例教程（第二版）　　张玲　主编；向波　副主编

新编房地产法学（第三版）　　陈耀东　主编

法理学案例教材（第二版）　　王彬　主编；李晟　副主编

环境法学（第二版）　　史学瀛　主编；

申进忠、刘芳、刘安翠　副主编

环境法案例教材（第二版）　　史学瀛　主编；

刘芳、申进忠、刘安翠、潘晓滨　副主编

文学系列

西方文明经典选读　　李莉、李春江　编著

管理学系列

旅游饭店财务管理（第六版）　　徐虹、刘宇青　主编